DAUBNER

Praxiswissen Verkehrsrecht

Praxiswissen Verkehrsrecht

Über 2500 Hinweise und Tipps für den Streifendienst aus StVG, StVO, StVZO, FeV, FZV, eKFV, StPO, StGB

von

Robert Daubner
Polizeihauptkommissar a.D.
ehemals Fachlehrer für Verkehrsrecht
in der Bereitschaftspolizei Baden-Württemberg

4., erweiterte Auflage, 2022

BOORBERG

Bibliografische Information der Deutschen Nationalbibliothek |
Die Deutsche Nationalbibliothek verzeichnet diese Publikation in der Deutschen Nationalbibliografie; detaillierte bibliografische Daten sind im Internet über www.dnb.de abrufbar.

ISBN 978-3-415-07229-9

Titelfoto: © Rüdiger Kottmann – stock.adobe.com | Satz: abavo GmbH, Nebelhornstraße 8, 86807 Buchloe | Druck und Bindung: Plump Druck & Medien GmbH, Rolandsecker Weg 33, 53619 Rheinbreitbach

Richard Boorberg Verlag GmbH & Co KG | Scharrstraße 2 | 70563 Stuttgart
Stuttgart | München | Hannover | Berlin | Weimar | Dresden
www.boorberg.de

Vorwort zur vierten Auflage

Sehr geehrte Kolleginnen und Kollegen,

seit nunmehr 42 Jahren befasse ich mich mit dem Fachgebiet Verkehrsrecht.

Von 1980 bis 2014 unterrichtete ich Verkehrsrecht bei der Bereitschaftspolizei in Baden-Württemberg.

In dieser Zeit und auch heute noch werden entsprechend viele Fragen – quer durch sämtliche Bereiche des Verkehrsrechts – von Kolleginnen und Kollegen, nicht nur aus Baden-Württemberg, an mich gestellt.

Die Antworten auf die gestellten Fragen und weitere Hinweise aus dem Verkehrsbereich, die für den Polizeialltag nützlich sind, habe ich in diesem Buch zusammengefasst und ein weiteres „kleines Helferlein" für Sie zusammengestellt.

Seit Erscheinen der 3. Auflage im Juni 2019 gab es insbesondere in der StVO zahlreiche Änderungen. Auch die Rechtsprechung wurde angepasst, sodass Sie wieder auf dem neusten Stand sind. Sie verfügen über 2500 Hinweise und Tipps.

Des Weiteren habe ich viele Anfragen, die mir in meinem Blog „Daubner Verkehrsrechtinfo" gestellt wurden, in dieses Büchlein integriert.

Ich hoffe, dass ich Ihnen mit diesem „Kurzkommentar" vor Ort weiterhin die nötige Sicherheit geben kann, damit Sie die richtigen Entscheidungen treffen oder zumindest die notwendigen Anhaltspunkte erhalten, um weitere Recherchen durchführen zu können.

Die Hinweise ergeben sich aus der Rechtsprechung.

Je nach Wichtigkeit werden die Paragrafen und Absätze vollständig, teilweise oder nur als Überschrift kursiv aufgeführt.

Robert Daubner Schwäbisch Gmünd, März 2022

Inhaltsverzeichnis

Abkürzungsverzeichnis

ABE	Allgemeine Betriebserlaubnis
Abs.	Absatz/Absätze
a.g.O.	außerhalb geschlossener Ortschaften
Anh.	Anhänger
AO	Abgabenordnung
AusnVO	Ausnahmeverordnung
BAB	Bundesautobahn
bbH	bauartbestimmte Höchstgeschwindigkeit
BE	Betriebserlaubnis
BGH	Bundesgerichtshof
BImSchG	Bundesimmissionsschutzgesetz
BKatV	Bußgeldkatalog-Verordnung
BMVI	Bundesministerium für Verkehr und Infrastruktur
EBE	Einzelbetriebserlaubnis
EKF/eKF	Elektrokleinstfahrzeug
eKFV	Elektrokleinstfahrzeuge-Verordnung
EmoG	Elektromobilitätsgesetz
EU	Europäische Union
EWR	Europäischer Wirtschaftsraum
FE	Fahrerlaubnis
FeV	Fahrerlaubnis-Verordnung
FmH	Fahrrad mit Hilfsmotor
FRA	Fahrtrichtungsanzeiger
FS	Führerschein

FU	Fahrunsicherheit
Fzg	Fahrzeug/Fahrzeuge/Fahrzeugs
FZV	Fahrzeug-Zulassungsverordnung
GiV	Gefahr im Verzug
HU	Hauptuntersuchung
i.g.O.	innerhalb geschlossener Ortschaften
i.V.m.	in Verbindung mit
JGG	Jugendgerichtsgesetz
Kfz	Kraftfahrzeug/e
KKR	Kleinkraftrad
KraftStG	Kraftfahrzeugsteuergesetz 2002
KBA	Kraftfahrt-Bundesamt
KOM	Kraftomnibus
KV	Körperverletzung
Kw	Kilowatt
LKR	Leichtkraftrad
Lkw	Lastkraftwagen
Lof. Zwecke	land- oder forstwirtschaftliche Zwecke
LTE	Lichttechnische Einrichtung
LZA	Lichtzeichenanlage
MobHV	Mobilitätshilfenverordnung
MP	Medikamentenprivileg
öVR	öffentlicher Verkehrsraum
OWi	Ordnungswidrigkeit(en)
OWiG	Gesetz über Ordnungswidrigkeiten
PED	Polizeieinzeldienst
PolG BW	Polizeigesetz Baden-Württemberg

PVD	Polizeivollzugsdienst
Rili	Richtlinie
SP	Sicherheitsprüfung
StGB	Strafgesetzbuch
StPO	Strafprozessordnung
StrG	Straßengesetz für Baden-Württemberg
StVG	Straßenverkehrsgesetz
StVO	Straßenverkehrs-Ordnung
StVZO	Straßenverkehrs-Zulassungs-Ordnung
TBNR	Tatbestandsnummer
TE	Tateineit
TM	Tatmehrheit
VO	Verordnung
VT	Verkehrsteilnehmer
VwV	Verwaltungsvorschrift
Z	Zeichen
ZB	Zulassungsbescheinigung
zG	zulässige Gesamtmasse
zGG	zulässiges Gesamtgewicht

1. Straßenverkehrsgesetz

1.1 § 1 Zulassung

(1) Kfz und ihre Anh., die auf öffentlichen Straßen in Betrieb gesetzt werden sollen, müssen von der zuständigen Behörde (Zulassungsbehörde) zum Verkehr zugelassen sein. Die Zulassung erfolgt auf Antrag des Verfügungsberechtigten des Fzg bei Vorliegen einer BE, Einzelgenehmigung oder EG-Typgenehmigung durch Zuteilung eines amtlichen Kennzeichens.

(2) Als Kfz im Sinne dieses Gesetzes gelten Land-Fzg, die durch Maschinenkraft bewegt werden, ohne an Bahngleise gebunden zu sein.

(3) Keine Kfz im Sinne dieses Gesetzes sind Land-Fzg, die durch Muskelkraft fortbewegt werden und mit einem elektromotorischen Hilfsantrieb mit einer Nenndauerleistung von höchstens 0,25 kW ausgestattet sind, dessen Unterstützung sich mit zunehmender Fzg-Geschwindigkeit progressiv verringert und

1. beim Erreichen einer Geschwindigkeit von 25 km/h oder früher,

2. wenn der Fahrer im Treten einhält,

unterbrochen wird. Satz 1 gilt auch dann, soweit die in Satz 1 bezeichneten Fzg zusätzlich über eine elektromotorische Anfahr- oder Schiebehilfe verfügen, die eine Beschleunigung des Fzg auf eine Geschwindigkeit von bis zu 6 km/h, auch ohne gleichzeitiges Treten des Fahrers, ermöglicht. Für Fzg im Sinne der Sätze 1 und 2 sind die Vorschriften über Fahrräder anzuwenden.

Hinweise:

- Unerheblich ist die Antriebsart, egal ob Verbrennungsmaschine, Batterie oder E-Motor.
  - Somit sind auch Elektrokarren und Elektroscooter Kfz

- Die in Abs. 3 aufgeführten Fzg sind die sogenannten Pedelecs. Dies sind keine Kfz i.S. d. StVZO, sondern andere Straßenfahrzeuge, d.h. Fahrräder.
- Deshalb benötigt man keine Einzelgenehmigung, unterliegt nicht der Helmpflicht und muss das Fzg nicht versichern. Eine Prüfbescheinigung ist nicht erforderlich.
- Pedelecs mit einer Geschwindigkeit von mehr als 25 km/h oder mehr als 0,25 kW Leistung oder mit einer elektromotorischen Anfahr- oder Schiebehilfe, die eine Beschleunigung des Fzg auf eine Geschwindigkeit von mehr als 6 km/h ermöglicht, fallen nicht unter die Ausnahmeverordnung.

▸ Je nach Leistung bzw. bbH benötigt man eine Prüfbescheinigung oder sogar eine FE.
Benötigt wird
- bei bbH bis 25 km/h aber mehr als 0,25 kW, eine Prüfbescheinigung,
- bei bbH bis 45 km/h und max. 4 kW FE-Klasse AM,
- bei bbH über 45 km/h FE-Klasse A1.

▸ Da das Pedelec kein Kfz ist, können die §§ 24a und 24c StVG nicht angewandt werden.

1.2 § 1a Kraftfahrzeuge mit hoch- oder vollautomatisierter Fahrfunktion

(1) Der Betrieb eines Kfz mittels hoch- oder vollautomatisierter Fahrfunktion ist zulässig, wenn die Funktion bestimmungsgemäß verwendet wird.

Hinweise:

▸ 5 Stufen des automatisierten Fahrens:
- Stufe 1 Assistiertes Fahren: Das System unterstützt im bestimmten Anwendungsfall den Fahrer (Rückfahrassistent, Abstands- und Geschwindigkeitsregelung oder Spurmittelführung).

- Stufe 2 Teilautomatisiertes Fahren: Das System übernimmt die Längs- und Querführung des Fahrzeugs (Automatisches Anfahren, Beschleunigen und Bremsen, wiederkehrendes Parken wird übernommen).
- Stufe 3 Hochautomatisiertes Fahren: System übernimmt in bestimmten Fällen komplette Fahraufgaben, die der Fahrer nicht dauerhaft überwachen muss. Das System warnt rechtzeitig, wenn ein Eingreifen des Fahrers notwendig ist.
  Fzg kann die komplette Steuerung in Längs- und Querführung übernehmen, z.B. Autobahn- und Staufolgefahrten. Stößt das System an seine Grenzen, warnt es den Fahrer mehrere Sekunden zuvor, die Steuerung zu übernehmen.
- Stufe 4 Vollautomatisiertes Fahren: Systeme, die der Fahrer nicht überwachen muss. Das System kann im definierten Anwendungsfall alle Situationen automatisch bewältigen und auch bei einem Systemfehler bleibt die Verantwortung beim System, wie z.B. beim Automated Valet Parking. Hier sucht das Fzg selbstständig einen Parkplatz, und man kann das geparkte Fzg per App anfordern. Systeme, die lt. Hersteller z.B. nur für die Autobahn ausgelegt sind, dürfen auch nur dort verwendet werden.
- Stufe 5 Fahrerloses Fahren: Es gibt nur noch Fahrgäste, keinen Fahrer.

(2 bis 4) Kraftfahrzeuge (Zusammenfassung)

Hinweise:

- Abs. 2: Kfz der Stufe 3 und 4 dieser Vorschrift sind Fzg, die
  - das Fzg in Längs- und Querführung steuern können,
  - in der Lage sind, den Verkehrsvorschriften selbstständig zu entsprechen,
  - jederzeit manuell übersteuerbar/deaktivierbar sind,
  - ihre Systemgrenzen selbst erkennen,
  - den Fahrer rechtzeitig und aktiv zur Übernahme der Steuerung auffordern.

- Im Dez. 2021 wird der Daimler AG erstmalig durch das KBA eine Genehmigung für Stufe 3 (von 5 Stufen) in der S-Klasse erteilt.
- Diese gilt auf BAB bis 60 km/h Höchstgeschwindigkeit z.B. für folgende Situationen:
  - Stop-and-go-Verkehr,
  - Stau,
  - zähfließender Verkehr in Baustellenbereichen.
- Bei Unfällen, wenn der Drive-Pilot die Fahraufgaben übernimmt, haftet der Hersteller.
- Weiteres Ziel: Genehmigung bis 130 km/h auf BAB.
- Bei Fzg dieser Stufe ist der Fahrer auch während der Nutzung der automatisierten Funktion weiterhin Fzg-Führer, da er immer in der Lage sein muss, die Steuerung zu übernehmen (§ 1b StVG).
  - D.h. es gelten weiterhin die Vorschriften zur Fahrtüchtigkeit (Alkohol, körperliche Mängel etc.).
  - Erste Ausnahme hiervon ist § 23 Abs. 1a StVO, der „Handy-Verstoß“ (siehe dort).

1.3 § 1b Rechte und Pflichten des Fahrzeugführers bei Nutzung hoch- oder vollautomatisierter Fahrfunktionen

(1) Der Fzg-Führer darf sich während der Fzg-Führung mittels hoch- oder vollautomatisierter Fahrfunktionen gemäß § 1a vom Verkehrsgeschehen und der Fahrzeugsteuerung abwenden; dabei muss er derart wahrnehmungsbereit bleiben, dass er seiner Pflicht nach Absatz 2 jederzeit nachkommen kann.

(2) Der Fzg-Führer ist verpflichtet, die Fahrzeugsteuerung unverzüglich wieder zu übernehmen,

1. *wenn das hoch- oder vollautomatisierte System ihn dazu auffordert oder*

2. *wenn er erkennt oder auf Grund offensichtlicher Umstände erkennen muss, dass die Voraussetzungen für eine bestimmungsgemäße Verwendung der hoch- oder vollautomatisierten Fahrfunktionen nicht mehr vorliegen.*

Hinweise:

- Erlaubnis, sich „fahrfremden Tätigkeiten" zu widmen, sofern jederzeit die Steuerung übernommen werden kann.
- Dazu zählt, im Rahmen der Systembeschreibung, die Hände vom Lenkrad zu nehmen und den Blick von der Straße zu wenden.
- Offensichtliche Umstände aus Abs. 2 können technische Störungen des Fzg sein oder wenn andere Fzg-Führer durch Hupen auf einen Fahrfehler hinweisen.
- Zum automatisierten Fahren siehe auch §§ 1c bis 1l StVG.

1.4 § 2 Fahrerlaubnis und Führerschein

(1) Wer auf öffentlichen Straßen ein Kfz führt, bedarf der Erlaubnis (FE) der zuständigen Behörde (FE-Behörde). Die FE wird in bestimmten Klassen erteilt. Sie ist durch eine amtliche Bescheinigung (FS) nachzuweisen.

Hinweise:

- Nur wer fährt, der führt ein Kfz. Vorbereitende Handlungen wie Zündschlüssel ins Schloss stecken, sind noch kein Führen.
- FE ist der rechtstechnische Ausdruck für die behördlich erteilte Ermächtigung zum Führen von Kfz.
- FE kann vom Gericht, z.B. nach einer Trunkenheitsfahrt gem. § 111a StPO vorläufig entzogen werden. Polizeiliche Beschlagnahme dient als vorbereitende Maßnahme.

- FS ist eine Urkunde i.S.d. § 267 StGB (Urkundenfälschung) und gleichzeitig ein Ausweispapier nach § 281 StGB (Missbrauch von Ausweispapieren).
- Kfz führt, wer es unter bestimmungsgemäßer Anwendung seiner Antriebskräfte, unter eigener Allein- oder Mitverantwortung in Bewegung setzt und dabei das Fzg unter Handhabung seiner technischen Vorrichtungen während der Fahrbewegung ganz oder wenigstens z.T. leitet.
- Bauartbestimmte Höchstgeschwindigkeit (bbh)
  - Darunter versteht man die Geschwindigkeit, die von einem Kfz nach seiner vom Hersteller konstruktiv vorgegebenen Bauart oder infolge der Wirksamkeit zusätzlicher technischer Maßnahmen auf ebener Bahn bei bestimmungsgemäßer Benutzung nicht überschritten werden kann.
  - Dies ist dann gegeben, wenn das Fzg durch bauliche Änderung insbesondere durch Einbau eines anderen Motors oder Getriebes, insgesamt in einen Zustand versetzt wird, der die Überschreitung der Höchstgeschwindigkeit dauerhaft unmöglich macht, oder dass die bbH durch Anbringung technischer Vorrichtungen/Einrichtungen nicht überschritten werden kann.

  Beispiele:
  - FmH 45 wird durch Drosselsatz (elektronische Einspritzregelung) zu FmH 25.
  - Aus einem Motorrad (50 kW) wird durch den Einbau technischer Vorrichtung (Gaswegbegrenzer) ein Klasse A2-Motorrad (35 kW).

- Auf die Schwierigkeit, so eine Einrichtung zu entfernen (Fachwissen), kommt es nicht mehr an.

(12) Die Polizei hat Informationen über Tatsachen, die auf nicht nur vorübergehende Mängel hinsichtlich der Eignung oder auf Mängel hinsichtlich der Befähigung einer Person zum Führen von Kfz schließen lassen, den FE-Behörden zu übermitteln, soweit dies für die

Überprüfung der Eignung oder Befähigung aus der Sicht der übermittelnden Stelle erforderlich ist.

Hinweise:

- Auch Infos über Führer fahrerlaubnisfreier Kfz wie Mofas oder Krankenfahrstühle und auch Führer von Fahrrädern fallen unter die Informationspflicht.
- Anzeichen für Alkohol- oder Drogenmissbrauch sind mitzuteilen.
- Vorübergehende Beeinträchtigungen sind nicht mitzuteilen (z.B. Gipsbein).
- Charakterliche Mängel fallen ebenfalls unter die Mitteilungspflicht (z.B. wiederholte Gewalttätigkeiten/KV-Delikte).
- Weitere Hinweise siehe §§ 23 und 46 FeV.

(15) Fahrlehrer

Wer zur Ausbildung, zur Ablegung der Prüfung oder zur Begutachtung der Eignung oder Befähigung ein Kfz auf öffentlichen Straßen führt, muss dabei von einem Fahrlehrer oder einem Fahrlehreranwärter im Sinne des Fahrlehrergesetzes begleitet werden. Bei den Fahrten nach Satz 1 sowie bei der Hin- und Rückfahrt zu oder von einer Prüfung oder einer Begutachtung gilt i.S. dieses Gesetzes der Fahrlehrer oder der Fahrlehreranwärter als Führer des Kfz, wenn der Kfz-Führer keine entsprechende FE besitzt.

Hinweise:

- Fahrlehrer ist Kfz-Führer in Bezug auf den Fahrschüler, da dieser noch keine FE besitzt und sich somit wegen Fahrens ohne FE strafbar machen würde.
- Fahrlehrer ist für die Verkehrsbeobachtung und Führung verantwortlich.
- Er muss den Schüler ständig beobachten und notfalls sofort eingreifen.

- Stellt der Fahrlehrer zu schwierige Aufgaben, muss er für den Schaden einstehen.
- Fahrschüler haftet nicht, wenn er die Anweisungen des Fahrlehrers befolgt.
- Aber er kann, je nach Ausbildungsstand, für vermeidbare Fehler mitverantwortlich sein.
- Fahrlehrer, der sich nicht verkehrserheblich verhält, kann nicht wegen Alkoholdelikten belangt werden, da er kein Fzg-Führer ist. Nur dann, wenn er auf die Steuerung des Fzg einwirkt, wird er zum Fzg-Führer.
- Fahrlehrer, der als Beifahrer neben einem fortgeschrittenen Fahrschüler sitzt, führt nicht im Sinne des § 23 Abs. 1a Satz 1 StVO ein Fahrzeug. Er darf somit als Beifahrer mit einem Handy telefonieren. Verlangt wird der fortgeschrittene Fahrschüler. Meine Meinung: Fortgeschritten ist derjenige, der kurz vor der Fahrprüfung steht.

1.5 § 3 Entziehung der Fahrerlaubnis

(1) Erweist sich jemand als ungeeignet oder nicht befähigt zum Führen von Kfz, so hat ihm die FE-Behörde die FE zu entziehen. Bei einer ausländischen FE hat die Entziehung – auch wenn sie nach anderen Vorschriften erfolgt – die Wirkung einer Aberkennung des Rechts, von der FE im Inland Gebrauch zu machen. § 2 Abs. 7 und 8 gilt entsprechend.

Hinweise:

- Ungeeignetheit muss aufgrund von Tatsachen erwiesen sein.
- FE-Behörde hat die Möglichkeit, ein ärztliches Zeugnis oder ein Gutachten erstellen zu lassen.
- Siehe auch §§ 23 und 46 FeV.

(2) Mit der Entziehung erlischt die FE. Bei einer ausländischen FE erlischt das Recht zum Führen von Kfz im Inland. Nach der Entziehung ist der FS der FE-Behörde abzuliefern oder zur Eintragung der Entscheidung vorzulegen. Die Sätze 1 bis 3 gelten auch, wenn die FE-Behörde die FE auf Grund anderer Vorschriften entzieht.

1.6 § 21 Fahren ohne Fahrerlaubnis

(1) Mit Freiheitsstrafe [...] wird bestraft, wer

1. *ein Kfz führt, obwohl er die dazu erforderliche FE nicht hat oder ihm das Führen des Fzg nach § 44 des Strafgesetzbuchs oder nach § 25 dieses Gesetzes verboten ist, oder*

Hinweise:

- Beachte Halterpflichten aus § 31 Abs. 1 StVZO:
  - Fahrer muss zur selbstständigen Leitung geeignet sein.
  - Halter hat die Pflicht, die FE zu kontrollieren und die Fahrtüchtigkeit des Fahrers zu überprüfen.
- Erst wenn der FS nach bestandener Prüfung ausgehändigt ist, ist die FE erteilt.
- Fahren ohne FE ist eine Dauerstraftat, die durch kurze Unterbrechung nicht in zwei Taten aufgeteilt wird.
- Fahren ohne FE liegt z.B. vor, wenn
  - Täter noch nie eine FE besessen hat,
  - Täter eine unzureichende FE hat (§ 6 FeV i.V.m. Anlage 3),
  - Täter die Geltungsdauer der FE nicht beachtet (§ 23 FeV),
  - Täter eine gegenständliche Beschränkung der FE missachtet (§§ 23, 46 FeV),
  - FE durch Täuschung oder Bestechung erlangt wurde,
  - FE nach § 3 StVG durch die Verwaltungsbehörde entzogen wurde,
  - Täter Inhaber einer außerdeutschen FE ist (nicht EU- oder EWR-FE-Inhaber mit ordentlichem Wohnsitz im Inland)

und seinen ordentlichen Wohnsitz schon länger als 6 Monate in Deutschland hat.

- Besitzt der Fahrer eine FE, die nur bis zu einer bestimmten bbH gültig ist, so fährt er ohne FE, wenn er durch technische Veränderungen eine höhere Geschwindigkeit erzielt.
- KKR fährt mit 60 km/h anstatt 45 km/h. Er benötigt nun die Klasse A1, Klasse AM reicht nicht mehr aus.

2. *als Halter eines Kfz anordnet oder zulässt, dass jemand das Fzg führt, der die dazu erforderliche FE nicht hat oder dem das Führen des Fzg nach § 44 des Strafgesetzbuchs oder nach § 25 dieses Gesetzes verboten ist.*

Hinweise:

- Halter ist dafür verantwortlich, dass kein Unbefugter mit dem Kfz fahren kann.
- Er muss sich davon überzeugen, dass der Fahrer die entsprechende FE besitzt.
- Kennt der Halter die FE des Fahrers, muss er nur bei begründeten Zweifeln den FS nochmals prüfen.
- Anordnen ist ein bewusstes Verhalten und setzt ein gezieltes Handeln, also Vorsatz voraus.
- „Zulassen" ist gleichbedeutend mit „Ermöglichen".

(2) Mit Freiheitsstrafe [...] wird bestraft, wer

1. *eine Tat nach Absatz 1 fahrlässig begeht,*
2. *vorsätzlich oder fahrlässig ein Kfz führt, obwohl der vorgeschriebene FS nach § 94 der StPO in Verwahrung genommen, sichergestellt oder beschlagnahmt ist, oder*
3. *vorsätzlich oder fahrlässig als Halter eines Kfz anordnet oder zulässt, dass jemand das Fzg führt, obwohl der vorgeschriebene FS nach § 94 der StPO in Verwahrung genommen, sichergestellt oder beschlagnahmt ist.*

1.7 § 22 Kennzeichenmissbrauch

(1) Wer in rechtswidriger Absicht

1. *ein Kfz oder einen Kfz-Anh., für die ein amtliches Kennzeichen nicht ausgegeben oder zugelassen worden ist, mit einem Zeichen versieht, das geeignet ist, den Anschein amtlicher Kennzeichnung hervorzurufen,*
2. *ein Kfz oder einen Kfz-Anh. mit einer anderen als der amtlich für das Fzg ausgegebenen oder zugelassenen Kennzeichnung versieht,*
3. *das an einem Kfz oder einem Kfz-Anh. angebrachte amtliche Kennzeichen verändert, beseitigt, verdeckt oder sonst in seiner Erkennbarkeit beeinträchtigt,*

wird, wenn die Tat nicht in anderen Vorschriften mit schwererer Strafe bedroht ist, mit Freiheitsstrafe bis zu einem Jahr oder mit Geldstrafe bestraft.

(2) Die gleiche Strafe trifft Personen, welche auf öffentlichen Wegen oder Plätzen von einem Kfz oder einem Kfz-Anh. Gebrauch machen, von denen sie wissen, dass die Kennzeichnung in der in Absatz 1 Nr. 1 bis 3 bezeichneten Art gefälscht, verfälscht oder unterdrückt worden ist.

Hinweise:

- Durch Manipulation des Kennzeichens soll Feststellung des Halters verhindert werden.
- Amtliche Kennzeichen gemäß § 22 sind:
  - Kennzeichen nach § 8 FZV
  - Oldtimerkennzeichen § 9 FZV
  - amtliche „grüne Kennzeichen“ § 9 FZV
  - Saisonkennzeichen § 9 FZV
  - Kurzzeitkennzeichen und rote Kennzeichen §§ 16, 16a, 17 FZV,
  - Ausfuhrkennzeichen § 19 FZV,
  - Nationalitätszeichen „D“ § 10 FZV und
  - Kennzeichen von ausl. Kfz § 21 FZV.

- Versicherungskennzeichen gelten nicht als amtl. Kennzeichen.
- Es fallen nur Kfz und Anh. darunter, die nach §§ 3 bzw. 4 FZV ein amtliches Kennzeichen führen müssen.
- Es muss sich um ein verwechslungsfähiges Kennzeichen handeln, wobei ein gewisses Maß an Ähnlichkeit erforderlich ist. Fantasiekennzeichen scheiden somit aus.
- § 22 nur anwendbar, wenn die Tat nicht anderweitig mit schwererer Strafe bedroht ist. Siehe § 267 StGB.
- Wird ein Kennzeichen vor der Anbringung am Kfz verändert, und nach der Veränderung am Fzg angebracht, kommt § 22 Abs. 1 Nr. 3 StVG nicht in Betracht, da das Gesetz den Wortlaut „angebrachtes Kennzeichen" verwendet. Aber § 267 StGB ist zu prüfen.
- Zur Vollendung ist kein Fahren im Straßenverkehr erforderlich. Es genügt bereits die Erfüllung der o.g. Tathandlungen.
- Allgemein gilt: Wer ein entstempeltes, abgelaufenes oder ungültiges Kennzeichen am Kfz belässt, versieht es **nicht** mit einem falschen Kennzeichen. Fzg ist aber nicht mehr zugelassen; OWi nach den §§ 3 bzw. 4 FZV.
- Das Anbringen i.S.v. „mit Zeichen versieht" (Abs. 1 Nr. 1) setzt nicht zwingend eine feste Verbindung voraus (z.B. Anschrauben). Es genügt auch das Aufstellen hinter der Windschutzscheibe.

Beispiele für Manipulationen:

- Reflektierende Folie wird aufgeklebt.
- Motorradkennzeichen wird stark nach oben gebogen, um das Ablesen unmöglich zu machen.
- Kfz oder der Anh. wird mit einem Zeichen versehen, das den Anschein eines amtlichen Kennzeichens hervorrufen kann, z.B. wird ein ungestempeltes/entstempeltes Kennzeichen am Fzg. angebracht. Wird ein amtl. Kennzeichen eines anderen Fzg angebracht, dann § 267 StGB, da nun Urkunde.

- Bei ungestempelten/entstempelten Kennzeichen wird der Buchstabe F zu einem E abgeändert oder aus der Zahl 3 wird die Zahl 8, dann § 22 StVG. Wird dasselbe mit amtlichen Kennzeichen durchgeführt, dann § 267 StGB, da Urkunde.
- Kennzeichenbeleuchtung wird ausgeschaltet, um das Ablesen des Kennzeichens zu verhindern (z.B. Polizeiflucht).
- Rotes Kennzeichen wird nicht an dem dafür vorgesehenen Kfz, sondern an einem anderen Kfz angebracht. Nicht § 267 StGB, da Kennzeichen und Fzg keine Einheit bilden, keine Urkunde.

1.8 § 22a Missbräuchliches Herstellen, Vertreiben oder Ausgeben von Kennzeichen

(1) Mit Freiheitsstrafe bis zu einem Jahr oder mit Geldstrafe wird bestraft, wer

1. *Kennzeichen ohne vorherige Anzeige bei der zuständigen Behörde herstellt, vertreibt oder ausgibt, oder*

Hinweise:

- Nr. 1 gilt nur für deutsche Kennzeichen.
- Anzeige erfolgt nach § 6b Abs. 1 StVG.
- § 6b Herstellung, Vertrieb und Ausgabe von Kennzeichen. Wer Kennzeichen für Fzg herstellen, vertreiben oder ausgeben will, hat dies der Zulassungsbehörde vorher anzuzeigen.

2. *(weggefallen)*
3. *Kennzeichen in der Absicht nachmacht, dass sie als amtlich zugelassene Kennzeichen verwendet oder in Verkehr gebracht werden oder dass ein solches Verwenden oder Inverkehrbringen ermöglicht werde, oder Kennzeichen in dieser Absicht so verfälscht, dass der Anschein der Echtheit hervorgerufen wird, oder*
4. *nachgemachte oder verfälschte Kennzeichen feilhält oder in den Verkehr bringt.*

Hinweise:

- Bestraft werden Handlungen im Vorfeld des Kennzeichenmissbrauchs nach § 22 StVG.
- Die Nr. 3 und 4 erfassen alle Kennzeichen, deren missbräuchliche Verwendung unter § 22 StVG fielen, also auch ausländische Kennzeichen.

(2) Nachgemachte oder verfälschte Kennzeichen, auf die sich eine Straftat nach Abs. 1 bezieht, können eingezogen werden. § 74a des StGB ist anzuwenden.

1.9 § 24a 0,5 Promille-Grenze

(1) Ordnungswidrig handelt, wer im Straßenverkehr ein Kfz führt, obwohl er 0,25 mg/l oder mehr Alkohol in der Atemluft oder 0,5 Promille oder mehr Alkohol im Blut oder eine Alkoholmenge im Körper hat, die zu einer solchen Atem- oder Blutalkoholkonzentration führt.

Hinweise:

- Kfz sind z.B. E-Bikes, Segways, motorbetriebene Krankenfahrstühle, Bagger, Mofas, Leichtmofas und E-Scooter.
- Pedelecs sind keine Kfz (siehe § 1 Abs. 3 StVG und § 63a Abs. 2 StVZO).
- Mit dem Abs. 2 wurde ein OWi-Tatbestand geschaffen, der bereits den Nachweis einer in der Anlage genannten Substanzen im Blut mit Geldbuße belegt.
  - Kommen drogenbedingte Ausfallerscheinungen hinzu, liegt ein Verstoß nach § 316 StGB vor (relative FU).
  - Absolute FU gibt es im Zusammenhang mit Drogen nicht.
- Wird ein anderer als in der Anlage aufgeführter Stoff nachgewiesen, scheidet § 24a StVG aus.

- 0,5–1,09 Promille ohne Ausfallerscheinungen: 24a StVG.
- Ab 0,3 Promille mit Ausfallerscheinungen bzw. ab 1,1 Promille bei Kfz-Führern oder 1,6 Promille bei Fahrzeugführern: § 316 StGB.
- Keine Beschlagnahme des FS bei Verstoß nach § 24a StVG, da kein Regelbeispiel nach § 69 Abs. 2 StGB.
- Nachricht an FE-Behörde.

(2) Ordnungswidrig handelt, wer unter der Wirkung eines in der Anlage zu dieser Vorschrift genannten berauschenden Mittels im Straßenverkehr ein Kfz führt. Eine solche Wirkung liegt vor, wenn eine in dieser Anlage genannte Substanz im Blut nachgewiesen wird. Satz 1 gilt nicht, wenn die Substanz aus der bestimmungsgemäßen Einnahme eines für einen konkreten Krankheitsfall verschriebenen Arzneimittels herrührt.

Hinweise:

- MP § 24a Abs. 2 StVG.
  - Drogen, die in der Anlage aufgeführt sind, dürfen unter Beachtung des BtMG von Ärzten verschrieben werden; dann kein Verstoß.
  - Ist der Erwerb hinsichtlich des Erlaubnisdatums bereits gestattet (VT führt Stoff mit sich, obwohl Einnahmedatum noch nicht gegeben ist)?
- Bestimmungsgemäße Einnahme.
  Erlaubnis wird zur Selbsttherapie ausgestellt, d.h. Erwerb und Konsum in der angegebenen Dosis erfolgt nicht durch den Arzt, sondern durch den Patienten selbst. Patient hat Zugriff auf den Stoff und führt diesen oft auch mit.
- Keine Bestimmungsgemäße Einnahme
  - Sobald sich der Patient nicht an die Dosierungsangabe, Art der Anwendung oder Sorte hält, ist die Einnahme nicht

mehr bestimmungsgemäß und das Führen ordnungswidrig. Alle Angaben lassen sich aus der Erlaubnis herauslesen.
- Ein Patient in einem mir bekannten Fall erhält in der Apotheke den 4-Wochen-Bedarf auf einmal, um ständige Apothekenbesuche zu reduzieren. Es kann demnach nicht festgestellt werden, ob sich der Patient an die maximale Tagesdosis hält, mehr als diese konsumiert oder sogar illegal erworbenes Cannabis zusätzlich konsumiert.

▸ Beweisfeststellung

- Eine Blutentnahme ist durchzuführen, um die bestimmungsgemäße Einnahme zu überprüfen. Bei der Schilderung des Sachverhalts sollte die anordnende Stelle besonders auf den Umstand des MP, die vorliegende Erlaubnis und nachfolgend dargestellte Verdachtsmomente hingewiesen werden.

▸ Verdachtsmomente

- Wird der Stoff mitgeführt?
- Entspricht mitgeführter Stoff der Erlaubnis (Etikett Medikamentendose)?
- Wird die Form des Stoffes eingehalten (Blütenform erlaubt, führt aber Haschischplatte mit)?
- Ist der Erwerb hinsichtlich des Erlaubnisdatums bereits gestattet (VT führt Stoff mit sich, obwohl Erlaubnisdatum in der Zukunft liegt)?

▸ Nachträglich sollten Ermittlungen bei der angegebenen Apotheke durchgeführt werden, um nachzuprüfen, ob der Stoff rechtmäßig erworben wurde. Falls nicht, liegt anderweitiger Erwerb nahe, was in der Anzeige dokumentiert werden sollte. Das MP schließt eine Ahndung aus; drei Kriterien:
Das Medikament
1. wurde für einen konkreten Krankheitsfall
2. durch einen Arzt verschrieben und
3. ist zudem bestimmungsgemäß eingenommen worden.

- Weitere Vorschriften
  - Ahndung gem. §§ 315c, 316 StGB – bei entsprechendem objektiven Tatbestand – bleibt davon unberührt, da in diesen Fällen kein MP vorgesehen ist.
  - Meldung gem. § 2 Abs. 12 StVG an die zuständige FE-Behörde.
  - Auch bei dauerhafter medizinischer Einnahme sollte die Eignung überprüft werden. Anordnende und damit kostentragende Stelle für dieses Sachverständigengutachten ist die FE-Behörde.

1.10 § 24c Alkoholverbot für Fahranfänger und Fahranfängerinnen

(1) Ordnungswidrig handelt, wer in der Probezeit nach § 2a oder vor Vollendung des 21. Lebensjahres als Führer eines Kfz im Straßenverkehr alkoholische Getränke zu sich nimmt oder die Fahrt antritt, obwohl er unter der Wirkung eines solchen Getränks steht.

Hinweise:

- Variante 1: Alkoholische Getränke zu sich nimmt.
  - Dies geschieht während der Fahrt. Hier genügt eine Zeugenaussage, dass er während der Fahrt getrunken hat.
- Variante 2: Fahrt antreten, obwohl er vor Fahrtantritt Alkohol zu sich genommen hat und „unter der Wirkung steht".
  - Hier gilt die 0,15 Promille Grenze (OLG Stuttgart, 18.03.13), 0,15 statt 0,00 Promille deshalb, weil Messungsungenauigkeiten und endogener Alkohol (im eigenen Körper gebildet) beachtet werden müssen.
  - Ab 0,5 Promille gilt § 24a StVG, dementsprechend auch § 316 StGB; ab 1,1 Promille oder 0,3 Promille mit alkoholbedingten Ausfallerscheinungen.

1.11 § 25a Kostentragungspflicht des Halters eines Kraftfahrzeugs

(1) Kann in einem Bußgeldverfahren wegen eines Halt- oder Parkverstoßes der Führer des Kfz, der den Verstoß begangen hat, nicht vor Eintritt der Verfolgungsverjährung ermittelt werden oder würde seine Ermittlung einen unangemessenen Aufwand erfordern, so werden dem Halter des Kfz oder seinem Beauftragten die Kosten des Verfahrens auferlegt; er hat dann auch seine Auslagen zu tragen. Von einer Entscheidung nach Satz 1 wird abgesehen, wenn es unbillig wäre, den Halter des Kfz oder seinen Beauftragten mit den Kosten zu belasten.

Hinweise:

- Im Verwarnungsverfahren gilt § 25a nicht.
- „Unangemessener Aufwand“; wenn alle der Sachlage nach nötigen und möglichen, vor allem angemessenen und zumutbaren Nachforschungen keinen Erfolg brachten.

2. Straßenverkehrsordnung

2.1 § 1 Grundregeln

(1) Die Teilnahme am Straßenverkehr erfordert ständige Vorsicht und gegenseitige Rücksicht.

(2) Wer am Verkehr teilnimmt hat sich so zu verhalten, dass kein Anderer geschädigt, gefährdet oder mehr, als nach den Umständen unvermeidbar, behindert oder belästigt wird.

Hinweise:

▸ VT ist, wer sich im öVR aufhält und sich verkehrserheblich verhält, d.h. durch Handeln oder Unterlassen auf einen Verkehrsvorgang einwirkt.

Beispiele:
- Autofahrer bedient die zur Fortbewegung notwendigen Einrichtungen, wie Kupplung Gas und Bremse.
- Fußgänger überquert die Straße.
- Baggerführer, der auf der Straße arbeitet.
- Sozius auf dem Kraftrad, da er durch sein körperliches Verhalten die Fahrweise beeinflussen kann.
- Müllwerker, der vom Trittbrett des Müllwagens absteigt und die Fahrbahn oder den Gehweg betritt.

▸ Kein VT ist, wer das Verkehrsgeschehen nicht beeinflusst.

Beispiele:
- Untätiger Mitfahrer im Pkw verhält sich nicht verkehrserheblich; ebenso der Fahrgast in einer Straßenbahn.
- Müllwerker, der auf dem Trittbrett des Müllwagens steht und mitfährt.
- Personen, die auf einem mit Heu beladenen landwirtschaftlichen Anhänger mitfahren.

- Mischfälle Verkehrsteilnehmer:
  - Es gibt Situationen, in denen sich die Person auf privatem Gelände befindet, ihr Tun sich aber in den öffentlichen Verkehrsraum auswirkt.

Beispiele:

- Bagger steht auf Privatgelände, der Baggerarm schwenkt in den öffentlichen Verkehrsraum, um z.B. einen Lkw mit Erdaushub zu beladen.
- Landwirt treibt seine Kühe von der Weide auf die Straße. Er selbst befindet sich aber noch auf privatem Boden, seine Kühe jedoch im öffentlichen Verkehrsraum.

- Wenn eine Spezialbestimmung dieselben verpönten Folgen (Behinderung, Belästigung, Gefährdung oder Schädigung) vorsieht, hat die Spezialbestimmung Vorrang.
- Dagegen besteht TE mit § 1 Abs. 2 StVO, wenn die Spezialbestimmung, z.B. die Gefährdung nicht beinhaltet.
  - § 5 StVO beinhaltet nur das Behinderungsverbot des Gegenverkehrs. Kommt es zu einer Vollbremsung (Gefährdung, „Beinaheunfall“ vermeiden), liegt TE mit § 1 StVO vor.
- „Anderer“
  - Die Verkehrsvorschriften sind nicht nur zum Schutz von Verkehrsteilnehmern (VT), sondern zum Schutz aller, also auch für die Personen, die am Verkehr nicht teilnehmen, erlassen worden.
- Schädigung ist das Zufügen eines wirtschaftlichen, vermögensrechtlich messbaren Nachteils, der sowohl in einem Körper- als auch in einem Sachschaden liegen kann.
  - Körperschaden liegt vor, wenn der Gesundheitszustand eines Menschen beeinträchtigt wird (Wunden, Prellungen).
  - Sachschaden liegt vor, wenn der Wert eines Gegenstandes verringert, eine Sache entweder beschädigt oder zerstört wurde.

Beispiele:

- Eigentümer eines Hauses ist durch § 1 Abs. 2 StVO geschützt, wenn ein Pkw-Fahrer seinen Gartenzaun beschädigt.
- Ebenso der Träger der Straßenbaulast (Gemeinde, Staat) bei Beschädigungen eines Leitpfostens oder einer Leitplanke.
- Mitfahrer in öffentlichen Verkehrsmitteln.
- Beifahrer im Pkw, der durch einen Verkehrsunfall verletzt wird.
- Anderer ist aber niemals derjenige, von dem die Gefahr ausgeht.

▸ Gefährdung:

Darunter versteht man jedes verkehrswidrige Verhalten, das eine Lage herbeiführt, die auf einen unmittelbar bevorstehenden Unfall hindeutet (Beinaheunfall). Gefahr eines Unfalles muss in bedrohliche Nähe gerückt sein, sodass es nur vom Zufall abhängt, ob ein schädigendes Ereignis eintritt.

- Erkennt ein VT rechtzeitig, dass es zu einem Unfall kommen könnte und passiert dies zu einem Zeitpunkt, in dem auch der Verursacher den Eintritt des Schadens durch verkehrsgerechte Maßnahmen, wie z.B. Geschwindigkeitsverringerung noch abwenden kann, so liegt keine Gefährdung, evtl. aber eine Behinderung vor.
- Kann der andere aber nur durch seine eigene schnelle Reaktion der Gefahr entgehen, dann war er gefährdet.
- § 1 Abs. 2 StVO schützt eine Sache nur gegen Beschädigung. Eine Gefährdung der Sache i.S.d. § 1 Abs. 2 StVO ist nicht möglich.
- Sachgefährdung nach §§ 315c StGB (Straßenverkehrsgefährdung) und 315b StGB (Gefährlicher Eingriff in den Straßenverkehr) sind jedoch möglich.

Beispiel:

Ein entgegenkommender Überholer kann seinen Überholvorgang nicht mehr rechtzeitig beenden. Pkw-Fahrer A erkennt dies. Er muss die gefährliche Verkehrssituation durch starkes Abbremsen entschärfen. Hätte er dies nicht getan, wäre es aller Wahrscheinlichkeit nach zu einem Unfall gekommen. Pkw-Fahrer A wurde gefährdet.

- Behinderung ist die Beeinträchtigung des berechtigten Verkehrsverhaltens eines anderen, ohne dass dieser gefährdet wird.

  Beispiele:
  - „Sonntagsfahrer", die langsam fahren, obwohl andere Fzg-Führer folgen.
  - Grundloses Verlangsamen der Fahrt, obwohl die LZA „grün" zeigt.

  Wird durch ein haltendes oder parkendes Fzg der fließende Verkehr behindert oder sogar gefährdet und kann nicht über die Spezialnorm des § 12 StVO geahndet werden, so ist § 1 Abs. 2 StVO zu prüfen.

- Unvermeidbare Behinderungen:
  - Kurzes Anhalten, um einen Mitfahrer aussteigen zu lassen.
  - Linksabbieger muss wegen des bevorrechtigten Gegenverkehrs anhalten. Deshalb müssen auch andere VT hinter dem Linksabbieger warten.
  - Kurzes Anhalten, um rückwärts einzuparken.
- Belästigung ist das Zufügen eines körperlichen oder seelischen Unbehagens.
- Vermeidbare Belästigungen sind:
  - Unnötiges Hin- und Herfahren i.g.O., wenn andere dadurch belästigt werden.
  - Unnötige Lärm- oder Abgasbelästigungen z.B. durch Warmlaufenlassen des Motors, Anfahren mit quietschenden Reifen.
  - Zu beachten ist jedoch § 30 StVO, der in diesen Fällen als Spezialvorschrift greift.
- Abgrenzung Schädigung/Belästigung:
  - Fahrer A durchfährt mit seinem Pkw eine Pfütze und bespritzt einen am Fahrbahnrand stehenden Fußgänger. Die Hose des Fußgängers wird beschmutzt. Es ist zunächst zu prüfen, ob der Schmutz an der Hose leicht entfernt werden kann. Ist dies der Fall, liegt lediglich eine Belästigung vor, da das körperliche Wohlbefinden des Fußgängers durch das Spritzwasser be-

einträchtigt wurde. Kann die Hose aber nur durch eine fachgemäße Reinigung gesäubert werden, gilt sie als beschädigt.

- Parkplatzunfälle, siehe bei § 8 StVO.

2.2 § 2 Straßenbenutzung durch Fahrzeuge

(1) Fzg müssen die Fahrbahn benutzen, von zwei Fahrbahnen die rechte. Seitenstreifen sind nicht Bestandteil der Fahrbahn.

Hinweise:

- Seitenstreifen gehört gemäß § 2 Abs. 1 StVO nicht zur Fahrbahn. Benutzt ein VT den Seitenstreifen (Standspur), um an einem Stau rechts vorbeizufahren, überholt er nicht verbotenerweise rechts, da Überholen begrifflich nur auf der Fahrbahn möglich ist. Es liegt ein Verstoß gegen die Vorschrift der Fahrbahnbenutzung (§ 2 Abs. 1 StVO) vor.
- OWi nach § 2, wenn eine LZA über Gehweg oder Tankstellengelände umfahren wird.

(2) Es ist möglichst weit rechts zu fahren, nicht nur bei Gegenverkehr, beim Überholtwerden, an Kuppen, in Kurven oder bei Unübersichtlichkeit.

Hinweise:

- Es muss nicht strikt am rechten Fahrbahnrand gefahren werden.
- Nach der Rechtsprechung kann
  - 1,0 Meter vom rechten Fahrbahnrand und
  - 0,5 Meter rechts der Mittellinie gefahren werden.

  Beispiele:
  - Rechtsfahrgebot verletzt auch, wer unbeabsichtigt infolge eines Fahrfehlers auf die linke Fahrbahnseite gerät.
  - Schneiden von Kurven über die Fahrbahnmitte hinaus ist grundsätzlich verboten.

- Verstoß gegen die Fahrbahnbenutzungspflicht, wenn ein VT einen Parkplatz zum Überholen benutzt,
- oder eine rote LZA umfährt und dabei einen Parkplatz und ein Tankstellengelände benutzt.

- ▸ Unerlaubtes Parken auf Gehwegen verstößt gegen § 12, nicht gegen § 2 StVO.
- ▸ Wer links von Z 295 „durchgezogene Linie“ fährt, verstößt gegen §§ 2 und 41 StVO in TE.

(3) Fzg, die in der Längsrichtung einer Schienenbahn verkehren, müssen diese, soweit möglich, durchfahren lassen.

(3a) Winterreifenpflicht (Zusammenfassung)

Hinweise:

- ▸ Bei Glatteis, Schneeglätte, Schneematsch, Eis- oder Reifglätte darf ein Kfz nur mit Reifen gefahren werden, die den Anforderungen des § 36 Abs. 4 StVZO entsprechen.
  - Als „Reifen für winterliche Verhältnisse“ gelten seit 01.06.2017 nur noch Reifen mit dem Alpine-Symbol (Bergpiktogramm mit Schneeflocke) an der Reifenflanke.
  - Für die bisher erlaubten M+S Reifen besteht eine Übergangsregelung bis 30.09.2024, sofern die Reifen vor dem 01.01.2018 hergestellt wurden (§§ 36 Abs. 4a StVZO, 52 Abs. 2 StVO).
  - Das Herstellungsdatum lässt sich an der Reifenflanke ablesen, z.B. steht 5217 dabei für die KW 52 aus 2017.
- ▸ Ausgenommen sind nach Satz 2
  - Nr. 1 Nutzfahrzeuge der Land- und Forstwirtschaft (z.B. Mähdrescher, Zugmaschine),
  - Nr. 2 einspurige Kfz (vom Leichtmofa bis zum Motorrad),
  - Nr. 3 Gabelstapler,
  - Nr. 4 motorisierte Krankenfahrstühle,
  - Nr. 5 Einsatzfahrzeuge der Bundeswehr, Bundespolizei, Feuerwehr, Katastrophenschutz, Polizei, Zolldienst, für die bauartbedingt keine Winterreifen verfügbar sind und

  - Nr. 6 Spezialfahrzeuge, für die bauartbedingt keine Winterreifen verfügbar sind. Diese Reifen werden mit einem verstärkten, mehrlagigen Reifenunterbau (Karkasse) hergestellt und werden z.B. für Lkw (Baustellenfahrzeuge) oder Mobilkräne verwendet.

- Fzg-Führer, die ihr von der Winterreifenpflicht ausgenommenes Fzg bei den o.g. Witterungslagen führen wollen, müssen
  - vor Fahrtantritt zusätzlich prüfen, ob die Fahrt erforderlich ist, da das Ziel nicht mit anderen Verkehrsmitteln erreichbar ist und
  - während der Fahrt mindestens einen Abstand des halben Tachowertes in Metern zum vorausfahrenden Fzg halten und dürfen nicht schneller als 50 km/h fahren.
  - dies kann z.B. auf Motorradfahrer zutreffen, die auch den ÖPNV oder einen Pkw nutzen könnten.
- Kfz der Klassen M2, M3, N2 und N3 (KOM über 8 Fahrgastplätze und Lkw über 3,5 t zG) [...] dürfen bei solchen Wetterverhältnissen auch gefahren werden, wenn an den Rädern der permanent angetriebenen Achsen und den vorderen Lenkachsen Winterreifen angebracht sind.
  - Reifen an den übrigen Achsen dürfen mit Sommerreifen versehen sein, da die Lkw-Reifen eine bessere Bodenhaftung als Pkw-Sommerreifen haben und somit als Ganzjahresreifen eingestuft werden können.
- Es besteht keine Winterreifenpflicht. Es bleibt dem Fahrzeugführer überlassen, ob er sein Fzg mit Winterreifen ausstattet (situative Winterreifenpflicht).

(4) Mit Fahrrädern darf nebeneinander gefahren werden, wenn dadurch der Verkehr nicht behindert wird; anderenfalls muss einzeln hintereinander gefahren werden. Eine Pflicht, Radwege in der jeweiligen Fahrtrichtung zu benutzen, besteht nur, wenn dies durch Z 237, 240 oder 241 angeordnet ist. Rechte Radwege ohne die Z 237, 240 oder 241 dürfen benutzt werden. Linke Radwege

ohne die Z 237, 240 oder 241 dürfen nur benutzt werden, wenn dies durch das allein stehende Zusatzzeichen „Radverkehr frei" angezeigt ist. Wer mit dem Rad fährt, darf ferner rechte Seitenstreifen benutzen, wenn keine Radwege vorhanden sind und zu Fuß Gehende nicht behindert werden. Außerhalb geschlossener Ortschaften darf man mit Mofas und E-Bikes Radwege benutzen.

Hinweise:

- Fahrrad i.S.d. StVO ist jedes Fzg mit mindestens zwei Rädern, das ausschließlich durch Muskelkraft des oder der Fahrer angetrieben wird, insbesondere durch Pedale oder Handkurbeln.
- Hierunter fallen Liegefahrräder, Rennräder, Klappräder, Tandem-Fahrräder, Fahrräder mit Anh., Dreirädrige Fzg, die als Fahrradtaxi benutzt werden oder dreirädrige Fzg für behinderte Personen, die eine Handkurbel benutzen.
- Für Pedelecs sind nach § 1 Abs. 3 StVG die Vorschriften über Fahrräder anzuwenden.
- Wer sein Fahrrad schiebt, unterliegt den Regeln des Fußgängerverkehrs.
- Radfahrer müssen, wenn Radwege vorhanden sind, diese benutzen. Sie sollen von der Fahrbahn ferngehalten werden; dies dient zur Verkehrsentmischung und Unfallverhütung.
- Benutzungspflicht gilt für alle Fahrräder, auch für Rennräder.
- Der übrige Verkehr darf die Radwege nicht benutzen.
- Für rechts verlaufende Radwege, die durch Z 237 gekennzeichnet sind, besteht eine Benutzungspflicht, die sowohl i.g.O. als auch a.g.O. gilt.
- Links verlaufende Radwege ohne Kennzeichnung sind für Radfahrer gesperrt.
- Links verlaufende Radwege mit Kennzeichnung Z 237 müssen benutzt werden.
- Ist kein rechter Radweg vorhanden und der linke gesperrt, besteht Fahrbahnbenutzungspflicht.

- Siehe auch VwV zu § 2 StVO.
- Mofas, die durch Treten fortbewegt werden, sind den Fahrrädern gleichgestellt.

(5) Kinder mit Fahrrädern (Zusammenfassung)

Hinweise:

- Auf Fußgänger muss besondere Rücksicht genommen werden. Diese dürfen nicht behindert oder gefährdet werden.
- Ggf. muss die Geschwindigkeit den Fußgängern angepasst werden.
- Kinder bis zum vollendeten achten Lebensjahr müssen mit Fahrrädern den Gehweg benutzen.
  - Ist ein baulich getrennter Radweg vorhanden, dann dürfen sie auch den Radweg benutzen.
  - Eine begleitende Aufsichtsperson darf für die Dauer der Begleitung ebenfalls den Gehweg benutzen (Geeignetheit liegt ab 16 Jahren vor).
- Kinder bis zum vollendeten zehnten Lebensjahr dürfen mit Fahrrädern den Gehweg benutzen.
- Kinder die älter als 10 Jahre sind müssen die Fahrbahn benutzen. Ausnahme: Sie benutzen ein Kinderfahrrad, da dies kein Fzg i.S.d. StVO, sondern ein besonderes Fortbewegungsmittel ist (§ 24 StVO).
- Kinderfahrräder (auch mit Stützrädern) sind nur solche Fahrräder, die für die Körpermaße von Kindern im Vorschulalter gebaut sind und zum spielerischen Umherfahren benutzt werden.
- Wird vor dem Überqueren einer Fahrbahn ein Gehweg benutzt, müssen die Kinder und die diese begleitende Aufsichtsperson absteigen.
- Bei Unfällen mit Kindern ist immer der Frage nachzugehen, ob evtl. die Aufsichtspflicht verletzt wurde.

2.3 § 3 Geschwindigkeit

(1) Wer ein Fzg führt, darf nur so schnell fahren, dass das Fzg ständig beherrscht wird. Die Geschwindigkeit ist insbesondere den Straßen-, Verkehrs-, Sicht- und Wetterverhältnissen sowie den persönlichen Fähigkeiten und den Eigenschaften von Fzg und Ladung anzupassen. Beträgt die Sichtweite durch Nebel, Schneefall oder Regen weniger als 50 m, darf nicht schneller als 50 km/h gefahren werden, wenn nicht eine geringere Geschwindigkeit geboten ist. Es darf nur so schnell gefahren werden, dass innerhalb der übersehbaren Strecke gehalten werden kann. Auf Fahrbahnen, die so schmal sind, dass dort entgegenkommende Fzg gefährdet werden könnten, muss jedoch so langsam gefahren werden, dass mindestens innerhalb der Hälfte der übersehbaren Strecke gehalten werden kann.

Hinweise:

- Ständig beherrschen heißt, der Fzg-Führer muss den Sorgfaltspflichten genügen können und ständig in der Lage sein, alle Fahrbewegungen sicher auszuführen.
- Der erste Anschein spricht gegen denjenigen, der z.B. auf freier Strecke von der Fahrbahn abkommt.
- Fahrer muss immer, auch auf dem nicht einsehbaren Teil der Straße, mit Hindernissen rechnen.
- Mit steigender Fahrgeschwindigkeit muss die Aufmerksamkeit des Fahrers zunehmen.
- Wer müde, nervös oder verärgert ist, muss seine Geschwindigkeit so wählen, dass er sein Fzg immer noch beherrscht und Fahrfehler vermeidet, auch wenn er auf eine Gefahr verzögert oder zu hastig reagiert hat.
- Fahranfänger oder eine Person mit schlechter Reaktionsfähigkeit (betagter Mensch), muss langsamer und vorsichtiger fahren, da er einen längeren Anhalteweg benötigt.

- Sichtfahrgeschwindigkeit bei Nacht ist nach der Stärke der Scheinwerfer einzurichten, bei asymmetrischem Abblendlicht am kürzeren Teil des Lichtkegels.
  - Auf schmalen Fahrbahnen muss man auf „halbe Sicht fahren“. Damit wird der Gegenverkehr geschützt.
  - Schmal ist eine Fahrbahn dann, wenn mit einem 2,5 m breiten Fzg bei ausreichendem seitlichen Abstand zum Entgegenkommenden nicht mehr gefahren werden kann.
- Zusatzschild „Nässe“ bedeutet, dass die Fahrbahn mit Wasser überzogen sein muss. Dies ist nicht gegeben, wenn die Fahrbahn lediglich feucht ist oder nur in den Spurrillen Wasser steht.
- Kommt es zu einer Gefährdung anderer, liegt TE mit § 1 Abs. 2 StVO vor.
- § 315c StGB möglich (zu schnelles Fahren an Kreuzungen durch den Vorfahrtsberechtigten und Wartepflichtigen).

(2) Ohne triftigen Grund dürfen Kfz nicht so langsam fahren, dass sie den Verkehrsfluss behindern.

Hinweise:

- Verkehrsfluss wird behindert, wenn eine Mehrzahl von VT (mindestens 3 Fzg) hinter einem langsam fahrenden Fzg herfahren müssen.
- Wird nur ein VT behindert, liegt ein Verstoß nach § 1 Abs. 2 StVO vor, wenn ein Kfz-Führer bei erlaubten 100 km/h auf einer Strecke von 3 km mit lediglich 50 km/h fährt.

(2a) Wer ein Fzg führt, muss sich gegenüber Kindern, hilfsbedürftigen und älteren Menschen, insbesondere durch Verminderung der Fahrgeschwindigkeit und durch Bremsbereitschaft, so verhalten, dass eine Gefährdung dieser VT ausgeschlossen ist.

Hinweise:

- Gemeint sind Personen, die das 14. Lebensjahr noch nicht vollendet haben.
- Selbst bei einfachen Verkehrsvorgängen wird ein verkehrsgerechtes Verhalten erst von Kindern ab 7 Jahren erwartet, aber auch nur dann, wenn sie allein unterwegs sind.
- Besondere Vorsicht ist geboten, wenn die Kinder in Gruppen oder spielend in Erscheinung treten.
- Ältere Menschen müssen nicht erkennbar verkehrsschwach oder hilfsbedürftig sein.

(3) Zulässige Höchstgeschwindigkeiten.

(4) Die zulässige Höchstgeschwindigkeit beträgt für Kfz mit Schneeketten auch unter günstigsten Umständen 50 km/h.

2.4 § 4 Abstand

(1) Der Abstand von einem vorausfahrenden Fzg muss in der Regel so groß sein, dass auch dann hinter ihm gehalten werden kann, wenn es plötzlich gebremst wird. Der Vorausfahrende darf nicht ohne zwingenden Grund stark bremsen.

Hinweise:

- Abstand zum vorausfahrenden Fzg muss den 1,0-Sekunden-Abstand deutlich übersteigen; es gilt zwingend der Regelsicherheitsabstand von 1,5 Sekunden auf allen Straßen.
- Gefährdung des Vordermannes ist i.d.R. anzunehmen, wenn der gebotene Abstand (1,5 Sek.), bei höheren Geschwindigkeiten, nicht nur ganz vorübergehend, um nahezu die Hälfte unterschritten, d.h. auf eine geringere als die in 0,8 Sek. durchfahrene Strecke verringert wird.

- Als „nicht nur ganz vorübergehend“ ist regelmäßig eine Strecke von 250 bis 300 m anzusehen.
  - Bei Verkehrssituationen, wie etwa dem plötzlichen Abbremsen des Vorausfahrenden oder bei einem abstandsverkürzenden Spurwechsel, die kurzzeitig zu einem sehr geringen Abstand führen, ohne dass dies dem Nachfahrenden vorgeworfen werden kann, kommt es auf die Feststellung an, dass eine Strecke von 250–300 m im verkürzten Abstand gefahren wurde.
  - In anderen Fällen können auch Abstandsverletzungen angezeigt werden, wenn die durchfahrene Strecke weniger als 250–300 m beträgt.
  - In Einzelfällen wurden Strecken von 100–150 m, die im verkürzten Abstand gefahren wurden, als tatbestandsmäßig angesehen.
  - Hier wird angenommen, dass durch den kurzen Abstand gleichzeitig eine Gefährdung nach § 1 Abs. 2 StVO gegeben ist. Nach der aktuellen Rechtsprechung wird dies nicht mehr zu halten sein, da man heute immer von einem „Beinaheunfall“ spricht, also eine Situation geschaffen wurde, die auf einen unmittelbar bevorstehenden Unfall hindeutet.
  - Bei bedrängendem und dichtem Auffahren mit erheblicher Zwangseinwirkung wird Nötigung bejaht. Siehe § 240 StGB.
- Der Anscheinsbeweis bei VU spricht gegen denjenigen, der auf den Vordermann auffährt.
- Widerlegt durch den Gegenbeweis, dass
  - der Vordermann ohne ersichtlichen Grund scharf bremste oder
  - der Vordermann unvorhersehbar plötzlich zum Stillstand kam (z.B. Unfall).

(2) Wer ein Kfz führt, für das eine besondere Geschwindigkeitsbeschränkung gilt, sowie einen Zug führt, der länger als 7,00 m ist,

muss a.g.O. ständig so großen Abstand zu dem vorausfahrenden Kfz halten, dass ein überholendes Kfz einscheren kann. Das gilt nicht,

1. *wenn zum Überholen ausgeschert wird und dies angekündigt wurde,*
2. *wenn in der Fahrtrichtung mehr als ein Fahrstreifen vorhanden ist oder*
3. *auf Strecken, auf denen das Überholen verboten ist.*

Hinweise:

- Einscherabstand ist stets einzuhalten, unabhängig davon, ob ein Überholwilliger folgt oder nicht.
- Zum vorausfahrenden Fzg muss der doppelte Sicherheitsabstand (3,0 Fzg) eingehalten werden. Hinzuzurechnen ist die Fahrzeuglänge des Überholers.

(3) Wer einen Lkw mit einer zGG über 3,5 t oder einen KOM führt, muss auf Autobahnen, wenn die Geschwindigkeit mehr als 50 km/h beträgt, zu vorausfahrenden Fzg einen Mindestabstand von 50 m einhalten.

2.5 § 5 Überholen

(1) Es ist links zu überholen.

Hinweise:

- Überholen ist ein Vorbeifahren von hinten nach vorn an einem VT, der sich auf derselben Fahrbahn in derselben Richtung bewegt oder verkehrsbedingt wartet.
  - (verkehrsbedingtes) Warten wird durch VT erfüllt, die durch die Verkehrslage oder eine Anordnung aufgehalten werden.
- Auch zu Fuß Gehende, wenn sie in Fahrtrichtung rechts gehen, werden überholt.

- Dies gilt für alle Fzg, auch für Rad Fahrende untereinander.
- Überholen beginnt mit dem Versetzen der Fahrlinie, also dem Ausscheren auf die linke Fahrbahnhälfte oder Überholspur.
- Fährt der Überholende bereits auf der Überholspur, beginnt das Überholen mit der deutlichen Verkürzung des Sicherheitsabstandes.
- Wer zum Zwecke der Prüfung, ob die Verkehrslage ein Überholen zulässt, leicht links versetzt fährt, überholt noch nicht.
- Wer unzulässigerweise überholt, verstößt nicht auch gegen das Rechtsfahrgebot.
- § 315c StGB möglich (Fehler beim Überholen).
- Haben sich z.B. auf einer zweispurigen BAB zwei Fzg-Schlangen gebildet und fährt der Motorradfahrer zwischen diesen nach vorne, wird die linke Fahrzeugschlange verbotenerweise rechts überholt.
- Rechtsüberholen ist in folgenden Fällen erlaubt:
  - § 7 Abs. 2 StVO: Ist der Verkehr so dicht, dass sich auf den Fahrstreifen für eine Richtung Fzg-Schlangen gebildet haben, darf rechts schneller als links gefahren werden.
  - § 7 Abs. 2a StVO: Wenn auf der Fahrbahn für eine Richtung eine Fzg-Schlange auf dem jeweils linken Fahrstreifen steht oder langsam fährt, dürfen Fzg diese mit geringfügig höherer Geschwindigkeit und mit äußerster Vorsicht rechts überholen.
  - § 7 Abs. 3 StVO: I.g.O. – ausgenommen auf Autobahnen (Z 330.1) – dürfen Kfz mit einer zG bis zu 3,5 t auf Fahrbahnen mit mehreren markierten Fahrstreifen für eine Richtung (Z 296 oder 340) den Fahrstreifen frei wählen, auch wenn die Voraussetzungen des Absatzes 1 Satz 1 nicht vorliegen. Dann darf rechts schneller als links gefahren werden.
  - § 37 Abs. 4 StVO: Wo Lichtzeichen den Verkehr regeln, darf nebeneinander gefahren werden, auch wenn die Verkehrsdichte das nicht rechtfertigt.

- § 41 StVO Z 297: Wenn Richtungspfeile auf der Fahrbahn aufgebracht sind, darf rechts schneller als links gefahren werden.
- § 7a Abs. 1 StVO: Gehen Fahrstreifen, insbesondere auf Autobahnen und Kraftfahrstraßen, von der durchgehenden Fahrbahn ab, darf beim Abbiegen vom Beginn einer breiten Leitlinie (Z 340) rechts von dieser schneller als auf der durchgehenden Fahrbahn gefahren werden.
- § 7a Abs. 2 StVO: Auf Autobahnen und anderen Straßen a.g.O. darf auf Einfädelungsstreifen schneller gefahren werden als auf den durchgehenden Fahrstreifen.
- § 5 Abs. 7 StVO: Schienenfahrzeuge sind rechts zu überholen. Nur wer das nicht kann, weil die Schienen zu weit rechts liegen, darf links überholen. Auf Fahrbahnen für eine Richtung dürfen Schienenfahrzeuge auch links überholt werden.
- § 5 Abs. 8 StVO: Ist ausreichender Raum vorhanden, dürfen Rad Fahrende und Mofa Fahrende die Fzg, die auf dem rechten Fahrstreifen warten, mit mäßiger Geschwindigkeit und besonderer Vorsicht rechts überholen.

(2) Überholen darf nur, wer übersehen kann, dass während des ganzen Überholvorgangs jede Behinderung des Gegenverkehrs ausgeschlossen ist. Überholen darf ferner nur, wer mit wesentlich höherer Geschwindigkeit als der zu Überholende fährt.

Hinweis

- ▸ Tateinheit mit § 1 Abs. 2 StVO gegeben, wenn der Gegenverkehr gefährdet wird.

(3) Das Überholen ist unzulässig:

1. *bei unklarer Verkehrslage oder*
2. *wenn es durch ein angeordnetes Verkehrszeichen (Z 276, 277) untersagt ist.*

Hinweise:

- Von der Rechtsprechung wurden bisher als unklare Verkehrslagen eingestuft (nicht abschließend):
  - Wenn die Verkehrslage durch Platzregen, dichten Schneefall, Reichweite der Scheinwerfer oder starke Sonnenblendung nicht überschaubar ist.
  - Wenn das Verhalten des zu Überholenden nicht klar beurteilt werden kann.
  - Wenn es den Anschein hat, der Vorausfahrende wolle abbiegen, ohne dass dies deutlich wird (Fahren auf Fahrbahnmitte, ohne die FRA zu setzen).
  - Wenn man der Meinung ist, der Vorausfahrende wolle ebenfalls überholen.
  - Kolonnenspringen, ohne dass man weiß, ob eine Lücke vorhanden ist.
  - Wenn ein vorausfahrender Überholer einem die Sicht nimmt.

(4) Wer zum Überholen ausscheren will, muss sich so verhalten, dass eine Gefährdung des nachfolgenden Verkehrs ausgeschlossen ist. Beim Überholen muss ein ausreichender Seitenabstand zu den anderen VT eingehalten werden. Beim Überholen mit Kfz von zu Fuß Gehenden, Rad Fahrenden und Elektrokleinstfahrzeug Führenden beträgt der ausreichende Seitenabstand innerorts mindestens 1,5 m und außerorts mindestens 2 m. An Kreuzungen und Einmündungen kommt Satz 3 nicht zur Anwendung, sofern Rad Fahrende dort wartende Kfz nach Abs. 8 rechts überholt haben oder neben ihnen zum Stillstand gekommen sind. Wer überholt, muss sich so bald wie möglich wieder nach rechts einordnen. Wer überholt, darf dabei denjenigen, der überholt wird, nicht behindern.

Hinweise:

- Nachfolgeverkehr, der bereits zum Überholen angesetzt hat und sich auf dem linken Fahrstreifen befindet, hat Vorrang gegenüber demjenigen, der zum Überholen ausscheren will.

- Bei Gefährdung Nachfolgender ist § 5 Abs. 4 die speziellere Regel; § 1 Abs. 2 StVO ist nicht anzuwenden. Bei Schädigung TE mit § 1 Abs. 2 StVO.
- Dasselbe gilt, wenn der Überholte beim Einscheren behindert wird.
- Seitenabstand:
  - Beim Überholen von Kfz reicht 1 m aus.
  - Bei zu Fuß Gehenden, Rad Fahrenden und ekF-Führenden 1,5 Meter i.g.O. und 2 m a.g.O.

(4a) Das Ausscheren zum Überholen und das Wiedereinordnen sind rechtzeitig und deutlich anzukündigen; dabei sind die FRA zu benutzen.

Hinweise:

- Nachfolgeverkehr darf darauf vertrauen, dass das Überholen angekündigt wird.
- Erlischt der FRA des Vorausfahrenden, ohne dass er ausschert, darf der Nachfolgende davon ausgehen, dass kein Überholvorgang durchgeführt wird.

(5) A.g.O. darf das Überholen durch kurze Schall- oder Leuchtzeichen angekündigt werden. Wird mit Fernlicht geblinkt, so dürfen entgegenkommende Fzg-Führer nicht geblendet werden.

(6) Wer überholt wird, darf seine Geschwindigkeit nicht erhöhen. Wer ein langsameres Fzg führt, muss die Geschwindigkeit an geeigneter Stelle ermäßigen, notfalls warten, wenn nur so mehreren unmittelbar folgenden Fzg das Überholen möglich ist. Hierzu können auch geeignete Seitenstreifen in Anspruch genommen werden; das gilt nicht auf Autobahnen.

Hinweis:

- Das Beschleunigungsverbot gilt ab dem Ausscheren des Überholers nach links.

(7) Wer seine Absicht, nach links abzubiegen, ankündigt und sich eingeordnet hat, ist rechts zu überholen. Schienen-Fzg sind rechts zu überholen. Nur wer das nicht kann, weil die Schienen zu weit rechts liegen, darf links überholen. Auf Fahrbahnen für eine Richtung dürfen Schienen-Fzg auch links überholt werden.

(8) Ist ausreichender Raum vorhanden, dürfen Rad Fahrende und Mofa Fahrende die Fzg, die auf dem rechten Fahrstreifen warten, mit mäßiger Geschwindigkeit und besonderer Vorsicht rechts überholen.

Hinweise:

- Ausreichend Raum ist bei einem Abstand von mindestens einem Meter zwischen Fahrzeug und Fahrbahnrand gegeben.
- Mäßige Geschwindigkeit ergibt sich aus der jeweiligen Verkehrslage und dürfte sich unter 10 km/h bewegen.
- Nur zum Stillstand gekommene Fzg dürfen überholt werden, da sie verkehrsbedingt warten. Somit dürfen fahrende oder langsam rollende Fzg nicht überholt werden.

2.6 § 6 Vorbeifahren

Wer an einer Fahrbahnverengung, einem Hindernis auf der Fahrbahn oder einem haltenden Fzg links vorbeifahren will, muss entgegen kommende Fzg durchfahren lassen. Satz 1 gilt nicht, wenn der Vorrang durch Verkehrszeichen (Z 208, 308) anders geregelt ist. Muss ausgeschert werden, ist auf den nachfolgenden Verkehr zu achten und das Ausscheren sowie das Wiedereinordnen – wie beim Überholen – anzukündigen.

Hinweise:

- Hindernisse sind alle körperlichen Gegenstände, die sich auf der Fahrbahn befinden, deren Breite einengen und dadurch den Fzg-Führer zu einem Ausweichen zwingen.

- Vorrang i.S.d. § 6 StVO hat im Begegnungsverkehr derjenige, dessen Fahrstreifen frei ist.
  - Unerheblich ist, ob die Engstelle durch einen parkenden Lkw entsteht oder ob es um eine Fahrbahnverengung oder ein Hindernis handelt.
  - Wie bei § 8 StVO muss sich der Wartepflichtige vor dem Hindernis klar als solcher verhalten. Er muss durch sein Fahrverhalten, insbesondere durch mäßige Geschwindigkeit anzeigen, dass er warten wird.
- Wer ein Hindernis links umfährt, hat Rückschaupflicht, um einem VT, der bereits zum Überholen ausgeschert hat, den Überholvorgang zu ermöglichen.
- Ausscheren ist rechtzeitig anzukündigen. Nachfolgeverkehr soll auf das Hindernis hingewiesen werden, da es unter Umständen von ihm nicht gesehen werden kann.
- Ob eine Behinderung i.S.d. § 6 StVO eintritt, ist weitgehend vom verbleibenden Seitenabstand zum Gegenverkehr abhängig.
- Im normalen Begegnungsverkehr genügt ein Abstand von einem Meter.
- Zu entgegenkommenden Rad-Fahrenden ist stets ein Seitenabstand von 1,5 m einzuhalten.
- Ist die Fahrbahn trotz Hindernis so breit, dass der Seitenabstand im Begegnungsverkehr von 1 bis 1,5 m eingehalten werden kann, kommt § 6 StVO nicht zur Anwendung.
  - Zu beachten ist, dass der Seitenabstand immer von der gefahrenen Geschwindigkeit abhängig ist.
- Muss der Entgegenkommende abbremsen und wird dadurch behindert, tritt § 1 Abs. 2 StVO zurück; nicht aber bei einer Gefährdung oder Schädigung, dann TE.
- Bei einem haltenden Fzg muss damit gerechnet werden, dass der Fahrer die Tür einen Spalt breit öffnet.

- Bei einem haltenden Linienomnibus muss damit gerechnet werden, dass Fahrgäste hinter diesem hervortreten, um sich einen Überblick über die Verkehrslage zu schaffen.
  - Der Seitenabstand muss hier ca. 2 m betragen, es sei denn der Fahrer fährt so langsam, dass er beim Auftauchen von Personen sofort Anhalten kann.
- § 315c StGB möglich (vorfahrtähnliche Situation).

2.7 § 7 Benutzung von Fahrstreifen durch Kraftfahrzeuge

(1) Auf Fahrbahnen mit mehreren Fahrstreifen für eine Richtung dürfen Kfz von dem Gebot, möglichst weit rechts zu fahren (§ 2 Abs. 2), abweichen, wenn die Verkehrsdichte das rechtfertigt. Fahrstreifen ist der Teil einer Fahrbahn, den ein mehrspuriges Fzg zum ungehinderten Fahren im Verlauf der Fahrbahn benötigt.

Hinweise:

- Zwei Fahrbahnen sind nur dann vorhanden, wenn die Fahrstreifen für beide Fahrtrichtungen durch Mittelstreifen, Trenninseln, abgetrennte Gleiskörper, Schutzplanken oder andere bauliche Einrichtungen getrennt sind.
- Fzg fahren so dicht hintereinander, dass bei Beachtung des Rechtsfahrgebots der Verkehrsfluss beeinträchtigt wäre und sich Fzg-Schlangen bilden würden. Dies ist die Vorstufe zur Fzg-Schlange; auch gestaffelte Fahrweise genannt. Der Abstand zwischen den Fahrzeugen beträgt ca. 4 Sekunden.
- Die Regelung des Nebeneinanderfahrens gilt sowohl a.g.O. als auch i.g.O.

(2) Ist der Verkehr so dicht, dass sich auf den Fahrstreifen für eine Richtung Fzg-Schlangen gebildet haben, darf rechts schneller als links gefahren werden.

Hinweise:

- Fzg-Schlange besteht schon dann, wenn mindestens drei Fzg als eine Art einheitlicher Fahrkörper mit einem Abstand von 3,0 Sekunden (andere Meinung 2,5 Sek.) zusätzlich der Länge des einscherenden Kfz hintereinander herfahren und somit ein Überholer nicht mehr mit den vorschriftsmäßigen Abständen nach hinten und vorn einscheren kann.
- Außerorts, besonders auf der BAB, wird die erforderliche Fzg-Zahl höher (fünf) sein müssen.
- Befreit sind Pkw, Motorräder, Lkw, Wohnmobile bis 3,5 t und Mofas. Rad Fahrende und Pedelec-Fahrer müssen rechts bleiben, da sie kein Kfz, sondern ein Fzg führen. Sie dürfen jedoch auf dem rechten Fahrstreifen, wenn die zulässige Höchstgeschwindigkeit nicht überschritten wird, schneller fahren als die Fzg auf dem linken Fahrstreifen.

(2a) Wenn auf der Fahrbahn für eine Richtung eine Fzg-Schlange auf dem jeweils linken Fahrstreifen steht oder langsam fährt, dürfen Fzg diese mit geringfügig höherer Geschwindigkeit und mit äußerster Vorsicht rechts überholen.

Hinweise:

- Steht oder langsam fährt (amtl. Begründung zu Abs. 2a) bedeutet,
  - dass die auf dem linken Fahrstreifen befindlichen Fzg (die Überholten) verkehrsbedingt warten (anhalten müssen) oder mit einer Geschwindigkeit von höchstens 60 km/h fahren,
- die geringfügig höhere Geschwindigkeit ist auf maximal 20 km/h festgelegt und man darf stehende Fzg rechts mit max. 20 km/h Geschwindigkeitsunterschied überholen oder Fzg, die auf dem linken Fahrstreifen mit 60 km/h fahren, rechts mit max. 80 km/h (maximale erlaubte Geschwindigkeit) überholen.

- Fährt die linke Fzg-Schlange (die Überholten) schneller als 60 km/h ODER wird die geringfügig höhere Geschwindigkeit von 20 km/h bzw. 80 km/h Maximalgeschwindigkeit vom Überholenden überschritten, liegt ein verbotenes Rechtsüberholen vor. Dies wird mit einem Bußgeld von 100 Euro und einem Punkt in Flensburg (Fahreignungsregister, früher Verkehrszentralregister) geahndet.
- Im Gegensatz zu § 7 Abs. 2 StVO dürfen auch Einzelfahrzeuge die links wartenden oder langsam fahrenden Fzg überholen. Diese Regelung gilt nicht nur für BAB, sondern auf allen Straßen mit mehreren Fahrstreifen für eine Richtung.

(3) I.g.O. – ausgenommen auf Autobahnen (Z 330.1) – dürfen Kfz mit einer zG bis zu 3,5 t auf Fahrbahnen mit mehreren markierten Fahrstreifen für eine Richtung (Z 296 oder 340) den Fahrstreifen frei wählen, auch wenn die Voraussetzungen des Absatzes 1 Satz 1 nicht vorliegen. Dann darf rechts schneller als links gefahren werden.

Hinweise:

- Kfz über 3,5 t zG dürfen vom Rechtsfahrgebot nicht abweichen. Dasselbe gilt für Radfahrer und Pedelec-Fahrer, da sie keine Kfz-Führer sind.
- Sie dürfen jedoch auf dem rechten Fahrstreifen, wenn die zulässige Höchstgeschwindigkeit nicht überschritten wird, schneller fahren als die Fzg auf dem linken Fahrstreifen.
- Bei fehlendem Ortsschild entscheidet die deutlich geschlossene Bauweise.

(3a) Fahrbahnen mit 3 und 5 Fahrstreifen für beide Richtungen.

(3b) Fahrbahnen mit 4 und 6 Fahrstreifen für beide Richtungen.

(3c) Fahrbahnen mit 3 und mehr Fahrstreifen für eine Richtung (a.g.O.)

(4) Ist auf Straßen mit mehreren Fahrstreifen für eine Richtung das durchgehende Befahren eines Fahrstreifens nicht möglich oder endet ein Fahrstreifen, ist den am Weiterfahren gehinderten Fzg der Übergang auf den benachbarten Fahrstreifen in der Weise zu ermöglichen, dass sich diese Fzg unmittelbar vor Beginn der Verengung jeweils im Wechsel nach einem auf dem durchgehenden Fahrstreifen fahrenden Fzg einordnen können (Reißverschlussverfahren).

Hinweise:

- Bei aufgelockertem Verkehr besteht kein Vorrangproblem, da der zuerst bei der Verengung Eintreffende nach links oder rechts überwechseln kann.
- § 6 StVO ist hier nicht anwendbar, da kein Gegenverkehr herrscht.
- Bei größerer Verkehrsdichte muss das „Reißverschlussverfahren“ angewandt werden, und zwar dann, wenn der Fahrstreifenwechsel unter Beachtung des in § 4 StVO geforderten Mindestabstandes nicht mehr möglich ist.
- Folgende Pflichten:
  - Wer den Fahrstreifen beibehalten kann, muss den am Weiterfahren Gehinderten das Überwechseln ermöglichen.
  - Platzmachen kann nur durch Abbremsen erfolgen, wobei nur mäßiges Bremsen gefordert werden kann.
  - Fahrstreifen darf nur gewechselt werden, wenn eine Gefährdung anderer VT ausgeschlossen ist. Er ist anzukündigen (§ 7 Abs. 5 StVO).
  - Fahrstreifenwechsel soll unmittelbar vor Beginn der Verengung erfolgen und nicht schon weit vorher.

(5) In allen Fällen darf ein Fahrstreifen nur gewechselt werden, wenn eine Gefährdung anderer VT ausgeschlossen ist. Jeder Fahrstreifenwechsel ist rechtzeitig und deutlich anzukündigen; dabei sind die Fahrtrichtungsanzeiger zu benutzen.

2.8 § 7a Abgehende Fahrstreifen, Einfädelungs- und Ausfädelungsstreifen

(1) Gehen Fahrstreifen, insbesondere auf Autobahnen und Kraftfahrstraßen, von der durchgehenden Fahrbahn ab, darf beim Abbiegen vom Beginn einer breiten Leitlinie (Z 340) rechts von dieser schneller als auf der durchgehenden Fahrbahn gefahren werden.

Hinweise:

- Man darf die abgehende Fahrbahn nach Abs. 1 nicht mit dem Ausfädelungsstreifen nach Abs. 3 verwechseln.
- Ab der breiten Leitlinie (ca. 30 cm) darf rechts schneller als links gefahren werden.
- Wer die abgehende Fahrbahn benutzt und dann wieder bewusst nach links auf den durchgehenden Fahrstreifen fährt, überholt verbotenerweise rechts.

(2) Auf Autobahnen und anderen Straßen a.g.O. darf auf Einfädelungsstreifen schneller gefahren werden als auf den durchgehenden Fahrstreifen.

Hinweise:

- Auf Autobahnen und anderen Straßen a.g.O. darf auf Einfädelungsstreifen (früher Beschleunigungsstreifen) schneller gefahren werden als auf den durchgehenden Fahrstreifen.
- Einfädelungsstreifen ist ein neben der durchgehenden Fahrbahn verlaufender Fahrstreifen, der zum Einfädeln des einfahrenden Verkehrs dient.
- Da es sich bei dem Einfädelungsstreifen um eine selbstständige Fahrbahn handelt, liegt kein Überholen im Rechtssinne vor, weil man sich nicht auf derselben Fahrbahn befindet.

(3) Auf Ausfädelungsstreifen darf nicht schneller gefahren werden als auf den durchgehenden Fahrstreifen. Stockt oder steht der

Verkehr auf den durchgehenden Fahrstreifen, darf auf dem Ausfädelungsstreifen mit mäßiger Geschwindigkeit und besonderer Vorsicht überholt werden.

Hinweise:

- Der Ausfädelungsstreifen (früher Verzögerungsstreifen) ist ein neben der durchgehenden Fahrbahn verlaufender Fahrstreifen, welcher zum Ausfädeln des ausfahrenden Verkehrs dient.
- Wer schneller als auf dem durchgehenden Fahrstreifen fährt, begeht eine OWi.
  Ausnahme: Stockender oder stehender Verkehr. Der Ausfädelungsstreifen wird mit der „normalen" gestrichelten Leitlinie (ca. 15 cm breit) gekennzeichnet.

2.9 § 8 Vorfahrt

(1) An Kreuzungen und Einmündungen hat die Vorfahrt, wer von rechts kommt. Das gilt nicht,

1. *wenn die Vorfahrt durch Verkehrszeichen besonders geregelt ist (Z 205, 206, 301, 306) oder*
2. *für Fzg, die aus einem Feld- oder Waldweg auf eine andere Straße kommen.*

(1a) Ist an der Einmündung in einen Kreisverkehr Zeichen 215 (Kreisverkehr) unter dem Z 205 (Vorfahrt gewähren) angeordnet, hat der Verkehr auf der Kreisfahrbahn Vorfahrt. Bei der Einfahrt in einen solchen Kreisverkehr ist die Benutzung des FRA unzulässig.

Hinweise:

- In die Kreisfahrbahn münden die anderen Straßen. Somit hat der Kreisverkehr mehrere Einmündungen.
- Sind keine VZ aufgestellt, hat der auf der Kreisfahrbahn Befindliche die Vorfahrt der Einfahrenden zu beachten („rechts vor links").

(2) Wer die Vorfahrt zu beachten hat, muss rechtzeitig durch sein Fahrverhalten, insbesondere durch mäßige Geschwindigkeit, erkennen lassen, dass gewartet wird. Es darf nur weitergefahren werden, wenn übersehen werden kann, dass wer die Vorfahrt hat, weder gefährdet noch wesentlich behindert wird. Kann das nicht übersehen werden, weil die Straßenstelle unübersichtlich ist, so darf sich vorsichtig in die Kreuzung oder Einmündung hinein getastet werden, bis die Übersicht gegeben ist. Wer die Vorfahrt hat, darf auch beim Abbiegen in die andere Straße nicht wesentlich durch den Wartepflichtigen behindert werden.

Hinweise:

- Vorfahrtfall i.S.d. Vorschrift ist gegeben, wenn sich an einer Straßenkreuzung oder Straßeneinmündung die Fahrlinien zweier Fzg im Querverkehr schneiden, berühren oder einander hemmend nähern, sodass sich hieraus für einen Fzg-Führer das Recht auf Weiterfahrt und für den anderen eine Wartepflicht ergibt.
  - Vorfahrtbereich erstreckt sich auf die gesamte, gemeinsame Schnittfläche der Kreuzung oder Einmündung einschließlich vorhandener Radwege.
  - Vorfahrt gilt für den gesamten Kreuzungs- und Einmündungsbereich so lange, bis das Ende des Fzg oder Zugs die Fluchtlinien des Kreuzungs- oder Einmündungsbereiches verlassen hat.
  - Vorfahrtbereich erstreckt sich auch noch auf die Straße, in welche der Fzg-Führer einbiegt, und zwar bis er mit der gesamten Länge des Fzg die Vorfahrtstraße verlassen hat. Dasselbe gilt bei der abknickenden Vorfahrt.
- Von einer abknickenden Vorfahrt spricht man, wenn an einer Kreuzung oder Einmündung zwei Straßen, entgegen ihrem natürlichen Verlauf, zu einer Vorfahrtstraße entsprechend der Hauptverkehrsrichtung zusammengefasst werden. Insbesondere bei der abknickenden Vorfahrt können zwei Straßen mit einer negativen Beschilderung gekennzeichnet sein, dann gilt der Grundsatz „rechts vor links“.
  - Wer dem Verlauf der abknickenden Vorfahrtstraße folgt, ist rechtlich Geradeausfahrer und tatsächlich ein Abbieger.

  - Fzg-Führer, die die Vorfahrtstraße verlassen, sind somit rechtlich Abbieger und tatsächlich Geradeausfahrer.

Beispiele:

- Befindet sich ein Fzg-Führer auf der Vorfahrtsstraße und der andere nicht, so ergibt sich für den Fzg-Führer mit Negativbeschilderung eine Wartepflicht (Vorfahrtsfall gem. § 8 StVO).
- Befinden sich beide Fzg-Führer auf der abknickenden Vorfahrtsstraße und kommt es zum Unfall, wird nach § 9 Abs. 3 bzw. 9 Abs. 4 StVO angezeigt (Vorrangfall).
- Bei § 9 Abs. 3 StVO ist ein Geradeausfahrer beteiligt.
- Bei § 9 Abs. 4 StVO verlassen beide Fzg-Führer die Vorfahrtstraße.

- § 315c StGB möglich (Vorfahrt missachtet).
- Mäßige Geschwindigkeit ist gegeben, wenn man ohne scharfes Bremsen sein Fzg zum Stillstand bringen kann.
- Sonderfall Parkplatzunfälle:
  - Diese Unfälle können nicht als Vorfahrtverletzungen geahndet werden, da es auf Parkplätzen verkehrsrechtlich keine Straßen gibt und somit auch keine Einmündungen oder Kreuzungen. Dies wäre aber Voraussetzung für eine Vorfahrtsverletzung (siehe Definition).
  - Auf Parkplätzen gilt die gegenseitige Rücksichtnahme und das Fahren mit Schrittgeschwindigkeit.
  - Parkplätze sind verkehrsrechtlich als andere Straßenteile anzusehen. Diese Verkehrsflächen dienen nicht dem fließenden Verkehr, sondern der Parkplatzsuche bzw. dem Verlassen des Parkplatzes.
  - § 10 StVO kommt nicht in Betracht, da sich alle auf derselben Verkehrsfläche befinden und nicht auf eine Straße einfahren.
  - Rückwärtsfahren gemäß § 9 StVO kann ebenfalls nicht angewandt werden, da diese Vorschrift gegenüber dem fließenden Verkehr anzuwenden ist und nicht gegenüber dem ruhenden Verkehr.

- Deshalb wird ein Unfall, der durch Rangieren in der Parkbucht verursacht wird, nach § 1 StVO geahndet.
- Der Verursacher schädigt einen anderen durch Außer-Acht-Lassen der erforderlichen Sorgfalt oder
- man beschädigt beim Ein- oder Ausparken ein stehendes Fzg.
- Die o.g. §§ 8, 9, 10 StVO kommen zur Anwendung, wenn der Parkplatz Fahrspuren aufweist, die eindeutigen Straßencharakter haben und somit nicht der Parkplatzsuche dient. Fahrspuren müssen sich jedoch eindeutig und unmissverständlich vom übrigen Parkplatzgelände (Einstellplätzen) abheben.

2.10 § 9 Abbiegen, Wenden und Rückwärtsfahren

(1) Wer abbiegen will, muss dies rechtzeitig und deutlich ankündigen; dabei sind die FRA zu benutzen. Wer nach rechts abbiegen will, hat sein Fzg möglichst weit rechts, wer nach links abbiegen will, bis zur Mitte, auf Fahrbahnen für eine Richtung möglichst weit links, einzuordnen, und zwar rechtzeitig. Wer nach links abbiegen will, darf sich auf längs verlegten Schienen nur einordnen, wenn kein Schienenfahrzeug behindert wird. Vor dem Einordnen und nochmals vor dem Abbiegen ist auf den nachfolgenden Verkehr zu achten; vor dem Abbiegen ist es dann nicht nötig, wenn eine Gefährdung nachfolgenden Verkehrs ausgeschlossen ist.

Hinweise:

- § 9 StVO regelt das Verhalten von Abbiegern gegenüber dem entgegenkommenden und gleichgerichteten Verkehr auf der bisher befahrenen Straße. Verhalten gegenüber dem Querverkehr wird nach § 8 StVO (Vorfahrt) geregelt.
- Abbiegen ist das Verlassen des natürlichen Fahrbahnverlaufs nach rechts oder links, um in eine andere Straße, auf einen anderen Straßenteil oder in ein Grundstück zu gelangen.
- Müssen Handzeichen gegeben werden, muss dies entsprechend lang und ggf. wiederholt erfolgen.

- Ankündigungspflicht besteht ohne Rücksicht darauf, ob sich andere VT im Einwirkungsbereich befinden oder nicht.
- Dauer der Ankündigung hat sich auch auf die gesamte Wartezeit vor dem Abbiegen zu erstrecken.
- Bei zweimaligem Abbiegen hintereinander darf der FRA nicht ununterbrochen eingeschaltet bleiben.
- Ist die Abbiegestelle für andere VT schwer zu erkennen, weil sich z.B. mehrere Einfahrten hintereinander befinden, muss sich der Abbieger umso vorsichtiger verhalten.
- Zweite Rückschau kann entfallen
  - bei absoluter Verkehrsstille und
  - wenn ein Linksüberholen aus baulichen Gründen nicht möglich ist.
  - Bei Rechtsabbiegern kann die 2. Rückschau nie entfallen, da erfahrungsgemäß der Raum zwischen Fzg und Fahrbahnrand von Rad- und Mofafahrern benutzt wird, um abbiegende Fzg noch rechts zu überholen.
- § 315c StGB möglich (vorfahrtähnliche Situation).

(2) Abbiegeregeln für Radfahrer

(3) Wer abbiegen will, muss entgegenkommende Fzg durchfahren lassen, Schienen-Fzg, Fahrräder mit Hilfsmotor und Fahrräder auch dann, wenn sie auf oder neben der Fahrbahn in der gleichen Richtung fahren. Dies gilt auch gegenüber Linienomnibussen und sonstigen Fzg, die gekennzeichnete Sonderfahrstreifen benutzen. Auf zu Fuß Gehende ist besondere Rücksicht zu nehmen; wenn nötig, ist zu warten.

Hinweis:

- Wird der andere gefährdet oder geschädigt, ist TE mit § 1 Abs. 2 StVO gegeben.

(4) Wer nach links abbiegen will, muss entgegenkommende Fzg, die ihrerseits nach rechts abbiegen wollen, durchfahren lassen. Einan-

der entgegenkommende Fzg, die jeweils nach links abbiegen wollen, müssen voreinander abbiegen, es sei denn, die Verkehrslage oder die Gestaltung der Kreuzung erfordern, erst dann abzubiegen, wenn die Fzg aneinander vorbeigefahren sind.

(5) Wer ein Fzg führt, muss sich beim Abbiegen in ein Grundstück, beim Wenden und beim Rückwärtsfahren darüber hinaus so verhalten, dass eine Gefährdung anderer VT ausgeschlossen ist; erforderlichenfalls muss man sich einweisen lassen.

Hinweise:

- Wenden ist ein „doppeltes Abbiegen". Es ist das Versetzen des Fzg in die bisher entgegengesetzte Richtung, also eine Drehung um 180 Grad.
  - Dies kann geschehen
    - …durch einen Linksbogen, indem mit dem Fzg in eine Grundstückseinfahrt oder eine Seitenstraße eingefahren und zurückgestoßen wird oder
    - …durch kurze Vor- und Rückwärtsbewegungen auf der Fahrbahn.
- Rückwärtsfahren ist gewolltes Fahren im Rückwärtsgang nach hinten.
  - Unabsichtliches Rückwärtsrollen fällt unter § 1 Abs. 2 StVO.
  - Es ist nur zulässig über kürzere Strecken und unter ständiger Rückschau, Bremsbereitschaft und Einhaltung des Rechtsfahrgebots.
  - Tritt rückwärtiger Verkehr auf oder fehlt die erforderliche Übersicht, muss der Fzg-Führer sofort anhalten.
  - Hierbei kommt der Forderung nach einer geeigneten Hilfsperson als Einweiser besondere Bedeutung zu.
  - Parkplatzunfälle durch Rückwärtsfahren (Rangieren) fallen nicht unter § 9 Abs. 5, sondern werden nach § 1 Abs. 2 StVO geahndet.

(6) Wer ein Kfz mit einer zG über 3,5 t innerorts führt, muss beim Rechtsabbiegen mit Schrittgeschwindigkeit fahren, wenn auf oder neben der Fahrbahn mit geradeaus fahrendem Radverkehr oder im unmittelbaren Bereich des Einbiegens mit die Fahrbahn überquerendem Fußgängerverkehr zu rechnen ist.

Hinweise:

- Durch das Fahren mit Schrittgeschwindigkeit während des Abbiegevorgangs soll die Zeitspanne, die die Fzg-Führer zum Überblicken der Verkehrsfläche haben, verlängert und Folgen einer möglichen Kollision gemindert werden.
- Darunter versteht man eine Geschwindigkeit von 4 bis 7 km/h, maximal jedoch 10 km/h.

2.11 § 10 Einfahren und Anfahren

Wer aus einem Grundstück, aus einer Fußgängerzone (Z 242.1 und 242.2), aus einem verkehrsberuhigten Bereich (Z 325.1 und 325.2) auf die Straße oder von anderen Straßenteilen oder über einen abgesenkten Bordstein hinweg auf die Fahrbahn einfahren oder vom Fahrbahnrand anfahren will, hat sich dabei so zu verhalten, dass eine Gefährdung anderer VT ausgeschlossen ist; erforderlichenfalls muss man sich einweisen lassen. Die Absicht einzufahren oder anzufahren ist rechtzeitig und deutlich anzukündigen; dabei sind die Fahrtrichtungsanzeiger zu benutzen. Dort, wo eine Klarstellung notwendig ist, kann Z 205 stehen.

Hinweise:

- Bei Behinderungen anderer durch Einfahren nur § 1 Abs. 2 StVO.
- Bei Schädigung § 1 Abs. 2 in TE mit § 10 StVO.
- Verkehrsberuhigte Bereiche sind Verkehrsflächen mit eigenen Verhaltensregeln, die sich durch das Z 325.1 ergeben.

  - Allgemeine Verkehrsregeln wie z.B. die Vorfahrt können in diesem Bereich nicht angewandt werden, da es keine Kreuzungen und Einmündungen gibt.
  - Regeln können nur sinngemäß angewandt werden. Die Anzeige muss wie bei den Parkplatzunfällen über § 1 Abs. 2 StVO erfolgen.
- Der erste Anschein spricht gegen denjenigen, der ein- oder anfährt.
- Ist Zeichen 205 aufgestellt, liegt eine Vorfahrtverletzung (§ 8 StVO) vor.
- § 315c StGB möglich (vorfahrtähnliche Situation).

2.12 § 11 Besondere Verkehrslagen

(1) Stockt der Verkehr, darf trotz Vorfahrt oder grünem Lichtzeichen nicht in die Kreuzung oder Einmündung eingefahren werden, wenn auf ihr gewartet werden müsste.

(2) Sobald Fzg auf Autobahnen sowie auf Außerortsstraßen mit mindestens zwei Fahrstreifen für eine Richtung mit Schrittgeschwindigkeit fahren oder sich die Fzg im Stillstand befinden, müssen diese Fzg für die Durchfahrt von Polizei- und Hilfsfahrzeugen zwischen dem äußerst linken und dem unmittelbar rechts daneben liegenden Fahrstreifen für eine Richtung eine freie Gasse bilden.

Hinweise:

- Rettungsgasse ist zu bilden, wenn man mit Schrittgeschwindigkeit fährt.
- Wer auf dem **linken Fahrstreifen** unterwegs ist, fährt nach **links** in Richtung Leitplanke. Wer auf den **anderen Fahrstreifen** unterwegs ist, fährt nach **rechts** in Richtung Standspur.
- Die Standspur darf dabei aber nicht benutzt werden.
  - Ausnahme: Nur so ist eine „Rettungsgasse“ machbar.

- Kollidiert ein auf dem Seitenstreifen fahrendes Polizeifahrzeug mit einem Pkw-Fahrer, der den Seitenstreifen benutzt, um eine Gasse zu bilden, trägt der Pkw-Fahrer die Alleinschuld.

- ▸ Wer die Rettungsgasse zum schnelleren Vorwärtskommen benutzt, überholt die linke Fahrzeugschlange verbotswidrig rechts.
- ▸ Tateinheitlich ist ein Verstoß wegen des Benutzens einer Rettungsgasse gegeben.

(3) Auch wer sonst nach den Verkehrsregeln weiterfahren darf oder anderweitig Vorrang hat, muss darauf verzichten, wenn die Verkehrslage es erfordert; auf einen Verzicht darf man nur vertrauen, wenn man sich mit dem oder der Verzichtenden verständigt hat.

2.13 § 12 Halten und Parken

(1) Das Halten ist unzulässig

1. *an engen und an unübersichtlichen Straßenstellen,*
2. *im Bereich von scharfen Kurven,*
3. *auf Einfädelungsstreifen und auf Ausfädelungsstreifen,*
4. *auf Bahnübergängen,*
5. *vor und in amtlich gekennzeichneten Feuerwehrzufahrten.*

Hinweise:

- ▸ Kann ein Haltverstoß nicht über § 12 StVO geahndet werden, bleibt immer noch § 1 Abs. 2 StVO (Behinderung, Gefährdung).
- ▸ Halten ist eine gewollte Fahrtunterbrechung, die nicht durch eine Verkehrslage oder Anordnung veranlasst wird.
- ▸ Warten ist ein verkehrsbedingtes, vorübergehendes Stehenbleiben und wird daher dem fließenden Verkehr zugerechnet.
- ▸ Eng ist eine Straßenstelle, wenn der zur Durchfahrt freibleibende Raum weniger als die zulässige Höchstbreite eines Fzg, plus eines Sicherheitsabstandes von 0,5 m beträgt.

- Zulässige Abmessungen von Fzg ergeben sich aus § 32 StVZO.
- Unübersichtlich ist eine Straßenstelle, wenn der Fzg-Führer wegen sichtbehindernder Umstände nicht zuverlässig beurteilen kann, ob seine Fahrbahn auf der vor ihm liegenden Strecke frei ist, z.B.
  - Kuppen
  - Kreuzungen/Einmündungen
  - auch Sichtverkürzung durch abgestellte Fzg, Geräte, Bauzäune (ausgenommen ganz vorübergehend).

(2) Wer sein Fzg verlässt oder länger als drei Minuten hält, der parkt.

Hinweise:

- Verlassen liegt dann vor, wenn sich der Fahrer vom Fzg so weit entfernt hat, dass er es nicht mehr beobachten und bei Notwendigkeit nicht mehr eingreifen kann.
- Ein- oder Aussteigen umfasst das Aufnehmen oder Absetzen einer anderen Person einschließlich geringer Nebentätigkeiten.
- Zu diesen geringen Nebentätigkeiten zählen:
  - Benachrichtigen sofort fahrbereiter Gäste.
  - Warten auf Fahrgäste nicht länger als wenige Minuten. Also auch über die 3-Minuten-Grenze hinaus, wenn mit dem Eintreffen des Fahrgastes in Kürze gerechnet werden kann.
  - Bezahlen eines Taxis.
  - Begleiten einer gebrechlichen Person in die Wohnung.
- Erlaubtes Halten wird aber zum Parken, sobald das Ein- oder Aussteigen nicht mehr Zweck des Haltens, sondern Mittel zu anderen Zwecken ist und länger als 3 Minuten dauert.

  Beispiele:
  - Begleiten eines Gastes zum Bahnsteig, um sich dort zu verabschieden.
  - Warten auf einen Fahrgast für unbestimmte Zeit.

- Be- oder Entladen setzt den Transport von Sachen voraus, deren Größe und Gewicht die Beförderung durch ein Fzg verlangen.

- Eine Zeitgrenze für das Be- und Entladen gibt es nicht.
- Beim privaten Lieferverkehr kommt es hauptsächlich auf die Größe und das Gewicht des Gegenstandes an. Die Umstände sind entscheidend, ob einem Menschen zugemutet werden kann, den Gegenstand über eine längere Strecke hinweg zu tragen oder nicht.
- Beim geschäftlichen Lieferverkehr stellt auch die Entnahme leichterer oder kleinerer Waren ein Entladen dar.
- Zu unterscheiden ist zwischen Parken und Abstellen von Fzg, abgemeldete Fzg werden abgestellt; Sondernutzung ist gegeben.
- Dasselbe gilt, wenn das angemeldete Fzg zu Werbezwecken geparkt wird.

(3) Das Parken ist unzulässig

1. *vor und hinter Kreuzungen und Einmündungen bis zu je 5 m von den Schnittpunkten der Fahrbahnkanten, soweit in Fahrtrichtung rechts neben der Fahrbahn ein Radweg baulich angelegt ist, vor Kreuzungen und Einmündungen bis zu je 8 m von den Schnittkanten der Fahrbahnkanten*
2. *wenn es die Benutzung gekennzeichneter Parkflächen verhindert,*
3. *vor Grundstücksein- und -ausfahrten, auf schmalen Fahrbahnen auch ihnen gegenüber,*
4. *über Schachtdeckeln und anderen Verschlüssen, wo durch Z 315 oder eine Parkflächenmarkierung (Anlage 2 Nummer 74) das Parken auf Gehwegen erlaubt ist,*
5. *vor Bordsteinabsenkungen.*

Hinweise:

- Parken soll nur dort erlaubt werden, wo keine Verschlüsse oder Schachtdeckel blockiert werden können. VwV zur Parkflächenmarkierung § 41 StVO, vor Z 299.

- Für Nr. 2 genügt bereits die abstrakte Möglichkeit, konkrete Behinderung nicht erforderlich.
- Grundstücke i.S.v. Nr. 3 können auch öffentliche Verkehrsflächen sein, z.B. Supermarkt-Parkplatz.
- Freizuhalten ist die Breite der Gebäudeöffnung – also i.d.R. 3 m – bei bspw. Doppelgaragen deren Breite.
- § 12 Abs. 1 LOWiG Parken auf Privatgrundstücken

  Ordnungswidrig handelt, wer ein Kfz vorsätzlich oder fahrlässig außerhalb öffentlicher Verkehrsflächen auf einem Stellplatz unbefugt parkt, obwohl deutlich sichtbar und allgemein verständlich darauf hingewiesen wird, dass die Benutzung durch Unbefugte untersagt ist, oder vor oder in Grundstücksein- und -ausfahrten unbefugt parkt.

  – Abschleppen lassen eines blockierenden Pkw auf Privatfläche durch Berechtigten ist möglich (auf Kosten Blockierer). Zunächst auf Kosten Berechtigter, anschließend u.U. Einklagung.
- Schmal ist eine Fahrbahn dann, wenn ein gegenüberliegendes Parken das Ausfahren wesentlich erschweren würde. Mäßiges Rangieren ist zumutbar.

(3a) Mit Kfz mit einem zG über 7,5 t sowie mit Kfz-Anh. über 2 t zG ist i.g.O.

1. in reinen und allgemeinen Wohngebieten,

2. in Sondergebieten, die der Erholung dienen,

3. in Kurgebieten und

4. in Klinikgebieten

das regelmäßige Parken in der Zeit von 22.00 bis 06.00 Uhr sowie an Sonn- und Feiertagen unzulässig. Das gilt nicht auf entsprechend gekennzeichneten Parkplätzen sowie für das Parken von Linienomnibussen an Endhaltestellen.

Hinweise:

- Verboten ist nicht das gelegentliche Abstellen, sondern das regelmäßige.
- Regelmäßig ist das Abstellen aber bereits schon dann, wenn es zweimal wöchentlich, jedoch stets wiederkehrend erfolgt.

(3b) Mit Kfz-Anh. ohne Zugfahrzeug darf nicht länger als zwei Wochen geparkt werden. Das gilt nicht auf entsprechend gekennzeichneten Parkplätzen.

Hinweise:

- Kurzes Aus- und wieder Einparken bzw. kurzes Umherfahren unterbricht die 2 Wochen Frist nicht.
- Wohnen im Anh. ist Sondernutzung. Ausnahme: Übernachtung im Anh. zur Herstellung der Fahrtüchtigkeit.

(4) Zum Parken ist der rechte Seitenstreifen, dazu gehören auch entlang der Fahrbahn angelegte Parkstreifen, zu benutzen, wenn er dazu ausreichend befestigt ist, sonst ist an den rechten Fahrbahnrand heranzufahren. Das gilt in der Regel auch, wenn man nur halten will; jedenfalls muss man auch dazu auf der rechten Fahrbahnseite rechts bleiben. Taxen dürfen, wenn die Verkehrslage es zulässt, neben anderen Fzg, die auf dem Seitenstreifen oder am rechten Fahrbahnrand halten oder parken, Fahrgäste ein- oder aussteigen lassen. Soweit auf der rechten Seite Schienen liegen sowie in Einbahnstraßen (Z 220) darf links gehalten und geparkt werden. Im Fahrraum von Schienenfahrzeugen darf nicht gehalten werden.

(4a) Ist das Parken auf dem Gehweg erlaubt, so ist hierzu nur der rechte Gehweg, in Einbahnstraßen der rechte oder linke Gehweg zu benutzen.

(5) An einer Parklücke hat Vorrang, wer sie zuerst unmittelbar erreicht; der Vorrang bleibt erhalten, wenn der Berechtigte an der Park-

lücke vorbeifährt, um rückwärts einzuparken oder wenn sonst zusätzliche Fahrbewegungen ausgeführt werden, um in die Parklücke einzufahren. Satz 1 gilt entsprechend, wenn an einer frei werdenden Parklücke gewartet wird.

Hinweise:

- Vorrang hat also derjenige, der die Parklücke oder alsbald frei werdende zeitlich als erster erreicht.
- Berechtigter muss sie mit dem Fzg erreichen, d.h., dass nicht ein Fußgänger die Parklücke freihalten darf.

(6) Es ist platzsparend zu parken; das gilt in der Regel auch für das Halten.

Hinweise:

- Abschleppen durch die Polizei
  - Maßnahme muss notwendig und verhältnismäßig sein, um einen verkehrswidrigen Zustand zu beseitigen.
  - Ob sofort abgeschleppt wird oder zunächst versucht wird, den Fahrer zu erreichen, richtet sich nach den jeweiligen Umständen und dem jeweiligen Landesrecht.
- Prognose: Könnte es zu einer Behinderung anderer VT kommen.
- Bisher als gerechtfertigt anerkannt (nicht abschließend)
  - Parken vor Feuerwehreinfahrt
  - Parken auf Behindertenparkplatz
  - Parken im absoluten Haltverbot
  - Parken auf Taxistand
  - Blockieren eines Sonderfahrstreifens Linienomnibusse
  - Parken vor Bordsteinabsenkung
- StVO sieht keine spezielle Regelung zum Abschleppen als Rechtsfolge vor, somit Rückgriff auf allg. Polizeirecht
- Aber sachliche Zuständigkeit der Straßenverkehrsbehörde gem. § 44 Abs. 1 StVO, bei GiV durch PVD gem. § 44 Abs. 2 Satz 2 StVO.

2.14 § 14 Sorgfaltspflichten beim Ein- und Aussteigen

(1) Wer ein- oder aussteigt, muss sich so verhalten, dass eine Gefährdung anderer am Verkehr Teilnehmenden ausgeschlossen ist.

Hinweise:

- Wer die linke Tür öffnet muss nach hinten schauen. Reicht der Überblick nicht aus, darf man die Türe ca. 10 cm weit langsam öffnen.
- Weiter erst dann, wenn mit Gewissheit rückwärtiger Verkehr ausgeschlossen werden kann.
- Öffnen der rechten Türen unterliegt denselben Regeln.
- Fahrverkehr darf darauf vertrauen, dass die Wagentüren nicht plötzlich weit geöffnet werden.
- Rückspiegel sind zu benutzen, um den notwendigen Überblick nach hinten zu erhalten. Ist dies nicht gewährleistet, muss man nach hinten schauen.
- Ohne Rückschau dürfen die Türen nicht geöffnet werden.
- Der Radfahrer hat eine Mitschuld, wenn er an einem besetzten Fzg zu dicht vorbeifährt. In der Regel sind 50 cm Seitenabstand zu knapp.
- Kommt es zur Gefährdung bzw. Schädigung anderer, spricht der erste Anschein gegen den Ein- bzw. Aussteigenden.
- Wer durch Öffnen der Wagentüren ein daneben geparktes Fzg beschädigt, wird nach § 14 StVO verwarnt (TE mit § 1 Abs. 2 StVO).

(2) Wer ein Fzg führt, muss die nötigen Maßnahmen treffen, um Unfälle oder Verkehrsstörungen zu vermeiden, wenn das Fzg verlassen wird. Kfz sind auch gegen unbefugte Benutzung zu sichern.

Hinweise:

- Wird auf einer Gefällstrecke geparkt, ist das Fzg zusätzlich gegen Wegrollen zu sichern.

- Außer der Handbremse kann ein Gang eingelegt, die Vorderräder gegen den Bordstein eingelenkt oder Steine bzw. Unterlegkeile verwendet werden.
- Macht sich ein Fzg „selbstständig", spricht der erste Anschein für mangelnde Sicherung.
- Nicht vorschriftsmäßig gesicherte Fzg können Hindernisse i.S.d. § 315b StGB bereiten.

2.15 § 15 Liegenbleiben von Fahrzeugen

Bleibt ein mehrspuriges Fzg an einer Stelle liegen, an der es nicht rechtzeitig als stehendes Hindernis erkannt werden kann, ist sofort Warnblinklicht einzuschalten. Danach ist mindestens ein auffällig warnendes Zeichen gut sichtbar in ausreichender Entfernung aufzustellen, und zwar bei schnellem Verkehr in etwa 100 m Entfernung; vorgeschriebene Sicherungsmittel, wie Warndreiecke, sind zu verwenden. Darüber hinaus gelten die Vorschriften über die Beleuchtung haltender Fzg.

Hinweise:

- Fzg bleibt liegen, wenn es auf der Fahrbahn wegen eines technischen Versagens, eines Unfalls, aus Benzinmangel oder sonstigen Gründen (Glatteis auf Bergstrecke, vorübergehende Verkehrsuntüchtigkeit des Fzg-Führers, z.B. Herzanfall) gegen den Willen des Fzg-Führers zum Halten kommt oder nach einer Fahrtunterbrechung aus diesen Gründen nicht mehr weiterfahren kann.
- Nur wenn das Fzg nicht rechtzeitig als stehendes Hindernis erkannt werden kann, besteht Sicherungspflicht.
- Absicherung ist daher in der Regel erforderlich:
  - an unübersichtlichen Stellen,
  - an Stellen, an denen nicht gehalten werden darf, da der fließende Verkehr nicht mit einem Hindernis rechnet (§ 12 Abs. 1, § 18 Abs. 8 StVO),

- auf Schnellstraßen u.U. auch auf dem Seitenstreifen, wenn eigene Beleuchtung wegen ungenügender Leistung oder wegen der Witterungsverhältnisse nicht ausreicht.

▸ Ob ein auf der Standspur der BAB zum Stehen gekommenes Fzg abgesichert werden muss, hängt von den gegebenen Sicht- und Verkehrsverhältnissen sowie der Breite der Standspur und der Größe des Fzg ab.

▸ Absicherung ist in der Regel nicht erforderlich,

- wenn das Fzg außerhalb der Fahrbahn auf einem Parkstreifen steht,
- am Tage i.g.O.,
- wenn es nicht an einer unübersichtlichen Stelle steht,
- bei Dunkelheit i.g.O., wenn das Fzg durch Eigen- und/oder Fremdbeleuchtung hinreichend als stehendes Hindernis erkennbar ist.

▸ Art der Sicherung, Sicherungspflicht gilt bei Tag und Nacht und hat sofort zu erfolgen.

- Warnblinklicht (§ 16 StVO) einschalten.
- Warndreieck aufstellen.
- Warnleuchte aufstellen. Sie ist nur erforderlich für Kfz mit einem zG von mehr als 3,5 t (§ 53a Abs. 2 StVZO).

▸ Wo sind die Warnzeichen aufzustellen?

- Sie sind so weit hinter dem Fzg aufzustellen, dass der nachfolgende Verkehr sie rechtzeitig erkennt (z.B. vor einer Kurve oder Kuppe) und auf das Hindernis reagieren kann.
- Als Richtwert auf Straßen mit schnellem Verkehr nennt § 15 StVO 100 m.
- Warnzeichen sind nicht auf der Fahrbahn, sondern am rechten Fahrbahnrand aufzustellen.
- Werden mehrere warnende Zeichen aufgestellt, können sie gestaffelt entsprechend der Fahrlinie aufgestellt werden, die der nachfolgende Verkehr einhalten muss, um an dem Hindernis vorbeizukommen.

– Darüber hinaus gelten beim Liegenbleiben die Vorschriften über die Beleuchtung haltender Fzg nach § 17 Abs. 4 StVO.

2.16 § 15a Abschleppen von Fahrzeugen

(1) Beim Abschleppen eines auf der Autobahn liegen gebliebenen Fzg ist die Autobahn (Z 330.1) bei der nächsten Ausfahrt zu verlassen.

(2) Beim Abschleppen eines außerhalb der Autobahn liegen gebliebenen Fzg darf nicht in die Autobahn (Z 330.1) eingefahren werden.

(3) Während des Abschleppens haben beide Fzg Warnblinklicht einzuschalten.

(4) Krafträder dürfen nicht abgeschleppt werden.

Hinweise:

- Abschleppen dient dazu, ein betriebsunfähig gewordenes Fzg von der Straße zu einem anderen Ort zu verbringen.
- Fahrer des ziehenden Fzg benötigt nur die FE für das ziehende Fzg. Fahrer des abgeschleppten Fzg benötigt keine FE, muss nur geeignet sein.
- Verbot gilt nur für BAB, nicht auch für Kraftfahrstraßen.
- Führer des schleppenden Fzg und der des abgeschleppten Fzg müssen vereinbaren, wie sie sich während des Abschleppens verständigen.
- Abschleppen unter dem Nothilfegedanken ist vom verbotenen Schleppen abzugrenzen (siehe § 33 StVZO).

2.17 § 16 Warnzeichen

(1) Schall- und Leuchtzeichen darf nur geben

1. wer a.g.O. überholt (§ 5 Abs. 5) oder

2. wer sich oder Andere gefährdet sieht.

Hinweise:

- Abgabe von Warnzeichen ist verboten, wenn sie anderen als in § 16 Abs. 1 genannten Zwecken dient oder die Gefahr vergrößern würde.

  Beispiele:
  - Im Haus befindlichen Personen zu signalisieren, dass der Pkw vorgefahren ist.
  - Andere VT zu vorschriftsmäßigem Verhalten anhalten, obwohl keine Gefahr vorliegt.

- Wer sich einem zu Fuß Gehenden oder Rad Fahrenden von hinten nähert, kann nur mit Schallzeichen warnen.
- Wer auf der BAB ungewöhnlich langsam fährt, kann nur mit Warnblinklicht warnen.
- Wo Warnzeichen eine Gefahr heraufbeschwören, müssen sie unterbleiben (in unmittelbarer Nähe eines Pferdegespannes, bei älteren Leuten oder Kindern).

(2) Wer einen Omnibus des Linienverkehrs oder einen gekennzeichneten Schulbus führt, muss Warnblinklicht einschalten, wenn er sich einer Haltestelle nähert und solange Fahrgäste ein- oder aussteigen, soweit die für den Straßenverkehr nach Landesrecht zuständige Behörde (Straßenverkehrsbehörde) für bestimmte Haltestellen ein solches Verhalten angeordnet hat. Im Übrigen darf außer beim Liegenbleiben (§ 15) und beim Abschleppen von Fzg (§ 15a) Warnblinklicht nur einschalten, wer Andere durch sein Fzg gefährdet oder Andere vor Gefahren warnen will, z.B. bei Annäherung an einen Stau oder bei besonders langsamer Fahrgeschwindigkeit auf Autobahnen und anderen schnell befahrenen Straßen.

Hinweise:

- KOM im Linienverkehr und Schulbusse siehe § 20 StVO.
- Auch wer erlaubterweise in dem von der Rechtsprechung zugestandenen Rahmen in zweiter Reihe hält, wo eine Gefähr-

dung möglich ist, kann durch Warnblinklicht auf sein Fzg aufmerksam machen.

(3) Schallzeichen dürfen nicht aus einer Folge verschieden hoher Töne bestehen.

(4) Keine Schallzeichen im Sinne der Absätze 1 und 3 sind akustische Fahrzeugwarnsysteme im Sinne der Artikel 3 Verordnung (EU) Nr. 540/2014 (...) in der jeweils geltenden Fassung.

Hinweise:

- Da bei Hybridelektro-Fzg oder rein elektrisch betriebenen Fzg die Geräuschpegel wesentlich gesenkt wurden, müssen diese mit einem AVAS (Acoustic Vehicle Alerting System) ausgerüstet sein.
- Nach der EU-Verordnung muss das AVAS mindestens im Geschwindigkeitsbereich zwischen dem Anfahren und einer Geschwindigkeit von etwa 20 km/h sowie beim Rückwärtsfahren automatisch ein dort als „Schallzeichen“ benanntes Geräusch erzeugen.

2.18 § 17 Beleuchtung

(1) Während der Dämmerung, bei Dunkelheit oder wenn die Sichtverhältnisse es sonst erfordern, sind die vorgeschriebenen Beleuchtungseinrichtungen zu benutzen. Die Beleuchtungseinrichtungen dürfen nicht verdeckt oder verschmutzt sein.

Hinweise:

- Unter Dämmerung versteht man den Übergang von Tag zu Nacht und umgekehrt.
- Beleuchtung ist geboten, wenn das Tageslicht soweit abgenommen hat, dass man Umriss und Ende des Fzg auf größere Entfernung nicht mehr erkennen kann. Dabei muss ein deutliches und rechtzeitiges Erkennen der Begrenzung des Fzg auch für schnell fahrende Kraftfahrer gewährleistet sein.

(2) Mit Begrenzungsleuchten (Standlicht) allein darf nicht gefahren werden. Auf Straßen mit durchgehender, ausreichender Beleuchtung darf auch nicht mit Fernlicht gefahren werden. Es ist rechtzeitig abzublenden, wenn ein Fzg entgegenkommt oder mit geringem Abstand vorausfährt oder wenn es sonst die Sicherheit des Verkehrs auf oder neben der Straße erfordert. Wenn nötig ist entsprechend langsamer zu fahren.

Hinweise:

- Es muss während der Fahrt mindestens das Abblendlicht eingeschaltet sein.
- Verbot mit Standlicht zu fahren, erstreckt sich nur auf die Fälle, in denen Beleuchtungszwang besteht. Sonstige Fahrten mit Standlicht sind nicht zu beanstanden.
- Geblendeter darf durch kurze Lichtzeichen den Entgegenkommenden darauf aufmerksam machen, dass er sich durch ihn geblendet fühlt.
- Auf der BAB wird der Entgegenkommende bei gerader Streckenführung und richtiger Scheinwerfereinstellung nicht geblendet, wenn beide Fzg-Führer die rechte Spur benutzen.
- Gegenüber zu Fuß Gehenden ist abzublenden, wenn sie in geschlossenen Abteilungen marschieren. Gegenüber dem einzelnen zu Fuß Gehenden nur dann, wenn er erkennbar infolge der Blendung unsicher wird und dadurch gefährdet ist.
- Abblendpflicht auch, wenn jemand mit geringem Abstand vorausfährt.
- Grundsätzlich muss erst abgeblendet werden, wenn die Strecke zu dem Vorausfahrenden mit Abblendlicht ausreichend ausgeleuchtet ist.
- Abblendpflicht besteht auch auf der BAB und den Kraftfahrstraßen.
- Beim zügigen Überholen darf das Fernlicht eingeschaltet bleiben, da sonst der Überholweg nicht überblickt werden kann.

Eine kurzzeitige Beeinträchtigung muss der Überholte hinnehmen.

- Wird der Regelsicherheitsabstand eingehalten und wechselt der Überholende rechtzeitig den Fahrstreifen nach links, wird der Vorausfahrende nicht geblendet.

(2a) Wer ein Kraftrad führt, muss auch am Tag mit Abblendlicht oder eingeschalteten Tagfahrleuchten fahren. Während der Dämmerung, bei Dunkelheit oder wenn die Sichtverhältnisse es sonst erfordern, ist Abblendlicht einzuschalten.

Hinweise:

- Vorschrift ist aus Sicherheitsgründen aufgenommen worden, da Zweiradfahrer auch am Tage schlecht zu erkennen sind.
- Dies gilt für alle motorisierten Zweiräder, auch für FmH 25, FmH 45 und KKR. Ausgenommen ist das Leichtmofa, da dieses Fzg nach § 67 StVZO nur mit Fahrradbeleuchtung ausgerüstet sein muss.

(3) Behindert Nebel, Schneefall oder Regen die Sicht erheblich, dann ist auch am Tage mit Abblendlicht zu fahren. Nur bei solcher Witterung dürfen Nebelscheinwerfer eingeschaltet sein. Bei zwei Nebelscheinwerfern genügt statt des Abblendlichts die zusätzliche Benutzung der Begrenzungsleuchten. An Krafträdern ohne Beiwagen braucht nur der Nebelscheinwerfer benutzt zu werden. Nebelschlussleuchten dürfen nur dann benutzt werden, wenn durch Nebel die Sichtweite weniger als 50 m beträgt.

Hinweise:

- Erhebliche Sichtbehinderung liegt vor, wenn unter Berücksichtigung der möglichen Fahrgeschwindigkeit die Umrisse der Fzg im Begegnungsverkehr nicht rechtzeitig zu erkennen sind.
- Dies ist dann der Fall, wenn die Sicht
  - auf Schnellstraßen weniger als 150 m

– auf sonstigen Straßen weniger als 120 m
– i.g.O. weniger als 60 bis 70 m beträgt.

(4) Haltende Fzg sind a.g.O. mit eigener Lichtquelle zu beleuchten. I.g.O. genügt es, nur die der Fahrbahn zugewandte Fzg-Seite durch Parkleuchten oder auf andere zugelassene Weise kenntlich zu machen; eigene Beleuchtung ist entbehrlich, wenn die Straßenbeleuchtung das Fzg auf ausreichende Entfernung deutlich sichtbar macht. Auf der Fahrbahn haltende Fzg, ausgenommen Pkw, mit einer zG von mehr als 3,5 t und Anh. sind i.g.O. stets mit eigener Lichtquelle zu beleuchten oder durch andere zugelassene lichttechnische Einrichtungen kenntlich zu machen. Fzg, die ohne Schwierigkeiten von der Fahrbahn entfernt werden können, wie Krafträder, Fahrräder mit Hilfsmotor, Fahrräder, Krankenfahrstühle, einachsige Zugmaschinen, einachsige Anh., Hand-Fzg oder unbespannte Fuhrwerke, dürfen bei Dunkelheit dort nicht unbeleuchtet stehen gelassen werden.

Hinweise:

- Bei einer Geschwindigkeit von 50 km/h reicht eine deutliche Erkennbarkeit auf etwa 40 m aus.
- Entscheidend ist die gefahrene Geschwindigkeit, um ein Auffahren auf ein stehendes Fzg sicher vermeiden zu können.
- Andere lichttechnische Einrichtungen
  – Dies sind die sogenannten retroreflektierenden Park-Warntafeln, die vorne und hinten am Fzg angebracht werden müssen.
  – Wie diese Tafeln anzubringen sind, kann im § 51c StVZO nachgelesen werden.

(6) Suchscheinwerfer dürfen nur kurz und nicht zum Beleuchten der Fahrbahn benutzt werden.

2.19 § 19 Bahnübergänge

Hinweise:

- Wer einen Bahnübergang bei rotem Blinklicht überquert, handelt grob fahrlässig.
- Hat das rote Blinklicht die Form eines Pfeiles, so muss nur derjenige warten, welcher in Pfeilrichtung abbiegt.
- Das Wartegebot gilt nur bei sich abwärtsbewegenden Schranken.
- Bis zu 700 Euro Geldbuße und bis zu 3 Monaten Fahrverbot bei Verstößen gegen § 19 StVO.

2.20 § 20 Öffentliche Verkehrsmittel und Schulbusse

(1) An Omnibussen des Linienverkehrs, an Straßenbahnen und an gekennzeichneten Schulbussen, die an Haltestellen (Zeichen 224) halten, darf, auch im Gegenverkehr, nur vorsichtig vorbeigefahren werden.

Hinweise:

- Für vorsichtiges Vorbeifahren wird gefordert:
  - mäßige Geschwindigkeit,
  - ausreichender Seitenabstand (mindestens 2 m),
    sodass der Vorbeifahrende imstande ist, ohne Not- und Gefahrenbremsung sein Fzg zum Stillstand zu bringen, wenn vor ihm Personen auftauchen, die das öffentliche Verkehrsmittel betreten oder verlassen wollen.
- Die Pflichten aus Abs. 1 bestehen nur an Haltestellen, die durch Z 224 gekennzeichnet sind.

(2) Wenn Fahrgäste ein- oder aussteigen, darf rechts nur mit Schrittgeschwindigkeit und nur in einem solchen Abstand vorbeigefahren werden, dass eine Gefährdung von Fahrgästen ausgeschlossen ist. Sie dürfen auch nicht behindert werden. Wenn nötig, muss, wer ein Fzg führt, warten.

Hinweise:

- Beim Vorbeifahren gelten auch die Regeln des § 6 StVO.
- Satz 1 greift, wenn an der Haltestelle ein öffentliches Verkehrsmittel hält.
- Es besteht ein Vorrecht für nach rechts ein- und aussteigende Fahrgäste. Natürlich wird wieder eine gekennzeichnete Haltestelle vorausgesetzt.
- Außer den in Satz 1 genannten Pflichten beinhalten die Sätze 2 und 3 für den Fzg-Führer gegenüber den Fahrgästen ein Behinderungs- und Gefährdungsverbot.
- Nach rechts ein- oder ausgestiegen wird oft bei Straßenbahnen. Aber es wird auch die Situation geregelt, wenn zu einem Radweg hin aus- oder von diesem eingestiegen wird.

(3) Omnibusse des Linienverkehrs und gekennzeichnete Schulbusse, die sich einer Haltestelle (Z 224) nähern und Warnblinklicht eingeschaltet haben, dürfen nicht überholt werden.

(4) An Omnibussen des Linienverkehrs und an gekennzeichneten Schulbussen, die an Haltestellen (Z 224) halten und Warnblinklicht eingeschaltet haben, darf nur mit Schrittgeschwindigkeit und nur in einem solchen Abstand vorbeigefahren werden, dass eine Gefährdung von Fahrgästen ausgeschlossen ist. Die Schrittgeschwindigkeit gilt auch für den Gegenverkehr auf derselben Fahrbahn. Die Fahrgäste dürfen auch nicht behindert werden. Wenn nötig, muss, wer ein Fzg führt, warten.

Hinweise:

- Schrittgeschwindigkeit bedeutet ca. 4 bis 7 km/h.
- Beim Vorbeifahren an haltenden Schulbussen gelten dieselben Sorgfaltspflichten wie bei Abs. 1 Sätze 2, 3 und 4 bereits dargestellt.
- Die Sorgfaltspflichten wie
  - mäßige Geschwindigkeit,

- Seitenabstand,
- Behinderungs- und Gefährdungsverbot und
- Wartegebot

gelten aber nur, wenn der Schulbus hält und Warnblinklicht eingeschaltet hat (§ 16 Abs. 2) und gekennzeichnet ist.

- Gemäß Satz 4 muss der Fzg-Führer nötigenfalls warten. Es besteht also ein Vorrecht für die Fahrgäste.

(5) Omnibussen des Linienverkehrs und Schulbussen ist das Abfahren von gekennzeichneten Haltestellen zu ermöglichen. Wenn nötig, müssen andere Fzg warten.

Hinweise:

- Omnibusfahrer dürfen ihr Vorrecht nicht erzwingen.
- Fließender Verkehr muss aber eine mittlere Bremsung (Behinderung) in Kauf nehmen.
- Entscheidend für die Beurteilung ist, wie weit die anderen VT vom abfahrenden Omnibus entfernt sind und ob der Omnibus die Fahrtrichtungsanzeiger rechtzeitig gesetzt hat.
- Vorrang (§ 20 Abs. 5) besteht nur an Haltestellen, die durch Z 224 gekennzeichnet sind.

(6) Personen, die öffentliche Verkehrsmittel benutzen wollen, müssen sie auf den Gehwegen, den Seitenstreifen oder einer Haltestelleninsel, sonst am Rand der Fahrbahn erwarten.

2.21 § 21 Personenbeförderung

(1) In Kfz dürfen nicht mehr Personen befördert werden, als mit Sicherheitsgurten ausgerüstete Sitzplätze vorhanden sind. Abweichend von Satz 1 dürfen in Kfz, für die Sicherheitsgurte nicht für alle Sitzplätze vorgeschrieben sind, so viele Personen befördert werden, wie Sitzplätze vorhanden sind. Die Sätze 1 und 2 gelten

nicht in KOM, bei denen die Beförderung stehender Fahrgäste zugelassen ist. Es ist verboten, Personen mitzunehmen

1. *auf Krafträdern ohne besonderen Sitz,*
2. *auf Zugmaschinen ohne geeignete Sitzgelegenheit oder*
3. *in Wohn-Anh. hinter Kfz.*

Hinweise:

- Kraftrad ist als Oberbegriff zu verstehen, es sind alle Krafträder gemeint, bis hin zum Mofa bzw. Leichtmofa
- Besonderer Sitz (VwV zu Abs. 1), ist eine Vorrichtung, die nach ihrer Bauart dazu bestimmt ist, als Sitz zu dienen. Für inländische Kfz bestimmt § 61 StVZO, wie dieser Sitz beschaffen sein muss.
- Es müssen ein Handgriff und beiderseits Fußstützen vorhanden sein. Es darf danach auch nur ein Beifahrersitz vorhanden sein.
- Bei Mitnahme eines Kindes unter 7 Jahren genügt ein besonderer Sitz und Einrichtungen, die Gewähr dafür bieten, dass die Füße des Kindes nicht in die Speichen geraten (§ 35a Abs. 9 StVZO).
- Kein besonderer Sitz ist
  - ein auf das Schutzblech geschnalltes Kissen
  - das Bodenbrett eines Kraftrollers
  - der Tank des Kraftrades oder
  - der Schoß des Beifahrers für ein Kind.
- Zugmaschinen sind ausschließlich oder überwiegend zum Ziehen von Anh. gebaute Kfz. Eine Hilfsladefläche ist zulässig.
- Geeignet ist eine Sitzgelegenheit, wenn man sicher auf ihr sitzen kann.
- VwV zu § 21 StVO gilt auch hier.
- Dies erfordert
  - eine richtige Sitzfläche
  - einen Schutz gegen Herabfallen und
  - einen sicheren Platz für die Beine.

Beachte:

- Wer mehr Personen befördert als Sitze vorhanden sind, begeht eine OWi nach § 21 StVO.
- Werden in einem Pkw, der für 5 Personen zugelassen ist, z.B. 7 Personen transportiert, so liegt nur dann ein Verstoß nach § 23 StVO vor, wenn der Fzg-Führer durch die beförderten Personen so eingeengt wird, dass Bedienelemente wie Schaltung oder Handbremse nicht mehr sicher bedient werden können. Hier leidet die Verkehrssicherheit durch die Besetzung (TE mit § 21 StVO).
- Ist dies nicht gegeben, kann ein Verstoß nach § 34 StVZO vorliegen, wenn das zGG überschritten wird.
- Verstoß gegen die Anschnallpflicht ist nicht gegeben, da z.B. 5 Sicherheitsgurte vorgeschrieben sind (siehe § 35a StVZO) und gemäß § 21a StVO alle 5 vorgeschriebenen Sicherheitsgurte verwendet werden.

(1a) Kinder bis zum vollendeten 12. Lebensjahr, die kleiner als 150 cm sind, dürfen in Kfz auf Sitzen, für die Sicherheitsgurte vorgeschrieben sind, nur mitgenommen werden, wenn Rückhalteeinrichtungen für Kinder benutzt werden, die den … genannten Anforderungen genügen und für das Kind geeignet sind.

Hinweise:

- Geeignet sind Rückhalteeinrichtungen für Kinder, wenn sie im Einzelfall
  - für das Kind (Gewichtsklassen des Kindes) zugelassen und
  - entsprechend den Anweisungen des Herstellers angebracht werden.
- Art. 1 Abs. 3 Richtlinie 2003/20/EG Gewichtsklassen
  - Klasse 0: Körpergewicht von weniger als 10 kg
  - Klasse 0+: Körpergewicht von weniger als 13 kg
  - Klasse I: Körpergewicht von 9 bis 18 kg
  - Klasse II: Körpergewicht von 15 bis 25 kg
  - Klasse III: Körpergewicht von 22 bis 36 kg

- Art. 1 Abs. 2 Richtlinie 2014/37 EU i.V.m. Rili 129
  - Die ECE R129 („i-Size“) ist nun nicht mehr nur geduldet, sondern fest im Gesetz verankert.
  - Die neue EU-Verordnung ECE R 129 („i-Size“) wurde verabschiedet mit dem Ziel, den Transport von Kindern noch sicherer zu machen.
  - ECE Richtlinie wird die geltende Norm ECE R 44/04 nicht ersetzen, sondern soll schrittweise parallel eingeführt werden.
  - Kunden haben zusätzliche Option beim Kauf des passenden Kindersitzes.
  - Bisher benutzte Kindersitze nach den Regelungen 44/04 und auch 44/03 dürfen weiter verwendet werden.
  - Sitze nach den früheren Regelungen 44/02 dürfen nicht mehr verwendet werden; wenn doch, ist dies ordnungswidrig.
  - ECE Richtlinie 129 richtet nach der Größe des Kindes.

Klasse Q 0	0 bis 60 cm
Klasse Q 1	60 bis 75 cm
Klasse Q 1.5	75 bis 87 cm
Klasse Q 3	87 bis 105 cm
Klasse Q 6	105 bis 125 cm
Klasse Q 10	ab 125 cm

- Weiter schreibt die ECE R 129 vor, dass Kinder bis 15 Monate rückwärtsgerichtet befördert werden müssen.

Abweichend von Satz 1

1. *ist in KOM mit einer zG von mehr als 3,5 t Satz 1 nicht anzuwenden,*
2. *dürfen Kinder ab dem vollendeten dritten Lebensjahr auf Rücksitzen mit den vorgeschriebenen Sicherheitsgurten gesichert werden, soweit wegen der Sicherung anderer Kinder mit Kinderrückhalteeinrichtungen für die Befestigung weiterer Rückhalteeinrichtungen für Kinder keine Möglichkeit besteht,*

Hinweise:

- Sind zwei Kinder mit einer Rückhalteinrichtung gesichert und ist kein Platz mehr für eine dritte Rückhalteinrichtung vorhanden, darf das dritte Kind mit dem Sicherheitsgurt gesichert werden.

3. ist

a) beim Verkehr mit Taxen und

b) bei sonstigen Verkehren mit Personenkraftwagen, wenn eine Beförderungspflicht im Sinne des § 22 des Personenbeförderungsgesetzes besteht,

auf Rücksitzen die Verpflichtung zur Sicherung von Kindern mit amtlich genehmigten und geeigneten Rückhalteeinrichtungen auf zwei Kinder mit einem Gewicht ab 9 kg beschränkt, wobei wenigstens für ein Kind mit einem Gewicht zwischen 9 und 18 kg eine Sicherung möglich sein muss; diese Ausnahmeregelung gilt nicht, wenn eine regelmäßige Beförderung von Kindern gegeben ist.

Hinweise:

- Dritte VO über Ausnahmen von straßenverkehrsrechtlichen Vorschriften über die Mitnahme von behinderten Kindern
- § 1
  - Rückhalteeinrichtungen für behinderte Kinder müssen nicht in amtlich genehmigter Bauart ausgeführt sein, wenn
    1. die Konstruktion dem Stand der Technik entspricht,
    2. der Rückhalteeinrichtung eine Einbau- und Gebrauchsanweisung beigegeben ist, in der die Kfz und Kfz-Typen angegeben sind, für die sie verwendbar ist.
- § 2
  - Abweichend von § 21 Abs. 1a StVO dürfen behinderte Kinder in Kfz mitgenommen werden, wenn eine besondere Rückhalteeinrichtung im obigen Sinne benutzt wird und in einer ärztlichen Bescheinigung, die auf den Namen des be-

hinderten Kindes ausgestellt ist, bestätigt wird, dass anstelle einer bauartgenehmigten Rückhalteeinrichtung nur eine besondere Rückhalteeinrichtung verwendet werden kann.

- Ärztliche Bescheinigung darf nicht älter als 4 Jahre sein. Sie ist mitzuführen und zuständigen Personen auf Verlangen auszuhändigen.

(1b) In Fzg, die nicht mit Sicherheitsgurten ausgerüstet sind, dürfen Kinder unter drei Jahren nicht befördert werden. Kinder ab dem vollendeten dritten Lebensjahr, die kleiner als 150 cm sind, müssen in solchen Fzg auf dem Rücksitz befördert werden. Die Sätze 1 und 2 gelten nicht für KOM.

(2) Die Mitnahme von Personen auf der Ladefläche oder in Laderäumen von Kfz ist verboten. Dies gilt nicht, soweit auf der Ladefläche oder in Laderäumen mitgenommene Personen dort notwendige Arbeiten auszuführen haben. Das Verbot gilt ferner nicht für die Beförderung von Baustellenpersonal innerhalb von Baustellen. Auf der Ladefläche oder in Laderäumen von Anh. darf niemand mitgenommen werden. Jedoch dürfen auf Anh., wenn diese für lof-Zwecke eingesetzt werden, Personen auf geeigneten Sitzgelegenheiten mitgenommen werden. Das Stehen während der Fahrt ist verboten, soweit es nicht zur Begleitung der Ladung oder zur Arbeit auf der Ladefläche erforderlich ist.

Hinweise:

- Ladefläche, Laderäume: es ist die Fläche des Fzg, die der Beförderung von Gütern und Gegenständen dient. Nicht erfasst werden somit z.B. die hinteren Standplätze für Arbeiter an Müll-Fzg.
- Ladefläche des Lkw, Kofferraum des Pkw, Laderaum des Sprinters bzw. Laderaum des Pkw-Kombi.
- Wurden bislang Personen im Kofferraum eines Pkw befördert, musste über § 23 StVO geahndet werden.
- Begleiten der Ladung: beinhaltet Überwachung während der Fahrt und anschließendes Auf- oder Abladen.

- Arbeiten auf der Ladefläche: beinhaltet z.B. Betätigung eines Sandstreuers oder Arbeiten auf der Ladefläche im Rahmen einer Altpapiersammlung oder Sperrmüllabfuhr.
- Beförderung von Baustellenpersonal innerhalb von Baustellen ist erlaubt.
- Alle Anh. mit Ladefläche sind vom Verbot erfasst. Das Verbot gilt auch für Anh. hinter nicht motorisierten Fzg, z.B. Fahrrädern.
- Das Verbot soll nach Meinung des Bund-Länder-Fachausschusses StVO nicht gelten, wenn der Fahrrad-Anh. mit geeigneten Sitzen z.B. für Kinder oder Behinderte ausgestattet ist und diese somit nicht auf der „Ladefläche" befördert werden. Eine Beförderung von Kindern ist analog § 21 Abs. 3 StVO dann zulässig.
- Auf Anh., die für lof-Zwecke eingesetzt sind, dürfen Personen auf geeigneten Sitzgelegenheiten mitgenommen werden. Bei Anh., die für lof.-Zwecke verwendet werden, kann dies auch die Ladefläche sein. Personenzahl ist nicht beschränkt.

(3) Auf Fahrrädern dürfen Personen von mindestens 16 Jahre alten Personen nur mitgenommen werden, wenn die Fahrräder auch zur Personenbeförderung gebaut und eingerichtet sind. Kinder bis zum vollendeten siebten Lebensjahr dürfen auf Fahrrädern von mindestens 16 Jahre alten Personen mitgenommen werden, wenn für die Kinder besondere Sitze vorhanden sind und durch Radverkleidungen oder gleich wirksame Vorrichtungen dafür gesorgt ist, dass die Füße der Kinder nicht in die Speichen geraten können. Hinter Fahrrädern dürfen in Anh., die zur Beförderung von Kindern eingerichtet sind, bis zu zwei Kinder bis zum vollendeten siebten Lebensjahr von mindestens 16 Jahre alten Personen mitgenommen werden. Die Begrenzung auf das vollendete siebte Lebensjahr gilt nicht für die Beförderung eines behinderten Kindes.

Hinweise:

- Im Satz 1 wird nun erlaubt, auch ältere Personen, über 7 Jahren, auf dem Fahrrad mitzunehmen, wenn dieses dafür gebaut ist (z.B. Fahrrad-Taxi).
- Besonderer Sitz: siehe VwV zu Abs. 1 und Abs. 2 und Richtlinien für Kindersitze auf Fahrrädern.
- Auszug:
  - Sicheres Sitzen muss gewährleistet sein,
  - Anbringung nicht an schwenkbaren Teilen,
  - rutschsichere Fußstützen müssen vorhanden sein,
  - Lenkstange, Gepäckträger und Rahmen sind keine besonderen Sitze.
- Füße des Kindes müssen so gesichert sein, dass sie nicht in die Speichen geraten können. OWi nach § 21 Abs. 3 StVO.
- Behinderte Kinder die im Anh. mitgenommen werden, dürfen älter als 7 Jahre sein.
- Im § 35a StVZO ist klargestellt, welches Fzg mit wie viel Sicherheitsgurten ausgestattet sein muss.

2.22 § 21a Sicherheitsgurte, Rollstuhl-Rückhaltesysteme, Rollstuhlnutzer-Rückhaltesysteme, Schutzhelme

(1) Vorgeschriebene Sicherheitsgurte müssen während der Fahrt angelegt sein, dies gilt ebenfalls für vorgeschriebene Rollstuhl-Rückhaltesysteme, Rollstuhlnutzer-Rückhaltesysteme.

Hinweise:

- Anlegepflicht ist vom jeweiligen Stand der in § 35a StVZO geregelten Ausrüstungspflicht abhängig.
- Zu beachten sind die Übergangsvorschriften des § 72 StVZO.

- Fzg, die vor dem 01.04.1970 erstmals in den Verkehr gekommen sind, müssen nicht mit Sicherheitsgurten ausgestattet sein. § 72 StVZO Fassung bis 31.12.1978.
- Somit besteht auch keine Anschnallpflicht.
- Hosenträgergurte sind anstelle von Dreipunktgurten zulässig.
- Während der Fahrt besteht Anschnallpflicht. Hierunter fällt auch das verkehrsbedingte Warten.
- Beim „Stop-and-go-Verkehr“ ist der Gurt anzulegen.
- Angelegt ist der Gurt nur, wenn er die Schutzfunktion im Schulter- und Beckenbereich erfüllt.
- Gurt ist nicht angelegt, wenn man den Gurt nicht über die Schulter, sondern unter dem rechten Arm durchführt.
- Ist ein Gurt nicht funktionsfähig z.B. nach Unfall, dann liegt kein Verstoß nach § 21a StVO, sondern nach § 35a Abs. 7 StVZO vor.
- Hintere Sitze in Wohnmobilen müssen mindestens mit Beckengurten ausgestattet sein. Dies gilt ab einer zG von mehr als 2,5 t (§ 35a Abs. 5 StVZO).
- Taxi- und Mietwagenfahrer müssen sich nach der Gesetzesänderung nun auch anschnallen, wenn Fahrgäste befördert werden (früher Ausnahme).
- Gem. § 46 Abs. 1 StVO kann die Straßenverkehrsbehörde Ausnahmen von der Gurtpflicht erteilen. Der Genehmigungsbescheid ist dann mitzuführen und zuständigen Personen auf Verlangen auszuhändigen.
- Ausnahmegenehmigung wird selten erteilt, da wegen der Erkrankung oft ein spezieller Gurt eingebaut werden kann.
  - Bei Herzschrittmachern kann der Gurt gepolstert sein.
  - Bei einem künstlichen Ausgang kann ein Vierpunktgurt verwendet werden.
- Verpflichtung des Fahrers, sich um das Anlegen des Sicherheitsgurtes seines Mitfahrers zu kümmern, besteht dann, wenn

eine Garantenstellung (z.B. Eltern gegenüber Kindern) gegeben ist. Ansonsten ist der Fahrgast oder Mitfahrer selbst dafür verantwortlich, der Gurtanlegepflicht nachzukommen.

- Ahndung, wenn Kinder nicht angeschnallt sind.
  - Nicht vorwerfbar handelt, wer bei Begehung einer Handlung noch nicht 14 Jahre alt ist (Kind). Somit dürfen Kinder nicht verwarnt werden.
  - OLG Hamm über die Pflichten des Fahrers bei der Beförderung von Kindern. Diese können im Extremfall so weit gehen, dass der Fahrzeugführer eine Fahrtstrecke wählen muss, die ein regelmäßiges Umsehen und sofortiges Anhalten ermöglicht.
- Ahndung, wenn Jugendliche nicht angeschnallt sind.
  - Ein Jugendlicher (14 bis 18 Jahre) handelt nur unter den Voraussetzungen des JGG vorwerfbar, also dann, wenn er zur Zeit der Tat nach seiner sittlichen und geistigen Entwicklung reif genug ist, das Unrecht der Tat einzusehen und nach dieser Einsicht zu handeln.
  - Meiner Meinung nach ist sich ein 15-jähriger, der ungesichert mitfährt, durchaus darüber bewusst, einen Fehler begangen zu haben, und kann die sich daraus ergebenden Folgen (Verletzungen nach einem Unfall) richtig einschätzen.
  - Soll ein Jugendlicher verwarnt werden, so kann es notwendig sein, Angaben über seine geistige Reife in der Anzeige zu vermerken.
  - Die Ahndung erfolgt wie gewohnt über § 21a StVO.

Das gilt nicht für

1. *gestrichen (früher Ausnahme Taxifahrer)*
2. *Personen beim Haus-zu-Haus-Verkehr, wenn sie im jeweiligen Leistungs- oder Auslieferungsbezirk regelmäßig in kurzen Zeitabständen ihr Fzg verlassen müssen,*

Hinweise:

- Befreiung gilt nicht nur für Lieferanten im Auslieferungsbezirk, sondern auch für Personen im Leistungsbezirk, die in der oben angegebenen Art (Haus-zu-Haus-Verkehr) ihre Arbeit erledigen, also auch Amtsboten, Personal eines Paketdienstes oder der Schornsteinfeger.
- Auslieferungsstellen müssen „sehr nahe beieinander liegen, sodass der Fzg-Führer zwischen den einzelnen Fahrzielen sehr kurze Strecken zurücklegt und auffallend langsam fährt" d.h., dass es sich um Verkehrsvorgänge handelt, die „von vornherein mit Schrittgeschwindigkeit gefahren und daher wenig gefahrenträchtig sind."
- Wer Fahrstrecken von 500 m zwischen den einzelnen Haltepunkten zurückzulegen hat, kann die Ausnahme nicht beanspruchen.
- Aber auch Strecken von 300 m werden i.d.R. nicht als kürzere Entfernung angesehen werden können.

3. *Fahrten mit Schrittgeschwindigkeit wie Rückwärtsfahren, Fahrten auf Parkplätzen,*

Hinweise:

- Es handelt sich hier lediglich um Beispiele, die weitere ähnlich gelagerte Fälle zulassen.
- Ausnahme von der Gurtanlegepflicht gilt nur bei Verkehrsvorgängen, die nicht aus verkehrsbedingten Gründen von vornherein auf das Fahren mit Schrittgeschwindigkeit ausgerichtet und außerdem weniger gefahrenträchtig sind, da sie sich abseits des fließenden Verkehrs oder beim Übergang vom fließenden in den ruhenden Verkehr abspielen oder umgekehrt.
- In folgenden Situationen besteht Anschnallpflicht, obwohl Schrittgeschwindigkeit gefahren wird:
  - Bei verkehrsbedingt langsamem Fahren vor einer Kreuzung oder Einmündung.

- Bei dem schon erwähnten „Stop-and-go-Verkehr“ während der Go-Phase.

4. *Fahrten in KOM, bei denen die Beförderung stehender Fahrgäste zugelassen ist,*

Hinweis:

- Es wäre unverhältnismäßig, den Busreisenden auf einem Sitzplatz der bußgeldbewehrten Anschnallpflicht zu unterwerfen, während gleichzeitig stehende Fahrgäste befördert werden.

5. *das Betriebspersonal in KOM und das Begleitpersonal von besonders betreuungsbedürftigen Personengruppen während der Dienstleistungen, die ein Verlassen des Sitzplatzes erfordern,*

Hinweis:

- Dies ist bei der Bedienung bzw. Betreuung der Fahrgäste gegeben.

6. *Fahrgäste in KOM mit einer zulässigen Gesamtmasse von mehr als 3,5 t beim kurzzeitigen Verlassen des Sitzplatzes.*

Hinweise:

- Man darf z.B. die Toilette aufsuchen oder
- Aufstehen, um seinen Koffer zu öffnen.

(2) Wer Krafträder oder offene drei- oder mehrrädrige Kfz mit einer bbH von über 20 km/h führt sowie auf oder in ihnen mitfährt, muss während der Fahrt einen geeigneten Schutzhelm tragen. Dies gilt nicht, wenn vorgeschriebene Sicherheitsgurte angelegt sind.

Hinweise:

- Schutzhelmpflicht gilt für alle Kraftradfahrer und deren Beifahrer.
- Hierunter fallen alle Krafträder einschließlich Mofas.

- Ausnahmen:
  - Leichtmofafahrer über § 2 der Leichtmofaausnahmeverordnung
  - Führer von Fzg, deren bbH nicht mehr als 20 km/h beträgt (§ 21a Abs. 2 StVO)
  - Mobilitätshilfen „Segway“ und E-Scooter sind begrifflich keine Krafträder.
  - Pedelecs sind den Fahrrädern gleichgestellt.
  - Nach der 8. AusnVO zur StVO sind auch Krafträder ausgenommen, die nach Art eines Pkws gebaut sind (Sicherheit, Komfort, Wetterschutz). An diesen Zweirädern werden Sicherheitsgurte verwendet, sodass auf die Helmtragepflicht verzichtet werden kann. Helmtragepflicht besteht aber dann, wenn keine Gurte angelegt sind.
- Helmpflicht gilt weiterhin für alle Führer von Kfz mit offenem Aufbau, wenn keine Sicherheitsgurte vorgeschrieben sind (Trikes, Quads).

2.23 § 22 Ladung

(1) Die Ladung einschließlich Geräte zur Ladungssicherung sowie Ladeeinrichtungen sind so zu verstauen und zu sichern, dass sie selbst bei Vollbremsung oder plötzlicher Ausweichbewegung nicht verrutschen, umfallen, hin- und her rollen, herabfallen oder vermeidbaren Lärm erzeugen können. Dabei sind die anerkannten Regeln der Technik zu beachten.

Hinweise:

- Anerkannte Regeln der Technik: dies sind vor allem DIN (Deutsche Industrienorm)- und EN (Europanorm)-Normen sowie VDI (Verein Deutscher Ingenieure)-Richtlinien z.B. VDI-Richtlinie 2700 „Ladungssicherung auf Straßen-Fzg“.
- Ladung umfasst alle Gegenstände oder Sachen, die sich auf, an oder im Fzg befinden und nicht zu den Ausrüstungsgegenständen gehören.

- Keine Ladung: z.B. Reservekanister oder Ersatzrad.
- Aggregatzustand der Ladung, ob fest, flüssig oder gasförmig, ist unerheblich.
- Ladung ist verkehrssicher zu verstauen
  - Hierunter versteht man eine die Verkehrs- und Betriebssicherheit nicht beeinträchtigende Verteilung der Ladung.

  Beispiele:
  - Ungleiche Belastung der Vorder- und Hinterachse.
  - Einseitige Belastung der Ladefläche rechts oder links.

- Ladung ist gegen Verrutschen, Umfallen, Hin- und Her rollen zu sichern. Wurde zusätzlich aufgenommen, da auch durch Verrutschen oder Umfallen der Ladung eine gefährliche Situation entstehen kann.
- Ladung ist gegen Herabfallen zu sichern
  - Hier sind insbesondere Ladungsteile gemeint, die eine Behinderung oder Gefährdung anderer VT hervorrufen könnten.
  - Gegen Herabfallen ausreichende Sicherung ist beim Transport von Sand, Kies und Papier in der Regel nur gegeben, wenn durch überhohe Bordwände, Planen, Netze oder ähnliche Mittel verhindert wird, dass auch nur geringe Teile der Ladung herabfallen können.
- Ladung ist gegen vermeidbares Lärmen zu sichern
  - Das Gebot der Sicherung gegen vermeidbares Lärmen umfasst vor allem das Verbot, Kanister oder andere Blechbehälter ungesichert auf der Ladefläche zu transportieren.

(2) Fzg und Ladung dürfen zusammen nicht breiter als 2,55 m und nicht höher als 4,00 m sein. Fzg, die für lof. Zwecke eingesetzt werden, dürfen, wenn sie mit lof. Erzeugnissen oder Arbeitsgeräten beladen sind, samt Ladung nicht breiter als 3,00 m sein. Sind sie mit lof. Erzeugnissen beladen, dürfen sie samt Ladung höher als 4,00 m sein. Kühl-Fzg dürfen nicht breiter als 2,60 m sein.

(3) Die Ladung darf bis zu einer Höhe von 2,50 m nicht nach vorn über das Fzg, bei Zügen über das ziehende Fzg hinausragen. Im Übrigen darf der Ladungsüberstand nach vorn bis zu 50 cm über das Fzg, bei Zügen bis zu 50 cm über das ziehende Fzg betragen.

(4) Nach hinten darf die Ladung bis zu 1,50 m hinausragen, jedoch bei Beförderung über eine Wegstrecke bis zu einer Entfernung von 100 km bis zu 3,00 m; die außerhalb des Geltungsbereichs dieser Verordnung zurückgelegten Wegstrecken werden nicht berücksichtigt. Fzg oder Zug samt Ladung darf nicht länger als 20,75 m sein. Ragt das äußerste Ende der Ladung mehr als 1,00 m über die Rückstrahler des Fzg nach hinten hinaus, so ist es kenntlich zu machen durch mindestens

1. *eine hellrote, nicht unter 30 × 30 cm große, durch eine Querstange auseinandergehaltene Fahne,*
2. *ein gleich großes, hellrotes, quer zur Fahrtrichtung pendelnd aufgehängtes Schild oder*
3. *einen senkrecht angebrachten zylindrischen Körper gleicher Farbe und Höhe mit einem Durchmesser von mindestens 35 cm.*

Diese Sicherungsmittel dürfen nicht höher als 1,50 m über der Fahrbahn angebracht werden. Wenn nötig (§ 17 Abs. 1), ist mindestens eine Leuchte mit rotem Licht an gleicher Stelle anzubringen, außerdem ein roter Rückstrahler nicht höher als 90 cm.

(5) Ragt die Ladung seitlich mehr als 40 cm über die Fzg-Leuchten, bei Kfz über den äußeren Rand der Lichtaustrittsflächen der Begrenzungs- oder Schlussleuchten hinaus, so ist sie, wenn nötig (§ 17 Abs. 1), kenntlich zu machen, und zwar seitlich höchstens 40 cm von ihrem Rand und höchstens 1,50 m über der Fahrbahn nach vorn durch eine Leuchte mit weißem, nach hinten durch eine mit rotem Licht. Einzelne Stangen oder Pfähle, waagerecht liegende Platten und andere schlecht erkennbare Gegenstände dürfen seitlich nicht herausragen.

2.24 § 23 Sonstige Pflichten des Fahrzeugführenden

(1) Wer ein Fzg führt, ist dafür verantwortlich, dass seine Sicht und das Gehör nicht durch die Besetzung, Tiere, die Ladung, Geräte oder den Zustand des Fzg beeinträchtigt werden. Wer ein Fzg führt, hat zudem dafür zu sorgen, dass das Fzg, der Zug, das Gespann sowie die Ladung und die Besetzung vorschriftsmäßig sind und dass die Verkehrssicherheit des Fzg durch die Ladung oder die Besetzung nicht leidet. Ferner ist dafür zu sorgen, dass die vorgeschriebenen Kennzeichen stets gut lesbar sind. Vorgeschriebene Beleuchtungseinrichtungen müssen an Kfz und ihren Anh. auch am Tage vorhanden und betriebsbereit sein.

Hinweis:

- § 23 StVO richtet sich an den Führer eines Fzg. Hier sind die bekannten Definitionen aus den §§ 315c, 316 StGB heranzuziehen. § 23 StVO gilt somit auch für ausländische Fzg-Führer.

  Beispiel:
  Werden in einem Pkw, der für 5 Personen zugelassen ist, z.B. 7 Personen transportiert [...] siehe § 21 StVO.

- Unter der Besetzung sind Personen gemeint, die neben dem Fahrer befördert werden, nicht der Fahrer selbst.
- In folgenden Fällen liegt ein Verstoß gegen § 23 StVO vor, weil die Verkehrssicherheit des Fahrzeugs unter der Besetzung leidet und keine Spezialnorm vorhanden ist.

  Beispiele:
  - Befördern von Personen im Kofferraum, welche die Beine während der Fahrt heraushängen lassen.
  - Fahrzeuginsassen, die ihre Beine durch das Seitenfenster eines Pkw hinausstrecken.
  - Sitzen während der Fahrt auf dem geöffneten Cabrio-Verdeck.
  - Fahrradfahrer transportiert einseitig eine schwere Tasche an der Lenkstange, sodass die Fahrsicherheit beeinträchtigt ist.

- Soziusfahrer, der aktiver VT ist, darf durch sein Verhalten den Führer des Kraftrades nicht gefährden.
- Fahrer eines Kraftrades hat bei der Mitnahme eines ungeübten Soziusfahrers dessen Ungeschicklichkeit und Ängstlichkeit durch besonders vorsichtige Fahrweise zu berücksichtigen.
- Beschleunigt der Kraftradfahrer, ohne den Sozius zu warnen und fällt dieser vom Motorrad, weil er sich nicht festgehalten hat, sind die Verursachungsanteile gleich hoch.
- Das Befördern von betrunkenen Personen ist nicht verboten. Aufgrund der Verkehrssicherheit müssen sie jedoch auf dem Rücksitz befördert werden.
- Ladung umfasst alle Gegenstände, die sich zum Zweck der Beförderung auf oder in einem Fzg befinden und nicht zur Fahrzeugausrüstung (z.B. Warndreieck, Verbandskasten) oder zu den Zubehörteilen, wie Ersatzräder gehören. Unter den Begriff der Ladung fallen auch beförderte Tiere, obwohl diese hier gesondert genannt werden.
- Geräte können elektronisch betriebene Einrichtungen, wie MP3-Player, Kopfhörer oder das Autoradio sein.
- Fahrzeugzustand beschreibt die aktuelle Beschaffenheit des Fzg zum Zeitpunkt des Führens. Hierzu zählen u.a. die Spiegel und Scheiben.

Beispiele

- Bei nur einem Außenspiegel, darf die Heckscheibe nicht durch Ladung verdeckt sein.
- Ist die Sicht nach hinten durch einen Anh. oder Ladung verdeckt, benötigt man einen zweiten Außenspiegel.
- Vereiste Frontscheiben oder Seitenscheiben müssen vollständig enteist werden. Nur eine kleine Fläche freizumachen, genügt nicht. Eine Ausnahme ist die Heckscheibe, wenn ausreichende Sicht nach hinten durch Spiegel gegeben ist.

- Das Benutzen eines MP3-Players oder der überlaute Betrieb eines Radios während der Fahrt ist ebenso untersagt wie die Benutzung von Kopfhörern mit beidseitigen Muscheln. Letzteres gilt auch insbesondere für Radfahrer, Führer von Segways oder Rollern.
- Wie die Ladung zu verstauen/sichern ist, ergibt sich aus § 22 StVO.
- Haben andere Personen als der Fahrer das Fzg beladen, muss der Fahrer nach § 23 StVO die Ladung vor Fahrtantritt kontrollieren.
- Besetzung kann bei zu vielen beförderten Personen eine Rolle spielen, aber nur dann, wenn der Fahrer in seiner Bewegungsfreiheit eingeschränkt ist (3 Personen sitzen auf den 2 Vordersitzen).

Beispiele:
Der Fahrer ist verantwortlich dafür,
- dass die Plane des Lkw richtig verschlossen ist
- dass sich auf dem Dach oder der Plane des Lkw keine Schneemassen oder Eisplatten befinden, die bei Beschleunigung des Fzg herabrutschen können
- dass die Beleuchtungseinrichtungen richtig eingestellt sind
- dass die Fzg-Türen geschlossen sind.
- dass der Tank ausreichend gefüllt ist.

- Wer es darauf ankommen lässt, mit einem unzureichend gefüllten Tank stehen zu bleiben, handelt verkehrswidrig.
- Wer an einer unübersichtlichen Stelle zum Stehen kommt und dadurch einen VU verursacht, muss sich je nach Umständen, eine Mitschuld gefallen lassen.
- Darüber hinaus auch ein Radfahrer, der sich Gegenstände zum Transport an den Lenker hängt und deshalb das Fahrrad nicht mehr sicher lenken kann oder eine Person auf dem Gepäckträger mitnimmt.
- Abgrenzung zu anderen Vorschriften:
  - Spezialbestimmungen aus der StVZO bzw. den §§ 21, 22 StVO haben Vorrang vor § 23 StVO. Ist ein Zustand in den Spezialvorschriften nicht geregelt, kann § 23 Abs. 1 StVO greifen.

- Die StVZO bezieht sich auf die Vorschriftsmäßigkeit der Bauart des Fzg und einzelner Fzg-Teile.

  Beispiel:
  Ist die Fahrradbeleuchtung nicht vorschriftsmäßig, ist über § 67 StVZO zu ahnden. So muss z.B. der Großflächenrückstrahler mit einem „Z" versehen sein. Fehlt dieses „Z", ist der Rückstrahler nicht vorschriftsmäßig.

  Ist die Beleuchtung nicht betriebsbereit oder fehlt sie, ist nach § 23 StVO zu ahnden.

- Beachte Flip-Flops:
  - Trägt der/die Fahrer/in Birkenstockschuhe, also Sandalen, die ohne Fersenriemen benutzt wurden, so wird dies nicht vom § 23 StVO erfasst, da der Fahrer nicht unter den Begriff der „Besetzung des Fahrzeugs" fällt.
- Ahndung ist für Berufskraftfahrer (Unfallversicherte) nach den Unfallverhütungsvorschriften möglich, die gemäß § 15 Sozialgesetzbuch VII (SGB) erlassen worden sind.
- § 44 Abs. 2 der Berufsgenossenschaftlichen Vorschriften (BGV) D29 lautet:
  - Der Fahrzeugführer muss zum sicheren Führen des Fahrzeugs den Fuß umschließendes Schuhwerk tragen.
  - Zum sicheren Führen von Fzg sind z.B. Sandaletten (ohne Fersenriemen), Holzpantinen, Clogs nicht geeignet.
  - Diese Vorschrift muss auch angewandt werden können, wenn jemand mit „Flip-Flops", High Heels oder barfuß fährt

(1a) Wer ein Fahrzeug führt, darf ein elektronisches Gerät, das der Kommunikation, Information oder Organisation dient oder zu dienen bestimmt ist, nur benutzen, wenn

1. *hierfür das Gerät weder aufgenommen noch gehalten wird und*
2. *entweder*

   a) nur eine Sprachsteuerung und Vorlesefunktion genutzt wird oder

b) zur Bedienung und Nutzung des Gerätes nur eine kurze, den Straßen-, Verkehrs-, Sicht- und Wetterverhältnissen angepasste Blickzuwendung zum Gerät bei gleichzeitig entsprechender Blickabwendung vom Verkehrsgeschehen erfolgt oder erforderlich ist.

Geräte im Sinne des Satzes 1 sind auch Geräte der Unterhaltungselektronik oder Geräte zur Ortsbestimmung, insbesondere Mobiltelefone oder Autotelefone, Berührungsbildschirme, tragbare Flachrechner, Navigationsgeräte, Fernseher oder Abspielgeräte mit Videofunktion oder Audiorekorder.

Handelt es sich bei dem Gerät im Sinne des Satzes 1, auch in Verbindung mit Satz 2, um ein auf dem Kopf getragenes visuelles Ausgabegerät, insbesondere eine Videobrille, darf dieses nicht benutzt werden. Verfügt das Gerät im Sinne des Satzes 1, auch in Verbindung mit Satz 2, über eine Sichtfeldprojektion, darf diese für fahrzeugbezogene, verkehrszeichenbezogene, fahrtbezogene oder fahrtbegleitende Informationen benutzt werden.

Absatz 1c und § 1b des Straßenverkehrsgesetzes bleiben unberührt.

Hinweise:

- Erfasst sind alle denkbaren elektronischen Geräte zur Kommunikation, Information oder Organisation.
- Beachte Geräteaufzählung in Satz 2
  - Zusätzlich in der Gesetzesbegründung genannt (nicht abschließend):
  - sämtliche Handys
  - Smartphones
  - BOS- und CB-Funkgeräte
  - Amateurfunkgeräte, auch solche mit reinem push-to-talk-Modus
  - Tablet-Computer
  - Taschenrechner
  - Touchscreens

- elektronische Terminplaner
- Diktiergeräte
- E-Book-Reader
- MP3-Player
- Personal Computer
- DVD- und Blu-Ray-Player
- CD-ROM-Abspielgeräte
- Smartwatches
- Walkman
- Discman
- Notebooks.

▸ Alle Funkgeräte sind erfasst (behördlich und privat), aber

- die in § 35 Abs. 1 StVO genannten Organisationen durch Sonderrechte nicht betroffen,
- alle weiteren BOS-Organisationen (z.B. Rettungsdienst) über neue Ausnahme in § 35 Abs. 9 StVO.
- Nutzung für Privatpersonen als Übergangsregelung in § 52 StVO bis 01.07.2020 (z.B. Lkw CB-Funk) vom Verbot ausgenommen.

▸ Neuer Aufbau: Es wird dargestellt, was erlaubt ist (Gebotsvorschrift)

▸ Die Nutzung ist erlaubt, wenn

- das Gerät nicht aufgenommen oder gehalten werden muss und bedient wird
- über Sprachsteuerung und Vorlesefunktion (ohne Wegschauen/ohne Berührung, z.B. Sprachassistent zur Eingabe der Navigationsroute, Diktieren und Versand einer Textnachricht) oder
- mit kurzem Blickwechsel (mit Wegschauen/mit Berührung, z.B. Anrufannahme durch Berühren des Touchscreens oder Wechseln eines Musiktitels durch Berühren eines Buttons).

▸ Häufig werden beide Nutzungsarten fließend ineinander übergehen.

- Für „kurz“ ist bewusst keine feste Zeitdauer festgelegt.
- Kürze soll orientiert am Blick in den Rückspiegel oder dem Schulterblick beim Abbiegen oder Überholen beurteilt werden.
- Umfassende Dokumentation in der OWi-Anzeige wird wichtiger (Art der Nutzung: Dauer Blickwechsel, Vergleich zu Dauer Schulterblick, „kurz“)
- Lesen von Kurznachrichten oder die Nutzung anderer Multimediaangebote (z.B. Internet, Fernsehen) erfordern grundsätzlich eine längere Blickabwendung (Gesetzesbegründung).
- Fahrtbegleitende Informationen in einem Head-Up-Display ist ausdrücklich nicht die Anzeige von Verkehrsüberwachungsmaßnahmen, damit keine Ausnahme von Radarwarngeräten in § 23 Abs. 1c.
- Mit Verweis auf § 1b StVG wird Bezug zum automatisierten Fahren hergestellt
  - Gesetzgeber hat bei Einführung der § 1b StVG und Änderung des § 23 Abs. 1a in seiner Begründung Bezug auf „fahrfremde Tätigkeiten“ genommen.
  - Bei automatisiertem Fahren soll eine „Nutzung von Geräten und Diensten der Informations- und Kommunikationstechnik [...] in angemessenem Rahmen“ ermöglicht werden.
- Urteile bis Oktober 2017:
  - Verboten ist nicht nur das Gespräch per Telefon, sondern auch alle anderen Funktionen, die mit dem Telefon ausgeführt werden können.
  - Dazu gehören insbesondere:
    - Verschicken oder Ablesen von SMS
    - Abhören der Mailbox
    - Uhrzeit ablesen
    - Daten aus dem Internet einsehen
    - Verwendung als Navigationsgerät

  - Verwendung als Diktiergerät
  - Benutzung der Kamerafunktion
  - Benutzung Internet
  - Benutzung Notizbuch
- Benutzung wird bejaht, wenn
  - das Headset bereits am Ohr, aber das Handy zur Rufannahme aufgenommen wird
  - das Aufnehmen zum Einschalten des Handys dient
  - ein Anruf unter Aufnahme des Geräts abgewiesen wird
  - das Handy zwischen Kopf und Schulter eingeklemmt wird (es musste irgendwie dorthin gelangen)
  - Notizbuch benutzt wird
  - Handy gehalten wird, um Ladekabel anzuschließen.
- Benutzung wird verneint, wenn
  - ein eigenständiges Headset aufgenommen und ans Ohr gesteckt wird
  - ein Telefonat über den Lautsprecher geführt wird und das Handy auf dem Beifahrersitz liegt
  - der Fahrer das Handy aus dem Handschuhfach nimmt und es dem Beifahrer übergibt
  - es vom Beifahrersitz aufgenommen und in die Türablage gelegt wird
  - Handy vom Fußraum aufheben oder vom Beifahrersitz in eine Ablage legen fällt nicht unter den Begriff des „Aufnehmens“ (bloße Standortveränderung).

(1b) Absatz 1a Satz 1 bis 3 gilt nicht für

1. *ein stehendes Fzg, im Falle eines Kfz vorbehaltlich der Nr. 3 nur, wenn der Motor vollständig ausgeschaltet ist,*
2. *den bestimmungsgemäßen Betrieb einer atemalkoholgesteuerten Wegfahrsperre, soweit ein für den Betrieb bestimmtes Handteil aufgenommen und gehalten werden muss,*
3. *stehende Straßenbahnen oder Linienbusse an Haltestellen (Z 224).*

Das fahrzeugseitige automatische Abschalten des Motors im Verbrennungsbetrieb oder das Ruhen des elektrischen Antriebes ist kein Ausschalten des Motors in diesem Sinne.

Absatz 1a Satz 1 Nr. 2 Buchstabe b gilt nicht für

1. *die Benutzung eines Bildschirms oder einer Sichtfeldprojektion zur Bewältigung der Fahraufgabe des Rückwärtsfahrens oder Einparkens, soweit das Fahrzeug nur mit Schrittgeschwindigkeit bewegt wird, oder*
2. *die Benutzung elektronischer Geräte, die vorgeschriebene Spiegel ersetzen oder ergänzen.*

Hinweise:

- Die Gerätenutzung mit Start-/Stopp-Automatik ist nicht mehr erlaubt. Motor, auch elektrisch, muss vollständig ausgeschaltet sein.
- Busse und Straßenbahnen an Haltestellen ausgenommen, da Geräte zum Ausstellen der Fahrkarten genutzt werden müssen.
- Zur Nutzung von elektronischen Einpark- und Rangierassistenten darf der Blick länger von der Straße abgewandt werden (entgegen Abs. 1a Nr. 2 Buchstabe b), sofern Schrittgeschwindigkeit.
- Das gilt auch für sonstige Bildschirme oder das Head-up-Display.

(1c) Wer ein Fzg führt, darf ein technisches Gerät nicht betreiben oder betriebsbereit mitführen, das dafür bestimmt ist oder verwendet werden kann, Verkehrsüberwachungsmaßnahmen anzuzeigen oder zu stören. Das gilt insbesondere für Geräte zur Störung oder Anzeige von Geschwindigkeitsmessungen (Radarwarn- oder Laserstörgeräte).

Bei anderen technischen Geräten, die neben anderen Nutzungszwecken auch zur Anzeige oder Störung von Verkehrsüberwachungsmaßnahmen verwendet werden können, dürfen die entsprechenden Gerätefunktionen nicht verwendet werden.

Hinweise:

- Es sind nicht nur die speziellen Radarwarn- oder Laserstörgeräte gemeint, sondern auch andere Geräte, die eine vergleichbare Funktion haben.
- Verbot gilt auch für Geräte, die zwar verschiedene Funktionen aufweisen (Zielführungssystem und Warnfunktion), bei denen aber mindestens eine Komponente speziell der Warnung dient. Dies kann auch ein Autoradio mit entsprechender Zusatzfunktion sein oder Navigationsgeräte, die auf stationäre „Blitzer“ hinweisen.
- Gerät muss nicht eingeschaltet sein, es genügt, wenn es betriebsbereit ist.
- Bzgl. Smartphones sind auch Apps mit dieser Funktion genannt (z.B. Blitzer.de, Waze).
- Ebenso im Hinblick auf Navis, die mittels POI vor Blitzern warnen.
- Betriebsbereitschaft
  - Untersagt ist der Betrieb oder das betriebsbereite Mitführen eines solchen Geräts.
  - Betriebsbereitschaft besteht auch dann, wenn das Radarwarngerät jederzeit ohne großen technischen Aufwand eingesetzt werden kann. Mitgeführt wird das Gerät auch, wenn der Beifahrer die entscheidenden Informationen dem Fahrer durchsagt.
  - Mitgeführt wird das Gerät auch, wenn der Beifahrer die entscheidenden Informationen an den Fahrer weitergibt.
  - Fehlt der Adapter zur Stromversorgung, ist das Gerät defekt oder wird das Gerät verpackt mitgeführt, liegt keine Betriebsbereitschaft vor.

(2) Wer ein Fzg führt, muss das Fzg, den Zug oder das Gespann auf dem kürzesten Weg aus dem Verkehr ziehen, falls unterwegs auftretende Mängel, welche die Verkehrssicherheit wesentlich beeinträchtigen, nicht alsbald beseitigt werden; dagegen dürfen Krafträder und Fahrräder dann geschoben werden.

Hinweise:

- Bei einer Reifenpanne darf auch ein abgefahrenes Reserverad aufgezogen werden, um das Fahrzeug auf dem kürzesten Wege aus dem Verkehr zu ziehen oder eine kurze Strecke (600 m) bis zur Werkstatt oder nach Hause zu fahren, um dort ein neues Rad aufzuziehen.
- Ein Verstoß nach § 36 StVZO ist nicht gegeben. Dies ist damit begründet, dass es zur Mitnahme von Reservereifen keine gesetzliche Grundlage gibt.

(3) Wer ein Fahrrad oder ein Kraftrad fährt, darf sich nicht an Fzg anhängen. Es darf nicht freihändig gefahren werden. Die Füße dürfen nur dann von den Pedalen oder den Fußrasten genommen werden, wenn der Straßenzustand das erfordert.

Hinweis:

- Gilt für Kraftrad- und Radfahrer, wobei es gleichgültig ist, ob das Anhängen mit Haken, mit einem Seil oder körperlich durch Arm auflegen geschieht.

(4) Wer ein Kfz führt, darf sein Gesicht nicht so verhüllen oder verdecken, dass er nicht mehr erkennbar ist. Dies gilt nicht in Fällen des § 21a Abs. 2 Satz 1.

Hinweise:

- Verdecken oder Verhüllen bedeutet, dass das Gesicht mit seinen ausschlaggebenden Zügen wie Auge, Nase, Mund nicht mehr erkennbar ist.
- Also Masken, Schleier und Hauben, die das ganze Gesicht oder wesentliche Teile verdecken.
- Reine Kopfbedeckungen sind nicht verboten: Hut, Mütze, Kopftuch, Perücke, Gesichtsbemalung, -behaarung oder Gesichtsschmuck (Tätowierung, Piercing etc.), Sonnenbrillen.

- Ausschlaggebend ist, ob die Erkennbarkeit der Gesichtszüge beeinträchtigt wird.
- Zweiradfahrer, für die nach § 21a Abs. 2 StVO Helmpflicht besteht, sind über Satz 2 ausdrücklich ausgenommen.
- Dazu zählt auch der Kälteschutz des Gesichts.
- Unter das Verbot fallen nicht:
  - Kopfbedeckungen, die das Gesicht freilassen (z.B. Hut, Mütze, Kappe, Kopftuch, Perücke)
  - eine Gesichtsbemalung, -behaarung oder etwaiger Gesichtsschmuck (z.B. Tätowierung, Piercing, Karnevals- der Faschingsschminke),
  - die Sicht erhaltende oder unterstützende Brillen (z.B. Sonnenbrille), die nur geringfügige Teile des Gesichts umfassen.

2.25 § 24 Besondere Fortbewegungsmittel

(1) Schiebe- und Greifreifenrollstühle, Rodelschlitten, Kinderwagen, Roller, Kinderfahrräder, Inline-Skates, Rollschuhe und ähnliche nicht motorbetriebene Fortbewegungsmittel sind nicht Fzg im Sinne dieser Verordnung. Für den Verkehr mit diesen Fortbewegungsmitteln gelten die Vorschriften für den Fußgängerverkehr entsprechend.

(2) Mit Krankenfahrstühlen oder mit anderen als in Abs. 1 genannten Rollstühlen darf dort, wo Fußgängerverkehr zulässig ist, gefahren werden, jedoch nur mit Schrittgeschwindigkeit.

Hinweise:

- Besondere Fortbewegungsmittel des § 24 StVO werden dem Fußgängerverkehr zugeordnet. Somit gelten für diese Fzg die Vorschriften über den Fußgängerverkehr.
- Kinderfahrräder (auch mit Stützrädern) sind nur solche Fahrräder, die für die Körpermaße von Kindern im Vorschulalter gebaut sind und zum spielerischen Umherfahren benutzt werden.

- Ähnliche Fortbewegungsmittel sind kleine Handwagen, Skier, Skateboards.

2.26 § 25 Fußgänger

(1) Wer zu Fuß geht, muss die Gehwege benutzen. Auf der Fahrbahn darf nur gegangen werden, wenn die Straße weder einen Gehweg noch einen Seitenstreifen hat. Wird die Fahrbahn benutzt, muss i.g.O. am rechten oder linken Fahrbahnrand gegangen werden; a.g.O. muss am linken Fahrbahnrand gegangen werden, wenn das zumutbar ist. Bei Dunkelheit, bei schlechter Sicht oder wenn die Verkehrslage es erfordert, muss einzeln hintereinander gegangen werden.

Hinweis:

- Ist es für den Fußgänger z.B. wegen Eisglätte oder Schnee nicht zumutbar, den Gehweg zu benutzen, darf auf der Fahrbahn gegangen werden.

(2) Wer zu Fuß geht und Fzg oder sperrige Gegenstände mitführt, muss die Fahrbahn benutzen, wenn auf dem Gehweg oder auf dem Seitenstreifen andere zu Fuß Gehende erheblich behindert würden. Benutzen zu Fuß Gehende, die Fzg mitführen, die Fahrbahn, müssen sie am rechten Fahrbahnrand gehen; vor dem Abbiegen nach links dürfen sie sich nicht links einordnen.

(3) Wer zu Fuß geht, hat Fahrbahnen unter Beachtung des Fzg-Verkehrs zügig auf dem kürzesten Weg quer zur Fahrtrichtung zu überschreiten. Wenn die Verkehrsdichte, Fahrgeschwindigkeit, Sichtverhältnisse oder der Verkehrsablauf es erfordern, ist eine Fahrbahn nur an Kreuzungen oder Einmündungen, an Lichtzeichenanlagen innerhalb von Markierungen, an Fußgängerquerungshilfen oder auf Fußgängerüberwegen (Z 293) zu überschreiten. Wird die Fahrbahn an Kreuzungen oder Einmündungen überschritten, sind dort vorhandene Fußgängerüberwege oder Markierungen an Lichtzeichenanlagen stets zu benutzen.

Hinweise:

- Überschreiten der Fahrbahn muss zügig und rechtwinklig zur Fahrbahn geschehen, um die benötigte Zeit der Überquerung möglichst kurz zu halten.
- Neu aufgenommen wurden die Verkehrsdichte, Fahrgeschwindigkeit, Sichtverhältnisse und der Verkehrsablauf, sodass der Fußgänger unter Umständen zu einem Umweg gezwungen wird.
- Beim Überquerungsgebot werden dem Fußgänger auch größere Umwege zugemutet, wobei
  - 30 m bis zum nächsten Überweg und
  - 50 m bis zur nächsten Lichtzeichenanlage nicht als zu weit angesehen werden.
- Nimmt der Fußgänger diese Umwege nicht in Kauf, muss er sich bei einem Unfall eine Mitschuld anrechnen lassen.
- Fußgängerquerungshilfe ist eine in der Mitte der Straße angelegte Mittelinsel.
  - Der Fußgänger kann sich nacheinander auf die jeweilige Fahrtrichtung der Fzg konzentrieren und, wenn nötig, eine Pause einlegen.
- Wer hinter einem Fußgänger, der die Fahrbahn überquert, vorbeifährt, muss diesen beobachten, falls er umkehrt.
- Fußgänger sind grundsätzlich gegenüber dem Fahrverkehr wartepflichtig.
- Sorgfaltspflichten gelten auch beim Überschreiten von Radwegen.
- Vor und während der Fahrbahnbenutzung ist der Fahrverkehr zu beachten, da der Fahrverkehr außer bei der Benutzung von Fußgängerüberwegen immer Vorrang hat.
- Fußgänger dürfen die Fahrbahn erst betreten, wenn sie sich davon überzeugt haben, dass sie keinen Fzg-Führer gefährden oder in der Weiterfahrt behindern. Der Fahrverkehr hat einen gewissen Vorrang vor dem Fußgänger, soweit nicht eine beson-

dere Vorschrift dem Fußgänger ein Vorrecht einräumt (z.B. § 9 Abs. 3 StVO).

- Fahrverkehr darf darauf vertrauen, dass Fußgänger die Fahrbahn nicht unachtsam betreten.
- Auf breiten Fahrbahnen, insbesondere im Stadtverkehr, ist es verkehrsgerecht, die Fahrbahn abschnittsweise zu überqueren.
- Ab der Mitte der Fahrbahn muss der Fußgänger nach rechts sehen.
- Bleibt ein Erwachsener mit Blickkontakt zum Fahrverkehr am Fahrbahnrand stehen, so darf der Fahrverkehr annehmen, dass der Fußgänger ihn vorbeifahren lässt.
- Auch nach Herstellung eines Blickkontaktes muss der Autofahrer damit rechnen, dass eine in der Fahrbahnmitte stehengebliebene 78-jährige Fußgängerin die Verkehrslage nicht richtig einschätzt.
- Zügig heißt, die Fahrbahn soll ohne überflüssigen Aufenthalt überquert werden.

2.27 § 26 Fußgängerüberwege

(1) An Fußgängerüberwegen haben Fzg mit Ausnahme von Schienen-Fzg den zu Fuß Gehenden sowie Fahrenden von Krankenfahrstühlen oder Rollstühlen, welche den Überweg erkennbar benutzen wollen, das Überqueren der Fahrbahn zu ermöglichen. Dann dürfen sie nur mit mäßiger Geschwindigkeit heranfahren; wenn nötig, müssen sie warten.

(2) Stockt der Verkehr, dürfen Fzg nicht auf den Überweg fahren, wenn sie auf ihm warten müssten.

(3) An Überwegen darf nicht überholt werden.

(4) Führt die Markierung über einen Radweg oder einen anderen Straßenteil, gelten diese Vorschriften entsprechend.

Hinweise:

- Vorschrift schützt nicht nur die zu Fuß Gehenden beim Überqueren der Fahrbahn, sondern auch die Ihnen gleichgestellten VT, wie
  - Rad fahrende Kinder bis zum vollendeten 10. Lebensjahr, die praktisch wie zu Fuß Gehende zu behandeln sind
  - zu Fuß Gehende, die ein Fahrrad schieben (nicht, wenn sie mit dem Fahrrad fahren)
  - Roll- oder Krankenfahrstuhlfahrer, auch wenn die Fzg motorisiert sind.
- Kein Vorrang, wenn der „Zebrastreifen" verwittert, zugeschneit oder durch einen neuen Fahrbahnbelag überdeckt ist. Im Zweifel ist der Fahrverkehr zur erhöhten Sorgfalt verpflichtet, weil das Gefahr- und Hinweiszeichen dazu mahnt, ohne Vorrang zu geben.
- Fahrverkehr ist nur wartepflichtig, wenn der Fußgänger den Überweg benutzt oder benutzen will.
- Jedoch muss der Kraftfahrer damit rechnen, dass Fußgänger die Fahrbahn einige Meter neben der Markierung überschreiten.
- Erkennbar benutzen bedeutet, dass eine Person zielstrebig auf den Überweg zugeht oder mit Blickrichtung zur Fahrbahn am Überweg steht und den Fahrverkehr beobachtet.
- Geschwindigkeit von 25 bis 30 km/h kann als mäßig angesehen werden.
- 40 bis 50 km/h sind zu schnell, da nicht mehr rechtzeitig angehalten werden kann und es auch für erwachsene Fußgänger schwierig ist einzuschätzen, ob der Fzg-Führer das Vorrecht des Fußgängers erkannt hat.
- Zusammengefasst heißt dies, dass derjenige, der ohne Gefahrbremsung anhalten kann, mit mäßiger Geschwindigkeit fährt.

2.28 § 30 Umweltschutz, Sonn- und Feiertagsfahrverbot

(1) Bei der Benutzung von Fzg sind unnötiger Lärm und vermeidbare Abgasbelästigungen verboten. Es ist insbesondere verboten, Fzg-Motoren unnötig laufen zu lassen und Fzg-Türen übermäßig laut zu schließen. Unnützes Hin- und Herfahren ist i.g.O. verboten, wenn Andere dadurch belästigt werden.

Hinweise:

- Unnötiger Lärm und Abgasbelästigungen sind abstraktes Belästigungsdelikt (müssen belästigen können) und Einzelfallentscheidung. Beachtet werden müssen Dauer und Intensität zur jeweiligen Tageszeit und Örtlichkeit.
- Grundsätzlich sehr zurückhaltende Anwendung.
- Unnötiger Lärm nur durch Fzg-typischen Lärm möglich, nicht durch Autoradio. Beachte aber § 1 Abs. 2 StVO.
- Wird nach der VwV zu (1) verursacht durch:
  - unnötiges Laufenlassen des Motors stehender Fzg,
  - Hochjagen des Motors im Leerlauf und beim Fahren in niedrigen Gängen,
  - unnötiges schnelles Beschleunigen des Fzg, namentlich beim Anfahren,
  - zu schnelles Fahren in Kurven,
  - unnötig lautes Zuschlagen von Wagentüren, Motorhauben und Kofferraumdeckeln.
- Unnützes Hin-/Herfahren ist konkretes Belästigungsdelikt.
  - Schränkt nur die störende Fahrweise ein, nicht Verkehrsfreiheit (Wahl der Fahrtstrecke, beliebiges Fahren von A nach B).
- Wahrnehmung der Polizei genügt, kein technischer Nachweis nötig.

(2) Veranstaltungen mit Kfz bedürfen der Erlaubnis, wenn sie die Nachtruhe stören können.

Hinweise:

- Nachtzeit zwischen 22.00 und 06.00 Uhr.
- Veranstaltungen mit wenig Kfz und solche, die weitab von menschlichen Behausungen stattfinden, vermögen die Nachtruhe nicht zu stören.

(3) An Sonntagen und Feiertagen dürfen in der Zeit von 0.00 bis 22.00 Uhr zur geschäftsmäßigen oder entgeltlichen Beförderung von Gütern einschließlich damit verbundener Leerfahrten Lkw mit einem zG über 7,5 t sowie Anh. hinter Lkw nicht geführt werden. Das Verbot gilt nicht für

1. *kombinierten Güterverkehr Schiene-Straße vom Versender bis zum nächstgelegenen geeigneten Verladebahnhof oder vom nächstgelegenen geeigneten Entladebahnhof bis zum Empfänger, jedoch nur bis zu einer Entfernung von 200 km,*

1a. *kombinierten Güterverkehr Hafen-Straße zwischen Belade- oder Entladestelle und einem innerhalb eines Umkreises von höchstens 150 Kilometern gelegenen Hafen (An- oder Abfuhr),*

2. *die Beförderung von*
   a) *frischer Milch und frischen Milcherzeugnissen,*
   b) *frischem Fleisch und frischen Fleischerzeugnissen,*
   c) *frischen Fischen, lebenden Fischen und frischen Fischerzeugnissen,*
   d) *leicht verderblichem Obst und Gemüse,*

3. *die Beförderung von Material [erkrankte, verendete oder getötete Tiere] der Kategorie 1 nach Artikel 8 und Material der Kategorie 2 nach Artikel 9 Buchstabe f Ziffer i der Verordnung (EG) Nr. 1069/2009 […]*

4. *den Einsatz von Bergungs-, Abschlepp- und Pannenhilfsfahrzeugen im Falle eines Unfalles oder eines sonstigen Notfalles,*

5. *den Transport von lebenden Bienen,*

6. *Leerfahrten, die im Zusammenhang mit Fahrten nach den Nr. 2 bis 5 stehen,*
7. *Fahrten mit Fzg, die nach dem Bundesleistungsgesetz herangezogen werden. Dabei ist der Leistungsbescheid mitzuführen und auf Verlangen zuständigen Personen zur Prüfung auszuhändigen.*

Hinweise:

- Sonntagsfahrverbot gilt nur für gewerbliche Fahrten. Privatfahrten, z.B. mit einem Wohnwagen, Pferde-Anh. zu Sportzwecken oder Anh. zu Umzugszecken sind erlaubt.
- Welche Kfz sind vom Fahrverbot betroffen.
  - Lkw ohne Ladung, aber mit zG über 7,5 t.
  - Sattel-Kfz (Sattelzugmaschinen mit Sattel-Anh.; früher Sattelauflieger genannt) über 7,5 t zG.
  - Zugmaschinen mit Hilfsladefläche, deren Nutzlast mehr als das 0,4-fache der zG beträgt.
  - Lkw unter 7,5 t zG, die Anh. mitführen.
- Welche Kfz sind nicht vom Fahrverbot betroffen
  - Lkw bis 7,5 t zG ohne Anh.
  - Die Sattelzugmaschine ohne Anh. darf gefahren werden.
  - Zugmaschinen mit Hilfsladefläche, deren Nutzlast nicht mehr als das 0,4-Fache des zulässigen Gesamtgewichts beträgt.
  - Zugmaschinen z.B. für die Landwirtschaft.
  - Selbstfahrende Arbeitsmaschinen, wie Mähdrescher oder Bagger.
  - Kfz, bei denen die beförderten Gegenstände zum Inventar gehören (Ausstellungs-, Filmfahrzeuge)
  - Fzg der Bundeswehr, Bundespolizei, Feuerwehr, Katastrophenschutz, Polizei und Zolldienst sind befreit, wenn Sonderrechte nach § 35 StVO in Anspruch genommen werden. Gilt auch für Fzg des Straßendienstes von öffentlichen Verwaltungen entsprechend.

- Ausnahmen (Satz 2, Nr. 1 bis 7)
  - Damit keine Ausnahmegenehmigung notwendig.
  - Nr. 1 und 1a: Kombinierter Güterverkehr Schiene-Straße, Hafen-Straße – die Entfernungsangaben (200 km bzw. 150 km) beziehen sich auf Straßenkilometer, nicht Luftlinie.
  - Nr. 2: Beförderung bestimmter Lebensmittel.
  - Nr. 3: Transport von erkrankten, verendeten oder getöteten Tieren bzw. die Sammlung und Beförderung bestimmter tierischer Nebenprodukte aus seuchenhygienischen Gründen. Darunter fällt nicht der Transport von Gülle (Gesetzesbegründung).
  - Nr. 4: Räumung von Unfallstellen und Beseitigung von Pannenfahrzeugen, die den Verkehrsfluss behindern, durch Abschleppfahrzeuge. Nicht ausgenommen sind Fahrten mit wirtschaftlichem Interesse, z.B. (Sammel-)Transport von Neu- und Gebrauchtfahrzeugen.
  - Nr. 7: Bundesleistungsgesetz kommt zur Anwendung, wenn Private bei Manövern oder Kriegshandlungen (z.B. durch die Bundeswehr) in die Pflicht genommen werden.
- Beachte auch Ferienreiseverordnung.
- Lkw mit einer zG über 7,5 Tonnen sowie Lkw mit Anh. dürfen zur geschäftsmäßigen oder entgeltlichen Beförderung von Gütern einschließlich damit verbundener Leerfahrten auf den in Abs. 2 genannten Autobahnen und den in Abs. 3 genannten Bundesstraßen an allen Samstagen vom 1. Juli bis einschließlich 31. August eines Jahres jeweils in der Zeit von 7.00 Uhr bis 20.00 Uhr nicht geführt werden.

(4) Feiertage im Sinne des Absatzes 3 (siehe Gesetz).

2.29 § 32 Verkehrshindernisse

(1) Es ist verboten, die Straße zu beschmutzen oder zu benetzen oder Gegenstände auf Straßen zu bringen oder dort liegen zu lassen, wenn dadurch der Verkehr gefährdet oder erschwert werden kann.

Wer für solche verkehrswidrigen Zustände verantwortlich ist, hat diese unverzüglich zu beseitigen und diese bis dahin ausreichend kenntlich zu machen. Verkehrshindernisse sind, wenn nötig (§ 17 Abs. 1), mit eigener Lichtquelle zu beleuchten oder durch andere zugelassene lichttechnische Einrichtungen kenntlich zu machen.

(2) Sensen, Mähmesser oder ähnlich gefährliche Geräte sind wirksam zu verkleiden.

Hinweise:

- Abstraktes Gefährdungsdelikt
  - Es ist möglich, dass ein Schaden eintritt (nicht ganz unwahrscheinlich)
  - Erschweren heißt, dass mit einer erheblichen Behinderung zu rechnen ist, z.B. starke Bremsung
- Zur Straße gehören
  - Fahrbahn
  - Seitenstreifen
  - Luftraum (z.B. Spannen einer Wäscheleine über Straße, beachte 315b StGB)
  - Sonderwege (Radweg o.Ä.)
- Beschmutzen kann passieren
  - in Baustellenausfahrten, erhebliche Mengen Erde werden verloren
- Benetzen kann sein durch
  - Ölspur
  - tropfende Ladung bei Minusgraden (Glättebildung)
- Gegenstände auf die Straße bringen
  - damit sind ausschließlich verkehrsfremde Dinge gemeint
  - Container, Baumaschinen, verkehrsfremdes Abstellen von Kfz (abgemeldetes Fzg)
  - Mülltonne auf die Fahrbahn stellen (über gesteigerten Gemeingebrauch hinaus)

- Gegenstände liegen lassen z.B.
  - verlorene Ladung
  - Wild nach VU
  - Glassplitter nach VU
- verkehrswidrige Umstände nicht beseitigen
  - Ölspur beseitigen/abstreuen
- Keine Verkehrshindernisse:
  - Parkende/haltende Fzg
  - Liegengebliebene Fzg (aber Sicherungspflicht § 15 StVO)
- Die gleichzeitige Anwendung von landesrechtlichen Vorschriften wie (z.B. das Straßengesetz Baden-Württemberg) ist möglich.

2.30 § 33 Verkehrsbeeinträchtigungen

(1) Verboten ist

1. *der Betrieb von Lautsprechern,*
2. *das Anbieten von Waren und Leistungen aller Art auf der Straße,*
3. *a.g.O. jede Werbung und Propaganda durch Bild, Schrift, Licht oder Ton,*

wenn dadurch am Verkehr Teilnehmende in einer den Verkehr gefährdenden oder erschwerenden Weise abgelenkt oder belästigt werden können. Auch durch innerörtliche Werbung und Propaganda darf der Verkehr a.g.O. nicht in solcher Weise gestört werden.

Hinweise:

- Abstrakte Gefährdung bzw. Erschwerung ausreichend
- Lautsprecherbetrieb – 1. Alternative
  - Es sind nur elektrische Schallverstärker gemeint.
  - VwV StVO zu § 33: „Lautsprecher erschweren immer den Verkehr“.

- Schützt ausschließlich andere VT, nicht jedoch sonstige Personen (siehe § 117 OWiG „Unzulässiger Lärm“).
- Ursache kann auch außerhalb gesetzt werden und in den öVR hineinwirken (laute Musik aus Wohnhaus).
- Es genügt die Aussage des Beamten, technische Aufzeichnung ist nicht nötig.

▸ Anbieten von Waren/Leistungen – 2. Alternative

- Anbieten ist jede Kundgabe der Bereitschaft zur Warenlieferung oder Leistungserbringung.
- Es kann der Fahr- und Fußgängerverkehr beeinträchtigt werden.
- Auch neben der Straße möglich, wenn es wesentlich in den öVR hineinwirkt.
- Blumenstand auf Parkplatz neben Bundesstraße verursacht Fahrzeugschlange bis auf die Fahrbahn.

▸ Werbung a.g.O. – 3. Alternative

- Jede Art von Werbung, die durch visuelle oder akustische Reize auf den VT einwirkt (Laser/Discokugel einer Disco)
- Werbung auf Verkehrsmitteln zulässig (solange Verkehrszweck des Fzg im Vordergrund steht)

(2) Einrichtungen, die Zeichen oder Verkehrseinrichtungen (§§ 36 bis 43 in Verbindung mit den Anlagen 1 bis 4) gleichen, mit ihnen verwechselt werden können oder deren Wirkung beeinträchtigen können, dürfen dort nicht angebracht oder sonst verwendet werden, wo sie sich auf den Verkehr auswirken können. Werbung und Propaganda in Verbindung mit Verkehrszeichen und Verkehrseinrichtungen sind unzulässig.

2.31 § 35 Sonderrechte

(1) Von den Vorschriften dieser VO sind die Bundeswehr, die Bundespolizei, die Feuerwehr, der Katastrophenschutz, die Polizei und

der Zolldienst befreit, soweit das zur Erfüllung hoheitlicher Aufgaben dringend geboten ist.

Hinweise:

- § 35 StVO befreit von den StVO-Pflichten, ändert aber nicht die sonstigen Verkehrsregeln, wie z.B. die Pflichten des Überholenden oder die Vorfahrtregelung.
- Sonderrechte gelten personenbezogen, d.h. sie stehen den Beschäftigten auch dann zu, wenn sie sich nicht im Dienst befinden. Somit können die Sonderrechte auch von Polizeibeamten in Zivilkleidung mit dem Fahrrad oder in ihrem Privatfahrzeug wahrgenommen werden.
- § 35 StVO befreit von den StVO-Pflichten, ändert aber nicht die sonstigen Verkehrsregeln, wie z.B. die Pflichten des Überholenden oder die Vorfahrtregelung. Die Vorschrift beinhaltet nur die Berechtigung, die allgemeinen Verkehrsregeln, wie Geschwindigkeit oder Rechtsfahrgebot unter Beachtung größtmöglicher Sorgfalt zu missachten.
- Sonderrecht nach § 35 StVO gilt auch dann, wenn kein Blaulicht und Martinshorn eingeschaltet sind. Jedoch sollte man beachten, dass für die anderen VT nicht erkennbar ist, dass sich die Streifenwagenbesatzung auf Einsatzfahrt befindet.
- Unter hoheitlichen Aufgaben sind alle von der Staatsgewalt abgeleiteten Aufgaben zu verstehen, die der Polizei z.B. durch die §§ 1 und 2 PolG BW zugewiesen sind. Tätigkeiten im Rahmen der Amtshilfe fallen ebenso unter die hoheitlichen Aufgaben.

  Beispiele:
  - Gefahrenabwehr
  - Störungsbeseitigung
  - Verfolgung von Straftaten
  - Verfolgung von Ordnungswidrigkeiten
  - Verkehrsüberwachung
  - Unfallaufnahme

- Verkehrskontrollen
- Verfolgungsfahrt

- Die im täglichen Dienst durchzuführende Streifenfahrt ist bereits eine hoheitliche Aufgabe i.S.d. § 35 StVO, ebenso wie Manöver der Bundeswehr oder Übungen z.B. der Bereitschaftspolizei.
- Dringend geboten ist das Abweichen von den Verkehrsvorschriften, wenn deren Beachtung der Erfüllung der hoheitlichen Aufgabe (Diensterfüllung) hindernd im Wege stünde.
- Dies ist dann der Fall, wenn ohne Sonderrecht eine hoheitliche Aufgabe nicht, nicht ordnungsgemäß oder zeitgerecht erfüllt werden könnte.
- Fragen der Aufschiebbarkeit (Verfolgung) der Dienstaufgabe sind gegen die Folgen bei etwaiger Nichtbeachtung einer Verkehrsregel in der jeweiligen Situation abzuwägen.
- Abwägung, ob Sonderrechte in Anspruch genommen werden, obliegt dem jeweiligen Polizeibeamten.
- Hierbei hat der Polizeibeamte einen gewissen Spielraum.

Beispiele:
- Während der Unfallaufnahme wird der Streifenwagen teilweise auf dem Gehweg geparkt, um den fließenden Verkehr nicht zu behindern und die zur Unfallaufnahme notwendigen Utensilien aus dem Streifenwagen zur Verfügung zu haben.
- Während einer Geschwindigkeitsüberwachung wird der Streifenwagen auf einer Sperrfläche abgestellt, um das Lasergerät sicher und ordnungsgemäß einsetzen zu können. Der fließende Verkehr wird nicht behindert oder gefährdet.
- Während eines Faschingsumzugs, wird der Streifenwagen quer zur Straße geparkt, um diese zu sperren.

- In allen drei Fällen werden Ordnungswidrigkeiten (Parkverstöße) begangen, die jedoch über § 35 StVO gerechtfertigt sind, da eine hoheitliche Aufgabe vorliegt und bei Beachtung der StVO die Diensthandlungen erschwert würden.

- Bislang wurde folgendermaßen entschieden:
  - Gefährdung anderer ist auch dann zu vermeiden, wenn man zur Rettung von Menschenleben unterwegs ist.
  - Bei Farbzeichen „Rot“ darf in den Kreuzungsbereich eingefahren werden, wenn nach den Umständen angenommen werden kann, dass alle anderen VT die Sondersignale wahrgenommen haben. Kann der Sonderrechtsfahrer dies nicht ausschließen, darf nur mit Schrittgeschwindigkeit in die Kreuzung eingefahren werden.
  - Man darf nicht darauf vertrauen, dass VT aus einer stark befahrenen Querstraße die Sondersignale vernommen haben.
  - Bei einem Zusammenstoß auf einer ampelgeregelten Kreuzung ist die Haftung 50:50, aber nur dann, wenn der Sonderrechtsfahrer die Warnsignale (Blaulicht und Martinshorn) eingeschaltet und seine Geschwindigkeit auf ca. 30 km/h reduziert hatte.
  - Bei einer Geschwindigkeit von über 30 km/h liegt die Haftung fast allein beim Sonderrechtsfahrer.
  - Bei Farbzeichen „Rot“ und schlechter Übersicht darf nur mit Schrittgeschwindigkeit in den Kreuzungsbereich eingefahren werden.
  - Den Vorfahrtsberechtigten trifft keine Schuld, wenn es ihm nicht möglich war die Sondersignale wahrzunehmen.
  - Es ist nicht gerechtfertigt Sondersignale einzusetzen, um einen Zeugen unter Gefährdung anderer rechtzeitig zum Gericht zu bringen, einen Sportler ins Funkhaus zu fahren oder einen Politiker zum Flugplatz zu bringen.
- Wer als Sonderrechtsfahrer unterwegs ist und andere gefährdet oder schädigt, verstößt gegen § 35 Abs. 8 StVO, da die Sonderrechte nicht unter Rücksicht auf die öffentliche Sicherheit und Ordnung ausgeübt wurden.
- Wer die Sondersignale ungerechtfertigt in Anspruch nimmt und OWi begeht, verstößt gegen die spezielle Vorschrift der StVO, z.B. Rotlicht – oder Geschwindigkeitsverstoß.

- Ist die Aufgabenerfüllung nicht mehr dringend geboten, stehen keine Sonderrechte mehr zu.

(9) Wer ohne Beifahrer ein Einsatzfahrzeug der Behörden und Organisationen mit Sicherheitsaufgaben (BOS) führt und zur Nutzung des BOS-Funks berechtigt ist, darf unbeschadet der Absätze 1 und 5a abweichend von § 23 Abs. 1a ein Funkgerät oder das Handteil eines Funkgerätes aufnehmen und halten.

Hinweise:

- Neue Ausnahme für BOS-Fahrzeuge, die nicht in Abs. 1 genannt sind (z.B. Rettungsdienst). Mit der Änderung des § 23 Abs. 1a werden nunmehr auch Funkgeräte erfasst, die nicht aufgenommen oder gehalten werden dürfen.
- Um die Funktionsweise der in § 35 Abs. 1 Satz 1 und Abs. 5a Satz 1 genannten Institutionen nicht zu beeinträchtigen, wird für diese als Ausnahme die Benutzung von Funkgeräten ausdrücklich auch dann erlaubt, wenn diese aufgenommen oder gehalten werden.
- Dies gilt jedoch nur, solange sich das Fzg ohne Beifahrer im Verkehr befindet, da ansonsten zumutbar ist, dass der Beifahrer den Funkkontakt übernimmt.
- Durch die ausdrückliche Aufnahme der Funkgeräte gilt diese Ausnahme auch dann, wenn die engen Voraussetzungen der in § 35 Abs. 1 und 5a genannten Sonderrechte nicht erfüllt sind. Dies soll einen ordnungsgemäßen Betriebsablauf der genannten Institutionen gewährleisten.

2.32 § 37 Wechsellichtzeichen, Dauerlichtzeichen und Grünpfeil

(2) Nr. 1 […] Nach dem Anhalten ist das Abbiegen nach rechts auch bei Rot erlaubt, wenn rechts neben dem Lichtzeichen Rot ein Schild mit grünem Pfeil auf schwarzem Grund (Grünpfeil) ange-

bracht ist. Wer ein Fahrzeug führt, darf nur aus dem rechten Fahrstreifen abbiegen. Dabei muss man sich so verhalten, dass eine Behinderung oder Gefährdung anderer VT, insbesondere des Fußgänger- und Fahrzeugverkehrs der freigegebenen Verkehrsrichtung, ausgeschlossen ist.

Hinweise:

- Anhalten orientiert sich am Halten am aufgestellten Stopp-Schild.
- An der Haltelinie muss immer gehalten werden, besonders wenn Fußgängerfurt vorhanden ist.
- Kann der Verkehr der freigegebenen (Quer-) Richtung nicht schon an der Haltelinie übersehen werden, muss zwei Mal angehalten werden.
- Ist keine Haltelinie vorhanden, muss an der Sichtlinie gehalten werden.

2.33 § 38 Blaues und gelbes Blinklicht

(1) Blaues Blinklicht zusammen mit dem Einsatzhorn darf nur verwendet werden, wenn höchste Eile geboten ist, um Menschenleben zu retten oder schwere gesundheitliche Schäden abzuwenden, eine Gefahr für die öffentliche Sicherheit oder Ordnung abzuwenden, flüchtige Personen zu verfolgen oder bedeutende Sachwerte zu erhalten.

Es ordnet an:

„Alle übrigen VT haben sofort freie Bahn zu schaffen“.

Hinweise:

- „Höchste Eile geboten“ bedeutet, dass die konkrete Situation begründeten Anlass zu der Befürchtung gibt, ohne diese Eile werde ein Schaden für das genannte Rechtsgut eintreten oder vergrößert.
- Nur beide Warneinrichtungen zusammen schaffen das Vorrecht, um schneller vorwärtszukommen.

- Das blaue Blinklicht allein genügt nicht, warnt aber andere VT trotzdem zur Vorsicht.
- Trotz beider Sondersignale muss der Fahrer eine gewisse Rücksicht an den Tag legen – siehe auch § 35 StVO.
- Es besteht die Verpflichtung, je nach Verkehrslage
  - beiseitezufahren
  - scharf rechts und langsam zu fahren
  - rechts heranzufahren
  - auf den Gehweg zu fahren oder
  - anzuhalten,
  - trotz Farbzeichen „rot“ in den Kreuzungsbereich zu fahren, sodass die Wegerechtsfahrzeuge möglichst ungehindert weiterfahren können.
- Auch Fußgänger sind VT und müssen freie Bahn schaffen.
- Durch das „freie Bahn schaffen“ dürfen andere nicht geschädigt werden.
- Wer zunächst nicht ausmachen kann, woher das Wegerechtsfahrzeug kommt, darf an Ort und Stelle anhalten, um sich zu orientieren.

(2) Blaues Blinklicht allein darf nur von den damit ausgerüsteten Fzg und nur zur Warnung an Unfall- oder sonstigen Einsatzstellen, bei Einsatzfahrten oder bei der Begleitung von Fzg oder von geschlossenen Verbänden verwendet werden.

(3) Gelbes Blinklicht warnt vor Gefahren. Es kann ortsfest oder von Fzg aus verwendet werden. Die Verwendung von Fzg aus ist nur zulässig, um vor Arbeits- oder Unfallstellen, vor ungewöhnlich langsam fahrenden Fzg oder vor Fzg mit ungewöhnlicher Breite oder Länge oder mit ungewöhnlich breiter oder langer Ladung zu warnen.

3. Straßenverkehrs-Zulassungs-Ordnung

3.1 § 16 Grundregel der Zulassung

(1) Zum Verkehr auf öffentlichen Straßen sind alle Fzg zugelassen, die den Vorschriften dieser Verordnung und der StVO entsprechen, soweit nicht für die Zulassung einzelner Fzg-Arten ein Erlaubnisverfahren vorgeschrieben ist.

(2) Schiebe- und Greifreifenrollstühle, Rodelschlitten, Kinderwagen, Roller, Kinderfahrräder und ähnliche nicht motorbetriebene oder mit einem Hilfsantrieb ausgerüstete ähnliche Fortbewegungsmittel mit einer bbH von nicht mehr als 6 km/h sind nicht Fzg im Sinne dieser VO.

Hinweise:

- Nicht motorbetriebene Fzg wie z.B. ein Rollator oder Greifreifenrollstuhl dürfen mit einem Hilfsantrieb ausgerüstet sein, da ältere und/oder gebrechliche Menschen die Fzg nicht mehr mit Muskelkraft bewegen können.
- Fzg müssen vorschriftsmäßig sein.
- Für Kfz mit einer bbH von mehr als 6 km/h besteht eine Zulassungspflicht (§ 3 FZV).
- Für die in Abs. 2 genannten Fzg ist die StVZO nicht anwendbar.
- Alle Kfz und Anh. unterliegen der Zulassungspflicht. Ausnahmen siehe § 3 Abs. 2 FZV.
- Recht der allgemeinen Verkehrsfreiheit steht „jedem" zu, d.h.: Inländer, Ausländer, Kinder und Erwachsene dürfen öffentliche Verkehrsflächen zu Verkehrsvorgängen, wie Gehen, Fahren, Reiten, Halten und Parken, nutzen.
- Jedermann, der eine öffentliche Straße zu einem Verkehrsvorgang nutzt, ist je nach seinem Verhalten aktiver oder passiver VT.

- Aktiver VT ist, wer sich verkehrserheblich verhält, d.h. körperlich und unmittelbar, aktiv oder durch pflichtwidriges Unterlassen, auf den Ablauf eines Verkehrsvorganges einwirkt, wobei es weder auf den Benutzungszweck noch auf den Benutzungswillen, u.U. nicht einmal auf die Anwesenheit im öffentlichen Verkehrsraum ankommt.
- Passiver VT ist, wer sich zwar im öffentlichen Verkehrsraum aufhält, aber das Verkehrsgeschehen nicht beeinflusst, wie der Fahrgast in einer Straßenbahn oder der untätige Insasse eines Kfz.

Beispiel:
Beifahrer im Pkw ist zunächst passiver VT, wird jedoch zum aktiven VT, wenn er aus dem Fzg aussteigt (§ 14 StVO). Dann verhält er sich verkehrserheblich und hat die Vorschriften der StVO zu beachten.

- Aktiver VT ist
  - der Landwirt, der seine Kühe auf die Straße vorauslaufen lässt und sich selbst noch auf der Weide befindet,
  - derjenige, der seinen Pkw parkt, unerheblich, ob er sich beim Fzg befindet oder dieses verlassen hat,
  - der Sozius auf einem Kraftrad, da sich seine Gewichtsverlagerung auf die Fahrweise des Fahrers auswirken kann und
  - natürlich auch jeder Fußgänger oder Autofahrer.
  - Auch der auf dem Beifahrersitz mitfahrende Halter des Fzg wird zum VT, wenn der Fahrer das Fzg verbotswidrig parkt und die Autoschlüssel dem Halter übergibt. Der Halter ist verpflichtet, die verbotene Abstellung des Fzg zu beseitigen.

3.2 § 17 Einschränkung und Entziehung der Zulassung

(1) Erweist sich ein Fzg, das nicht in den Anwendungsbereich der FZV fällt, als nicht vorschriftsmäßig, so kann die Verwaltungsbehörde dem Eigentümer oder Halter eine angemessene Frist zur Behebung der Mängel setzen und nötigenfalls den Betrieb des Fzg im

öffentlichen Verkehr untersagen oder beschränken; der Betroffene hat das Verbot oder die Beschränkung zu beachten.

Hinweise:

- Der § 17 ist nur auf Fzg anwendbar, die nicht unter die FZV fallen.
- Dies sind
  - Kfz unter 6 km/h bbH,
  - nicht motorisierte Fzg wie Fahrräder oder Kutschen,
  - Pedelecs.

(2) weggefallen

(3) Besteht Anlass zur Annahme, dass das Fzg den Vorschriften dieser VO nicht entspricht, so kann die Verwaltungsbehörde zur Vorbereitung einer Entscheidung nach Abs. 1 je nach den Umständen

1. *die Beibringung eines Sachverständigengutachtens darüber, ob das Fzg den Vorschriften dieser Verordnung entspricht, oder*
2. *die Vorführung des Fzg*

anordnen und wenn nötig mehrere solcher Anordnungen treffen.

3.3 § 19 Erteilung und Wirksamkeit der Betriebserlaubnis

(1) Die BE ist zu erteilen, wenn das Fzg den Vorschriften dieser Verordnung, den zu ihrer Ausführung erlassenen Anweisungen […] entspricht. Die BE ist ferner zu erteilen, wenn das Fzg anstelle der Vorschriften dieser VO die Einzelrichtlinien in ihrer jeweils geltenden Fassung erfüllt, die [im Anhang diverser EU-Richtlinien] in seiner jeweils geltenden Fassung genannt sind.

(2) Die BE des Fzg bleibt, wenn sie nicht ausdrücklich entzogen wird, bis zu seiner endgültigen Außerbetriebsetzung wirksam. Sie erlischt, wenn Änderungen vorgenommen werden, durch die

1. *die in der BE genehmigte Fzg-Art geändert wird,*

2. eine Gefährdung von VT zu erwarten ist oder

3. das Abgas- oder Geräuschverhalten verschlechtert wird.

Hinweise:

- BE ist die Anerkennung der Vorschriftsmäßigkeit eines Fzg durch einen amtlich anerkannten Sachverständigen für den Kfz-Verkehr.
- Änderungen, durch die die BE des Fzg erlöschen kann, setzen ein willentliches, auf Änderung gerichtetes Tun voraus.
- Änderung des Fzg-Zustandes durch Verschleiß, Defekt oder Unfallbeschädigung und deren Reparatur sind keine Änderungen in diesem Sinne.
- Änderungen, durch die eine Gefährdung zu erwarten ist, liegen vor, wenn die ein- oder angebauten Teile oder die geänderten Merkmale des Fzg von besonderer Bedeutung für die Verkehrssicherheit sind.
- Gefährdung tritt ein, wenn für die Verkehrssicherheit wesentliche Eigenschaften und Merkmale wie z.B. Fahrverhalten, Lenkverhalten, Bremsverhalten, sichere Bedienbarkeit, Insassenschutz, Brandverhalten und Feuerschutz tatsächlich und direkt beeinflusst werden und dadurch das Niveau der unvermeidbaren Gefährdung überschritten wird.
- Häufigste Möglichkeit, eine BE zum Erlöschen zu bringen, ist der An- oder Einbau von Teilen.

Beispiele:

- Fzg wird tiefergelegt, sodass die Reifen an der Karosserie schleifen.
- Es werden Reifen aufgezogen, die nicht dem Geschwindigkeits- oder Tragfähigkeitsindex entsprechen, also die vorgegebenen Mindestvoraussetzungen nicht einhalten.
- Zu große Reifen werden montiert, die wiederum am Radkasten streifen/berühren.
- Wird ein Reifen aufgezogen, der lediglich breiter ist als der in der ZB eingetragene, führt dies allein nicht zum Erlöschen der BE, wenn er

nicht am Radkasten streift. Der Reifen entspricht jetzt nicht den Maßen nach § 36 Abs. 1 StVZO.
- Sonderlenkräder, Überrollbügel oder Distanzscheiben werden eingebaut.
- Ein leistungssteigernder Chip (Chip-Tuning) wird in einen Pkw-Motor eingebaut.
- Eine nicht für den Fzg-Typ zugelassene Schalldämpferanlage wird eingebaut.
- Teile werden aus der Schalldämpferanlage entfernt, sodass sich der Schallpegel erhöht oder das Abgasverhalten verschlechtert.

▸ Gefährdungserwartung kann dabei sowohl durch den unsachgemäßen Anbau eines an sich ungefährlichen Teils begründet sein als auch durch den Betrieb eines sachgerecht angebauten, aber gefährlichen Teils.

Beispiele Reifen:
Maße **195/65 R 15 85 H** bedeutet:
- **195** mm beträgt die Breite des Reifens
- **65** gibt das prozentuale Verhältnis von Flankenhöhe zu Reifenbreite an; in unserem Beispiel beträgt die Flankenhöhe 126 mm
- **R** kennzeichnet die radiale Bauweise der Reifenkarkasse
- **15** gibt den notwendigen Felgendurchmesser für diesen Reifen in Zoll an
- **85** ist der Tragfähigkeitsindex, in diesem Beispiel 515 kg
- **H** ist der Geschwindigkeitsindex (siehe unten) und gibt die max. erlaubte Geschwindigkeit an, in diesem Beispiel 210 km/h.

Tragfähigkeitsindex

Index	80	81	82	83	84	85	86	87	88	89	90
kg	450	462	475	487	500	515	530	545	560	580	600

Geschwindigkeitsindex

Index	Q	R	S	T	U	H	V	ZR	W	(W)	Y
kg	160	170	180	190	200	210	240	>240	270	>270	300

- BE erlischt auf jeden Fall, wenn Reifen mit niedrigerer Geschwindigkeits- oder Tragfähigkeitskennung verwendet werden. Diese Reifen können den auf der Fahrt auftretenden Belastungen nicht dauerhaft standhalten.
- Wer 225er- anstatt der erlaubten 185er-Reifen aufzieht, die bei starkem Lenkeinschlag den Radkasten fast berühren, erfüllt die Gefährdungsvariante, da bei Berührung des Reifens mit dem Radkasten ein kontrolliertes Fahren nicht mehr möglich ist.
- Wird anstelle eines 185 mm breiten Reifens ein 195 mm breiter Reifen bei sonst gleicher Bauart und Größe verwendet, wird die BE des Fzg gem. § 19 Abs. 2 StVZO nicht erlöschen. Gefährdungserwartung hier schwerlich zu begründen, da Reifen mit dem Radkasten nicht in Berührung kommen kann.
  Fzg ist trotzdem unvorschriftsmäßig im Sinne des § 36 Abs. 1 StVZO, weil das Maß 195 mm nicht den Betriebsbedingungen entspricht. Dies wurde nämlich im Betriebserlaubnisverfahren auf 185 mm festgelegt.
- Beispiele sind nicht abschließend; immer Einzelfallprüfung.

- Verstöße werden nicht mehr über die §§ 30 und 31 StVZO geahndet werden, sondern nach § 19 Abs. 5 StVZO.
- Anzeige erfolgt nach §§ 19 Abs. 5, 69a StVZO i.V.m. § 24 StVG, da das Fzg (zulassungspflichtige und zulassungsfreie Fzg) in Betrieb genommen wurde, obwohl die BE erloschen war oder die Verkehrssicherheit bzw. die Umwelt dadurch wesentlich beeinträchtigt wurde.
  - Anzeige nach § 19 Abs. 5 StVZO (Gefährdungsvariante) kann jedoch nur erfolgen, wenn die Verkehrssicherheit wesentlich beeinträchtigt ist.
  - Gefährdung ist eine durch Tatsachen begründete Wahrscheinlichkeit, dass ein Schaden entstehen kann. Eine Gefährdung anderer VT muss etwas konkreter zu erwarten sein; die bloße Möglichkeit der Gefährdung reicht nicht aus (amtliche Begründung).
  - Halterverstoß wird nicht wie gewohnt, über § 31 StVZO, sondern nur nach § 19 Abs. 5 StVZO geahndet.

- Ist durch die Veränderung keine Beeinträchtigung nach § 19 Abs. 2 begründbar, ist zu prüfen, ob ein anderer Verstoß nach der StVZO vorliegt.
  - Wenn die Radabdeckung bei einem Kraftrad entfernt wird, liegt eine OWi nach § 36a StVZO vor.
  - Ist der Schalldämpfer eines Pkw durchgerostet, was auf Verschleiß zurückzuführen ist, liegt kein Erlöschen der BE vor, jedoch eine OWi nach § 49 StVZO.
- Um eine Schallpegelmessung durchzuführen, muss der Fahrer einen Umweg von bis zu 6 km in Kauf nehmen (§ 49 Abs. 4 StVZO).
- Für den Polizeibeamten vor Ort stellt sich die Frage nach den notwendigen Maßnahmen, wenn er ein Fzg kontrolliert, an dem Veränderungen vorgenommen wurden und dadurch die Verkehrssicherheit beeinträchtigt wird.
- Maßnahmen richten sich nach § 5 FZV als Spezialvorschrift.

3.4 § 30 Beschaffenheit der Fahrzeuge

(1) Fzg müssen so gebaut und ausgerüstet sein, dass

1. *ihr verkehrsüblicher Betrieb niemanden schädigt oder mehr als unvermeidbar gefährdet, behindert oder belästigt,*
2. *die Insassen insbesondere bei Unfällen vor Verletzungen möglichst geschützt sind und das Ausmaß und die Folgen von Verletzungen möglichst gering bleiben.*

Hinweise:

- § 30 ist eine Grundregel für die Beschaffenheit von Fzg aller Art, nicht nur für inländische sondern auch für ausländische Kfz, Fahrräder und Anh.
- Wenn die Bau- und Ausrüstungsvorschriften im Sinne der Spezialparagrafen der StVZO nicht anwendbar sind, die Fzg aber

Mängel aufweisen, so muss der § 30 StVZO als Auffangtatbestand herangezogen werden.

- Vorschrift beinhaltet einen abstrakten Tatbestand, d.h. ein Verstoß setzt keine konkrete Schädigung, Gefährdung, Behinderung oder Belästigung voraus.
- Tatbestand gilt als erfüllt, wenn das Fzg im öffentlichen Verkehr in Betrieb gesetzt wird und es zu einer der aufgeführten Folgen kommen könnte.
- Tritt ein Erfolg ein, kann Tateinheit mit § 1 Abs. 2 StVO gegeben sein. Ist eine Spezialnorm der StVZO zutreffend, geht diese dem § 30 StVZO vor.
- Nachfolgende Beispiele werden über § 30 StVZO geahndet, da es keine spezielle Vorschrift in der StVZO gibt:
  - Nicht ordnungsgemäß befestigte Stoßstange (z.B. mit Kabelbindern)
  - Gestauchte Vordergabel bei einspurigen Fzg
  - Fehlende Radmuttern
  - Angebrochene bzw. durchgerostete Rahmenteile
  - Lose hängende Kotflügel oder
  - Kotflügel mit Panzerband an der Karosserie befestigt, also geklebt
  - Verzogener Fzg-Rahmen
  - Pkw mit Mischbereifung (Sommer- und Winterreifen auf einer Achse)
  - Nachschneiden von Reifen, sodass der Unterbau (Karkasse) beschädigt ist
  - Risse in der Reifenflanke
  - Durch Hagel stark beschädigte Frontscheibe
  - Bremsflüssigkeit tritt aus
  - Durchgerostete Spurstangen
  - Handbremse erreicht erst bei vollständigem Anziehen die erforderliche Bremswirkung
  - Motordefekt erlaubt nur eine Geschwindigkeit von 8–10 km/h

- Bei den o.g. Beispielen ist auch immer zu prüfen, ob die Weiterfahrt untersagt werden muss (§ 5 FZV). Originär zuständig ist die Zulassungsbehörde des Wohnorts. Für die Polizei ist i.d.R. nur der Mängelbericht vorgesehen. Eigene Maßnahmen trifft die Polizei bei unmittelbarer Gefährdung nur vorläufig und wirkt auf sofortige, telefonische Entscheidung der Zul.-Behörde hin.
- § 30 Abs. 1 StVZO wendet sich grundsätzlich an den Fzg-Hersteller, aber natürlich auch an den Halter des Fzg (§ 31 Abs. 2 StVZO), der die Inbetriebnahme nicht anordnen oder zulassen darf, wenn ihm bekannt ist oder bekannt sein muss, dass sein Fzg nicht vorschriftsmäßig ist.
- Ahndung:
  1. Es gibt eine spezielle Bestimmung: Die Schalldämpferanlage ist durchgerostet.
     1.1 Ahndung Fahrer gleich Halter nach § 49 StVZO;
     1.2 Ahndung Fahrer nicht gleich Halter, Fahrer nach § 49 StVZO, Halter nach § 31 StVZO.
  2. Es gibt keine spezielle Bestimmung: Rahmenteile sind durchgerostet.
     2.1 Ahndung Fahrer gleich Halter nach § 30 StVZO;
     2.2 Ahndung Fahrer nicht gleich Halter – Fahrer nach § 30 StVZO, Halter nach § 31 StVZO.
- § 23 StVO kommt hier nicht zur Anwendung, da § 30 StVZO als Spezialvorschrift vorrangig ist.

(2) Fzg müssen in straßenschonender Bauweise hergestellt sein und in dieser erhalten werden.

(3) Für die Verkehrs- oder Betriebssicherheit wichtige Fzg-Teile, die besonders leicht abgenutzt oder beschädigt werden können, müssen einfach zu überprüfen und leicht auswechselbar sein.

3.5 § 31 Verantwortung für den Betrieb der Fahrzeuge

(1) Wer ein Fzg oder einen Zug miteinander verbundener Fzg führt, muss zur selbständigen Leitung geeignet sein.

Hinweise:

- Zur selbstständigen Leitung geeignet ist ein Fzg-Führer, wenn er die durch den Verkehr an ihn gestellten Anforderungen sicher erfüllen kann.
- Fahrer muss die entsprechende FE haben und fahrtüchtig sein.
  - Speziell im Hinblick auf die Fahrtüchtigkeit sind körperliche und geistige Beeinträchtigungen, wie z.B. schlechtes Sehvermögen, Alter des Fzg-Führers und Übermüdung, zu beachten.
- Bei Spezial-Fzg (Bagger, Fzg-Kran) hat der Halter die Pflicht darauf zu achten, dass sein Personal mit den technischen Besonderheiten des Fzg vertraut ist.
- Kranke oder ältere Personen müssen sich überlegen, ob sie der geplanten Urlaubsreise im Hinblick auf die Länge der Strecke gewachsen sind.
- Übermüdete Personen, dürfen evtl. eine Fahrt nicht antreten (z.B. 100 km Fahrtstrecke nach 12-stündigen Nachtdienst).
- Wenn die notwendige Praxis für das Führen eines bestimmten Fzg fehlt, hat man sich mit seiner Fahrweise anzupassen und deshalb z.B. mit niedriger Geschwindigkeit zu fahren.

(2) Der Halter darf die Inbetriebnahme nicht anordnen oder zulassen, wenn ihm bekannt ist oder bekannt sein muss, dass der Führer nicht zur selbständigen Leitung geeignet oder das Fzg, der Zug, das Gespann, die Ladung oder die Besetzung nicht vorschriftsmäßig ist oder dass die Verkehrssicherheit des Fzg durch die Ladung oder die Besetzung leidet.

Hinweise:

- Halter ist, wer das Fzg auf eigene Rechnung in Gebrauch hat und die Verfügungsgewalt darüber besitzt.
  - Auf eigene Rechnung in Gebrauch hat ein Fzg, wer den Nutzen aus dessen Verwendung zieht und die Kosten dafür bestreitet.
  - Verfügungsgewalt besitzt derjenige, der Anlass, Ziel und Zeit seiner Fahrten selbst bestimmen kann.
- Haltereigenschaft ist weniger ein rechtliches als vielmehr ein tatsächliches Verhältnis.
- Nach ständiger Rechtsprechung gilt jedoch die widerlegbare Vermutung, dass derjenige, der in der ZB Teil II (früher Fahrzeugbrief) eingetragen ist, auch Eigentümer des Fzg ist.
- Daher ist die Feststellung, auf wessen Namen ein Fzg zugelassen ist, ein wichtiges, jedoch für sich nicht allein entscheidendes Indiz dafür, wer Halter ist.
- Auch wer die Versicherung des Fzg übernimmt, muss nicht unbedingt der Halter sein.
- Hier ist insbesondere anzuführen, dass oft die Eltern die Versicherung des Fzg mit einem günstigeren Tarif übernehmen und der Sohn oder die Tochter jedoch Halter des Fzg sind.
- Somit können Fzg-Halter und Fzg-Eigentümer verschiedene Personen sein.
- Halter kann sich zur Erfüllung der ihm obliegenden Pflichten eines Betriebsleiters, Fuhrparkleiters oder auch sonstiger Hilfspersonen bedienen.
- Beauftragte Person ist dann anstelle des eigentlichen Halters verantwortlich.
- Halter, der einen zuverlässigen, sachkundigen Fahrer beschäftigt, der das Fzg regelmäßig pflegt und führt, darf sich darauf verlassen, dass er bei auftretenden Mängeln unterrichtet wird.

- Verschulden trifft den Halter nur dann, wenn er z.B. als Betriebsinhaber entweder bei der Einstellung einer unqualifizierten Person seiner Sorgfalt nicht nachgekommen ist oder seiner Kontrollaufsicht nicht nachkommt (§ 130 OWiG).
- Werden Halterpflichten delegiert, dann ist die beauftragte Person aus § 31 Abs. 2 StVZO verantwortlich. Die gesetzlichen Grundlagen für die Übertragung der Halterpflichten sind in § 9 OWiG, bei Straftaten in § 14 StGB aufgeführt.

Beispiele:

- Wer sein Fzg 3 Monate an eine andere Person zu dessen Eigenbedarf verleiht, verliert seine Haltereigenschaft, auch wenn er die Fixkosten trägt. Der Entleiher hat die Verfügungsgewalt über das Fzg, was höher zu bewerten ist als das Tragen der Kosten für das Fzg.
- Vertreter hat ein Firmen-Fzg, kann dieses privat nutzen und trägt auch die Kosten dafür. In der ZB Teil I steht der Name der Firma.
  - Vertreter ist jedoch Halter des Fzg und die Firma Eigentümer.
- Herr A ist in der ZB Teil I als Halter eingetragen. Sein Sohn absolviert sein Studium im 200 km entfernten Freiburg und hat von seinem Vater einen Pkw überlassen bekommen, sodass es ihm möglich ist, am Wochenende nach Hause zu fahren. Er bestreitet die Kosten vom Taschengeld und bestimmt, wer mit dem Fzg fährt. Der Halter des Fzg ist somit der Sohn, da er die Verfügungsgewalt besitzt und das Fzg auf eigene Rechnung in Gebrauch hat.
- Wer sich über einen längeren Zeitraum ein Fzg ausleiht und die Betriebskosten trägt, wird zum Halter und ist i.S.d. § 21 StVG verantwortlich, wenn er das Fzg verleiht.
- Zwei Freundinnen, die zusammen in einer Wohnung leben, haben sich gemeinsam ein Fzg gekauft und teilen sich die Kosten. In diesem Fall sind beide Personen Fzg-Halter.

- Kurzfristige, entgeltliche oder unentgeltliche Vermietung oder Verleihung beseitigen nicht die Halterverantwortung des Vermieters oder Verleihers.
- Wer ein Fzg geleast hat, wird Fzg-Halter. Das Leasingunternehmen bleibt Eigentümer des Fzg.

- Zur selbstständigen Leitung geeignet ist ein Fzg-Führer, wenn er die durch den Verkehr an ihn gestellten Anforderungen sicher erfüllen kann.
- Fzg-Führer ist als geeignet anzusehen, wenn er die notwendige FE besitzt.
- FS muss sich der Halter vorzeigen lassen.
- Halter muss sich davon überzeugen, dass der Fahrer körperlich und geistig in der Lage ist, das Fzg sicher zu führen.
- Hier ist insbesondere darauf zu achten, dass der Fahrer keine alkoholischen Getränke zu sich genommen hat und auch keine anderen körperlichen oder geistigen Beeinträchtigungen aufweist.
- Im Hinblick auf die Fahrtüchtigkeit sind körperliche und/oder geistige Beeinträchtigungen, wie z.B. schlechtes Sehvermögen, Alter des Fzg-Führers und Übermüdung zu beachten.
- Bei Spezialfahrzeugen (Mähdrescher) hat der Halter die Pflicht darauf zu achten, dass sein Personal mit den technischen Besonderheiten des Fzg vertraut ist.
  - Halter ist verpflichtet für den ordnungsgemäßen Zustand des Fzg zu sorgen.
  - Dies muss vor Fahrtantritt geschehen.
  - Diese Pflicht darf jedoch nicht überspannt werden.
  - Die Vorschriftsmäßigkeit richtet sich nach den §§ 30 ff StVZO.
  - Es sind nicht nur Kfz, sondern auch Fahrräder und Gespanne gemeint, die vorschriftsmäßig sein müssen.
  - Mangelt es ihm an der notwendigen Sachkunde, hat er sein Fzg durch eine Werkstatt auf Verkehrssicherheit überprüfen zu lassen.
  - Wird eine Werkstatt mit der Überprüfung beauftragt, kann der Halter bei evtl. auftretenden Mängeln nicht haftbar gemacht werden, auch wenn er selbst fachkundig ist.

3.6 § 31b Überprüfung mitzuführender Gegenstände

Führer von Fzg sind verpflichtet, zuständigen Personen auf Verlangen folgende mitzuführende Gegenstände vorzuzeigen und zur Prüfung des vorschriftsmäßigen Zustands auszuhändigen:

1. *Feuerlöscher (§ 35g Abs. 1),*
2. *Erste-Hilfe-Material (§ 35h Abs. 1, 3 und 4),*
3. *Unterlegkeile (§ 41 Abs. 14),*
4. *Warndreiecke und Warnleuchten (§ 53a Abs. 2),*

4a. *Warnweste (§ 53a Abs. 2),*

5. *tragbare Blinkleuchten (§ 53b Abs. 5) und windsichere Handlampen (§ 54b),*
6. *Leuchten und Rückstrahler (§ 53b Abs. 1 Satz 4 Halbsatz 2 und Abs. 2 Satz 4 Halbsatz 2),*

Hinweise:

- Nichtaushändigen ist eine OWi.
- Seit 01.08.2013 muss in Pkw, Lkw, KOM, Zug- und Sattelzugmaschinen eine Warnweste mitgeführt werden (§ 53a Abs. 2 StVZO).

3.7 § 31d Gewichte, Abmessungen und Beschaffenheit ausländischer Fzg

(1) Ausländische Kfz und ihre Anh. müssen in Gewicht und Abmessungen den §§ 32 und 34 entsprechen.

Hinweise:

- Ausländische Fzg dürfen vorübergehend in Deutschland am Verkehr teilnehmen, wenn sie betriebs- und verkehrssicher sind (§ 20 Abs. 3 FZV).

- Verstöße gegen
  - Abs. 1 (Abmessungen § 32 StVZO, Achslast und Gesamtgewicht § 34 StVZO)
  - Abs. 2 (Sicherheitsgurte)
  - Abs. 3 (Geschwindigkeitsbegrenzer)
  - Abs. 4 (Profiltiefe)

  sind ordnungswidrig nach § 69a StVZO, aber nicht im Tatbestandskatalog aufgeführt.
- **Siehe hierzu Ziffer 4.1.2 des Bundeseinheitlichen Tatbestandskatalogs.**

  In diesen Fällen muss man zur Ahndung den Auffangtatbestand des Bußgeldkatalogs zur Ahndung heranziehen. Dort wird folgendes vorgeschrieben:
  - Der Tatbestandskatalog enthält die überwiegende Anzahl der im Massenverfahren auftretenden Tatbestände. Nur in seltenen Ausnahmen kann eine Lücke bestehen. Für diesen Fall ist die nachfolgende TBNR als Auffangtatbestand geschaffen. Von ihr darf nur Gebrauch gemacht werden, wenn nach vorheriger Prüfung in der Bußgeldbehörde keine TBNR zutrifft.
    - Die Höhe des Bußgeldes richtet sich nach den vergleichbaren StVZO-Verstößen (z.B. Reifen nach § 36 StVZO).
    - Die Absätze 1 und 2 richten sich an alle ausländischen Fzg-Führer (auch Drittstaatler); OWi nach § 31d StVZO.
    - Die Absätze 3 und 4 nur für ausl. Fzg-Führer aus EU- bzw. EWR Ländern; OWi nach § 31d StVZO; Drittstaatler OWi nach § 23 StVO, aber nur wenn ein Verstoß gegen Reifen vorliegt, da Geschwindigkeitsbegrenzer nicht vorgeschrieben sind.
    - Alle anderen Verstöße nach der StVZO, die nicht im § 31d aufgeführt sind, können nicht nach dieser Vorschrift geahndet werden, da ausl. Fzg nicht den deutschen Ausrüstungs- und Beschaffenheitsvorschriften unterliegen. Deshalb werden auch diese Verstöße nach § 23 StVO geahndet, da auch ausl. Fzg-Führer diese Betriebsvorschrift beachten müssen.

3.8 § 33 Schleppen von Fzg

Fzg, die nach ihrer Bauart zum Betrieb als Kfz bestimmt sind, dürfen nicht als Anh. betrieben werden.

Hinweise:

- Mit der 48. VO zur Änderung straßenverkehrsrechtlicher Vorschriften vom 25.07.2013 wurde der § 33 geändert. Kfz dürfen nun nicht mehr geschleppt werden.
- Ist das Kfz abgemeldet und wird verbotswidrig als Anh. betrieben (geschleppt)
  - muss es zugelassen sein (§ 3 Abs. 1 FZV),
  - muss es versichert sein (§§ 1, 6 PflichtVersG-Vergehen),
  - unterliegt der Steuerpflicht (§ 2 Abs. 5 KraftStG).
- Ist die zG des gezogenen Kfz höher als 750 kg, benötigt der Fahrer im Schleppfahrzeug die FE-Klasse BE, C1E, CE oder Klasse 2 alt.
- Abschleppen von liegengebliebenen (defekten) Fzg ist weiterhin erlaubt.
- Abschleppen dient dazu, betriebsunfähige Fzg aus dem öVR zu entfernen.
- Fahrer im Schlepp-Fzg benötigt die FE für das ziehende Fzg.
- Fahrer des abgeschleppten Fzg benötigt keine FE (kein Kfz-Führer), muss aber geeignet sein.
- Abgeschlepptes Fzg ist in der Regel zugelassen. Wenn nicht, soll das Abschleppen über das Gewohnheitsrecht gerechtfertigt sein (strittig).
- Meine Meinung: Das Kfz muss zugelassen sein.

3.9 § 35h Erste-Hilfe-Material in Kfz

(1) In KOM sind Verbandkästen, die selbst und deren Inhalt an Erste-Hilfe-Material dem Normblatt DIN 13 164, Ausgabe Januar 1998 oder Ausgabe Januar 2014 entsprechen, mitzuführen, und zwar mindestens

1. *ein Verbandkasten in KOM mit nicht mehr als 22 Fahrgastplätzen,*
2. *2 Verbandkästen in anderen KOM.*

(2) Verbandkästen in KOM müssen an den dafür vorgesehenen Stellen untergebracht sein; die Unterbringungsstellen sind deutlich zu kennzeichnen.

(3) Ausnahmen:

In anderen als den in Abs. 1 genannten Kfz mit einer bbH von mehr als 6 km/h mit Ausnahme von Krankenfahrstühlen, Krafträdern, Zug- oder Arbeitsmaschinen in lof. Betrieben sowie anderen Zug- oder Arbeitsmaschinen, wenn sie einachsig sind, ist Erste-Hilfe-Material mitzuführen, das nach Art, Menge und Beschaffenheit mindestens dem Normblatt DIN 13 164, Ausgabe Januar 1998 oder Ausgabe Januar 2014 entspricht. Das Erste-Hilfe-Material ist in einem Behältnis verpackt zu halten, das so beschaffen sein muss, dass es den Inhalt vor Staub und Feuchtigkeit sowie vor Kraft- und Schmierstoffen ausreichend schützt.

Hinweise:

- Mitführpflicht von Erste-Hilfe-Material gilt auch für Quads (Ausnahme: Einsatz als Zugmaschine in der Land- oder Forstwirtschaft). Ausnahmegenehmigungen sollen nicht erteilt werden.
- Gemäß 31b StVZO ist das Erste-Hilfe-Material zuständigen Personen zur Überprüfung auszuhändigen.
- Ist das Haltbarkeitsdatum überschritten, liegt ein Verstoß vor.
- Ausländische Kfz müssen bei vorübergehender Teilnahme am Verkehr kein Erste-Hilfe-Material mitführen. Auch § 23 StVO

ist nicht anwendbar, da die Verkehrs- bzw. Betriebssicherheit nicht tangiert ist.

3.10 § 36 Bereifung und Laufflächen

(1) Maße und Bauart der Reifen von Fzg müssen den Betriebsbedingungen, besonders der Belastung und der durch die Bauart bestimmten Höchstgeschwindigkeit des Fzg, entsprechen.

Hinweise:

- Reifen müssen insbesondere den entsprechenden Höchstgeschwindigkeiten und den Belastungen (Gewicht) entsprechen. Ist dies nicht der Fall, liegt ein Erlöschen der BE nach § 19 Abs. 2 StVZO (Gefährdungsvariante) vor.
- Die Anzeige erfolgt für den Fahrer und den Halter nach § 19 Abs. 5 StVZO.

(3) Das Hauptprofil muss am ganzen Umfang eine Profiltiefe von mindestens 1,6 mm aufweisen; als Hauptprofil gelten dabei die breiten Profilrillen im mittleren Bereich der Lauffläche, der etwa 3/4 der Laufflächenbreite einnimmt. Jedoch genügt bei Fahrrädern mit Hilfsmotor, Kleinkrafträdern und Leichtkrafträdern eine Profiltiefe von mindestens 1 mm.

Hinweise:

- Auch die Reifen eines im Ausland zugelassenen Kfz, das vorübergehend im Inland verkehrt, müssen eine Profiltiefe von 1,6 mm aufweisen. Die OWi ergibt sich aus § 31d Abs. 4 StVZO (Erklärung siehe dort).
- Verbotene Mischbereifung ist die Verwendung von Radial- und Diagonalreifen auf einem Fzg.
- Verwendung von Sommer- und Winterreifen der gleichen Bauart auf einer Achse ist also nicht ausdrücklich verboten, ist aber hinsichtlich des Fahrverhaltens bedenklich.

- Zuwiderhandlung ist daher OWi nach den §§ 30 Abs. 1, 69a Abs. 3 Nr. 1 StVZO.
- Defektsicherheit von Pkw-Reifen ist bei einem um 20 % unter dem vom Fzg-Hersteller angegebenen Luftdruck nicht mehr gegeben (Lenkstabilität, Walken, Fahreigenschaft auf nasser Straße). OWi nach § 30 StVZO.
- Für Reserveräder besteht keine Mitführpflicht. Deshalb fehlt die rechtliche Grundlage für eine Beanstandung.
  - Wird das Reserverad montiert, muss es den Vorschriften (§§ 30 und 36 StVZO) entsprechen.
  - Ein Reserverad, das die erforderliche Profiltiefe nicht aufweist, darf jedoch aufgezogen werden, um auf dem kürzesten Weg zur Werkstätte oder in die eigene Garage zu fahren und dort einen neuen Reifen zu montieren.
- Winterreifen dürfen auch verwendet werden, wenn sie einen niedrigeren Geschwindigkeitsindex aufweisen, wenn im Betrieb die angegebene Geschwindigkeit nicht überschritten wird und im Sichtfeld des Fahrers auf einem Emblem die Geschwindigkeit angegeben ist (§ 36 Abs. 1 StVZO).
- Auch auf der hochgezogenen Liftachse von Lkw müssen die Reifen dem § 36 StVZO entsprechen.
- An Pkw und Kfz bis 3,5 t zG und bbH über 40 km/h, müssen alle Achsen entweder mit Diagonal- oder Radialreifen ausgerüstet sein, da mit einer Mischbereifung die Verkehrssicherheit des Fzg beeinträchtigt wird. Anzeige nach § 30 StVZO.
- Fahren mit abgefahrenen Reifen steht mit allen auf der Fahrt begangenen OWi in TE, aber in TM zu § 29 StVZO.

(4) Reifen für winterliche Wetterverhältnisse sind Luftreifen im Sinne des Abs. 2,

1. *durch deren Laufflächenprofil, Laufflächenmischung oder Bauart vor allem die Fahreigenschaften bei Schnee gegenüber normalen Reifen hinsichtlich ihrer Eigenschaft beim Anfahren, bei*

der Stabilisierung der Fahrzeugbewegung und beim Abbremsen des Fzg verbessert werden, und

2. *die mit dem Alpine-Symbol (Bergpiktogramm mit Schneeflocke) nach der Regelung Nr. 117 (...) gekennzeichnet sind.*

Hinweis:

- Mit der 52. Verordnung zur Änderung straßenverkehrs-rechtlicher Vorschriften, dürfen ab dem 01.06.2017 nur noch Winterreifen benutzt werden, die mit dem „Alpine-Symbol" (Bergpiktogramm mit Schneeflocke) gekennzeichnet sind.

(4a) Abweichend von § 36 Abs. 4 gelten bis zum Ablauf des 30.09.2024 als Reifen für winterliche Wetterverhältnisse auch Luftreifen im Sinne des Absatzes 2, die

1. *(...) (M+S Reifen) und*
2. *nicht nach dem 31.12.2017 hergestellt worden sind.*

Im Falle des Satzes 1 Nr. 2 maßgeblich ist das am Reifen angegebene Herstellungsdatum.

Hinweis:

- (Zusammenfassung): Bis zum Ablauf des 30.09.2024 dürfen noch M&S Reifen benutzt werden, die bis zum 31.12.2017 hergestellt worden sind. Maßgeblich ist das am Reifen angegebene Herstellungsdatum.

(5) Bei Verwendung von Reifen im Sinne des Abs. 4 oder Geländereifen für den gewerblichen Einsatz mit der Kennzeichnung „POR", deren zulässige Höchstgeschwindigkeit unter der durch die bbH des Fzg liegt, ist die Anforderung des Absatzes 1 Satz 1 hinsichtlich der Höchstgeschwindigkeit erfüllt, wenn

1. *die für die Reifen zulässige Höchstgeschwindigkeit*
   a) *für die Dauer der Verwendung der Reifen an dem Fzg durch ein Schild oder einen Aufkleber oder*

b) durch eine Anzeige im Fzg, zumindest rechtzeitig vor Erreichen der für die verwendeten Reifen zulässigen Höchstgeschwindigkeit, im Blickfeld des Fzg-Führers angegeben oder angezeigt wird und

2. diese Geschwindigkeit im Betrieb nicht überschritten wird.

Hinweis:

- Dies sind OWis nach § 36 Abs. 5 StVZO.

(6) An Kfz – ausgenommen Pkw – mit einem zGG von mehr als 3,5 t und einer durch die bbH von mehr als 40 km/h und an ihren Anh. dürfen die Räder einer Achse entweder nur mit Diagonal- oder nur mit Radialreifen ausgerüstet sein. Pkw sowie andere Kfz mit einem zGG von nicht mehr als 3,5 t und einer durch die bbH von mehr als 40 km/h und ihre Anh. dürfen entweder nur mit Diagonal- oder nur mit Radialreifen ausgerüstet sein; im Zug gilt dies nur für das jeweilige Einzelfahrzeug. Die Sätze 1 und 2 gelten nicht für die nach § 58 für eine Höchstgeschwindigkeit von nicht mehr als 25 km/h gekennzeichneten Anh. hinter Kfz, die mit einer Geschwindigkeit von nicht mehr als 25 km/h gefahren werden (Betriebsvorschrift). Satz 2 gilt nicht für Krafträder – ausgenommen LKR, KKR und FmH.

Hinweise:

- Bei Kfz über 3,5 t dürfen einzelne Achsen entweder mit Diagonal- oder Radialreifen ausgestattet sein.
- Bei Kfz bis 3,5 t müssen alle Achsen nur mit Diagonal- oder Radialreifen ausgestattet sein.

3.11 § 49a Lichttechnische Einrichtungen, allgemeine Grundsätze

(1) An Kfz und ihren Anh. dürfen nur die vorgeschriebenen und die für zulässig erklärten LTE angebracht sein. Als LTE gelten auch Leuchtstoffe und rückstrahlende Mittel. Die LTE müssen vorschriftsmäßig und fest angebracht sowie ständig betriebsfertig sein.

Hinweise:

- LTE müssen nach § 22a StVZO bauartgenehmigt sein.
- Sind die LTE defekt (das Birnchen leuchtet nicht mehr), stellt dies eine OWi nach §§ 49a, 69a StVZO, 24 StVG dar.
- Ansonsten wird immer über die Spezialbestimmungen der §§ 50 ff StVZO geahndet.

Beispiele:

- OWi nach § 50 StVZO, wenn nicht wie vorgeschrieben weißes Licht, sondern gelbes oder blaues Licht ausgestrahlt wird.
- OWi nach § 51 StVZO, wenn der niedrigste Punkt der leuchtenden Fläche der Begrenzungsleuchten weniger als 350 mm über der Fahrbahn liegt.
- OWi nach § 54 StVZO, wenn die Fahrtrichtungsanzeiger nach dem Einschalten nicht mit einer Frequenz von 1,5 Hz ± 0,5 Hz (90 Impulse ± 30 Impulse in der Minute) zwischen hell und dunkel sowie auf derselben Fahrzeugseite in gleicher Phase blinken.

3.12 § 63a Beschreibung von Fahrrädern

(1) Ein Fahrrad ist ein Fzg mit mindestens zwei Rädern, das ausschließlich durch die Muskelkraft auf ihm befindlicher Personen mit Hilfe von Pedalen oder Handkurbeln angetrieben wird.

(2) Als Fahrrad gilt auch ein Fzg im Sinne des Abs. 1, das mit einer elektrischen Trethilfe ausgerüstet ist, die mit einem elektromotorischen Hilfsantrieb mit einer größten Nenndauerleistung von 0,25 kW ausgestattet ist, dessen Unterstützung sich mit zunehmender Fzg-Geschwindigkeit progressiv verringert und beim Erreichen einer Geschwindigkeit von 25 km/h oder wenn der Fahrer mit dem Treten oder Kurbeln einhält, unterbrochen wird. Die Anforderungen des Satzes 1 sind auch dann erfüllt, wenn das Fahrrad über einen Hilfsantrieb im Sinne des Satzes 1 verfügt, der eine Beschleunigung des Fzg auf eine

Geschwindigkeit von bis zu 6 km/h, auch ohne gleichzeitiges Treten oder Kurbeln des Fahrers, ermöglicht (Anfahr- oder Schiebehilfe).

Hinweise:

- Fahrräder sind
  - Pedelecs,
  - Liegefahrräder,
  - Rennräder,
  - Klappräder,
  - Tandem Fahrräder,
  - Fahrräder mit Anh.,
  - Dreirädrige Fzg, die als Fahrradtaxi benutzt werden oder
  - Dreirädrige Fzg für behinderte Personen, die eine Handkurbel benutzen.

3.13 § 67 Lichttechnische Einrichtungen an Fahrrädern

Zusammenfassung:

- Abs. 1:
  - Scheinwerfer, Leuchten und deren Energiequelle dürfen abnehmbar sein, müssen jedoch während der Dämmerung, bei Dunkelheit oder wenn die Sichtverhältnisse es sonst erfordern, angebracht werden.
  - Anbringungshöhe min. 400 mm und max. 1200 mm über Fahrbahn.
  - Benötigen Lichtmaschine (Dynamo) oder
  - Batterie oder
  - aufladbaren Energiespeicher oder
  - eine Kombination daraus als Energiequelle.
- Abs. 2:
  - Als LTE gelten auch Leuchtstoffe und rückstrahlende Mittel.
  - LTE müssen vorschriftsmäßig i.S.d. Vorschrift und während ihres Betriebs fest angebracht, gegen unabsichtliches Verstel-

len unter normalen Betriebsbedingungen gesichert sowie ständig einsatzbereit sein.
- LTE dürfen nicht verdeckt sein.
- Scheinwerfer, Leuchten und deren Energiequelle dürfen abnehmbar sein, müssen jedoch während der Dämmerung, bei Dunkelheit oder wenn die Sichtverhältnisse es sonst erfordern, angebracht werden.
- LTE dürfen zusammengebaut, ineinander gebaut oder kombiniert sein, mit Ausnahme von Fahrtrichtungsanzeigern.
- LTE dürfen sich in ihrer Wirkung gegenseitig nicht beeinflussen.
- Fahrräder mit einer Breite über 1000 mm müssen nach vorne und hinten gerichtete, paarweise horizontal angebrachte Rückstrahler sowie mindestens zwei weiße Scheinwerfer und zwei rote Schlussleuchten aufweisen, die mit einem seitlichen Abstand von maximal 200 mm paarweise zur Außenkante angebracht sein müssen.
- Abweichend davon müssen Fahrräder, die breiter als 1800 mm sind, (...) müssen den LTE für Pkw entsprechen.

▸ Abs. 3:

- Nach vorne ein oder zwei Scheinwerfer mit weißem Licht; darf andere VT nicht blenden.
- Blinkende Scheinwerfer nicht zulässig.
- Scheinwerfer dürfen zusätzlich mit Tagfahrlicht- und Fernlichtfunktion für weißes Licht ausgestattet sein.

▸ Abs. 4:

- Nach hinten rotes Licht, mindestens 250 mm und max. 1200 mm über Fahrbahn.
- Nach hinten roter Rückstrahler (nicht dreieckig), gekennzeichnet mit „Z".
- Schlussleuchte und Rückstrahler dürfen in einem Gerät verbaut sein.
- Schlussleuchten dürfen zusätzlich mit einer Bremslichtfunktion für rotes Licht ausgerüstet sein.

- Abs. 5:
  - Fahrradpedale müssen mit nach vorn und nach hinten wirkenden gelben Rückstrahlern ausgerüstet sein.
  - Die Längsseiten eines Fahrrades müssen nach jeder Seite mit ringförmig zusammenhängenden retroreflektierenden weißen Streifen an den Reifen oder Felgen oder in den Speichen des Vorderrades und des Hinterrades oder
  - Speichen an jedem Rad, alle Speichen entweder vollständig weiß retroreflektierend oder mit Speichenhülsen an jeder Speiche oder
  - mindestens zwei um 180 Grad versetzt angebrachten, nach der Seite wirkenden gelben Speichenrückstrahlern an den Speichen des Vorderrades und des Hinterrades kenntlich gemacht sein.
  - Zusätzlich zu der Mindestausrüstung mit einer der Absicherungsarten dürfen Sicherungsmittel aus den anderen Absicherungsarten angebracht sein.
  - Werden mehr als zwei Speichenrückstrahler an einem Rad angebracht, so sind sie am Radumfang gleichmäßig zu verteilen.
  - Zusätzliche nach der Seite wirkende bauartgenehmigte gelbe rückstrahlende Mittel sind zulässig.
  - Nach vorne und nach hinten wirkende Fahrtrichtungsanzeiger, ... sind nur bei mehrspurigen Fahrrädern oder solchen mit einem Aufbau, der Handzeichen des Fahrers ganz oder teilweise verdeckt, zulässig.
- Abs. 6:
  - Schlussleuchte und Scheinwerfer dürfen nur gemeinsam einzuschalten sein, wenn sie mithilfe einer Lichtmaschine betrieben werden.
  - Bei eingeschalteter Standlichtfunktion darf auch die Schlussleuchte allein leuchten.
  - In den Scheinwerfern und Leuchten dürfen nur die nach ihrer Bauart dafür bestimmten Leuchtmittel verwendet werden.

- Abs. 7:
  - Fahrräder mit elektrischer Tretunterstützung (siehe dort).
  - Pro Rad zwei gelbe seitliche Rückstrahler um 180 Grad versetzt oder retroreflektierende weiße Streifen am Rad oder in den Speichen.
  - Pedale mit nach vorn und hinten wirkenden gelben Rückstrahlern.
  - Fahrräder dürfen an der Rückseite mit einer zusätzlichen, auch im Stand wirkenden Schlussleuchte versehen sein.
  - Schlussleuchte sowie einer der beiden Rückstrahler dürfen in einem Gerät vereinigt sein.
  - Zusätzliche nach der Seite wirkende Rückstrahler sind zulässig.
  - Zu den LTE zählen nicht nur die Scheinwerfer für weißes Licht, sondern auch die rote Schlussleuchte, die Rückstrahler, die Speichenrückstrahler oder retroreflektierende Streifen am Reifen.
  - Der vordere Scheinwerfer muss weißes Licht abstrahlen. Werden gelbe oder blaue Leuchtmittel (Glühbirnen) eingebaut, liegt ein Verstoß vor.
  - Die rote Schlussleuchte muss 250 mm über dem Boden angebracht sein. Wird die Leuchte niedriger angebracht, ist ebenfalls § 67 StVZO tangiert.

3.14 § 67a Lichttechnische Einrichtungen an Fahrradanhängern

(1) An Fahrrad-Anh. dürfen nur die vorgeschriebenen und bauartgenehmigten LTE angebracht sein. LTE dürfen nicht verdeckt sein.

(2) Fahrrad-Anh. müssen mindestens mit folgenden LTE ausgerüstet sein:

1. nach vorn wirkend:

a) bei einer Breite des Anh. von mehr als 600 mm mit zwei paarweise angebauten weißen Rückstrahlern mit einem maximalen Abstand von 200 mm zur Außenkante,

b) bei einer Breite des Anh. von mehr als 1000 mm zusätzlich mit einer Leuchte für weißes Licht auf der linken Seite,

2. nach hinten wirkend:

a) mit einer Schlussleuchte für rotes Licht auf der linken Seite, falls mehr als 50 Prozent der sichtbaren leuchtenden Fläche der Schlussleuchte des Fahrrads durch den Anh. verdeckt wird oder falls der Anh. mehr als 600 mm breit ist und
b) mit zwei roten Rückstrahlern der Kategorie „Z" mit einem maximalen Abstand von 200 mm zur Außenkante,

3. nach beiden Seiten wirkend:

a) mit ringförmig zusammenhängenden retroreflektierenden weißen Streifen an Reifen oder Felgen oder Rädern oder
b) mit weiß retroreflektierenden Speichen (jede Speiche) oder Speichenhülsen (an jeder Speiche) an jedem Rad oder
c) mit mindestens zwei um 180 Grad versetzt angebrachten, nach der Seite wirkenden gelben Speichenrückstrahlern an den Speichen jedes Rades.

(3) Anh., die nicht breiter als 1 000 mm sind, dürfen mit einer Leuchte für weißes Licht nach vorne ausgerüstet werden.

(4) Unabhängig von der Breite dürfen Anh. mit

1. einer weiteren Leuchte für rotes Licht nach hinten auf der rechten Seite oder

2. Fahrtrichtungsanzeigern, genehmigt nach der Regelung Nr. 50 der (…) oder

3. zwei weiteren zusätzlichen roten nicht dreieckigen Rückstrahlern nach hinten wirkend mit einem maximalen Abstand von 200 mm zur Außenkante ausgerüstet werden.

(5) LTE dürfen zusammengebaut, ineinander gebaut oder kombiniert sein, mit Ausnahme von Fahrtrichtungsanzeigern.

(6) Abs. 2 gilt nicht für Fahrrad-Anh., die vor dem 1.01.2018 in Verkehr gebracht werden.

4. Fahrerlaubnisverordnung

4.1 § 1 Grundregel der Zulassung

Zum Verkehr auf öffentlichen Straßen ist jeder zugelassen, soweit nicht für die Zulassung zu einzelnen Verkehrsarten eine Erlaubnis vorgeschrieben ist.

Hinweis:

- Siehe § 1 StVG.

4.2 § 2 Eingeschränkte Zulassung

(1) Wer sich infolge körperlicher oder geistiger Beeinträchtigungen nicht sicher im Verkehr bewegen kann, darf am Verkehr nur teilnehmen, wenn Vorsorge getroffen ist, dass er andere nicht gefährdet. Die Pflicht zur Vorsorge, namentlich durch das Anbringen geeigneter Einrichtungen an Fzg, durch den Ersatz fehlender Gliedmaßen mittels künstlicher Glieder, durch Begleitung oder durch das Tragen von Abzeichen oder Kennzeichen, obliegt dem VT selbst oder einem für ihn Verantwortlichen.

(2) Körperlich Behinderte können ihre Behinderung durch gelbe Armbinden an beiden Armen oder andere geeignete, deutlich sichtbare, gelbe Abzeichen mit drei schwarzen Punkten kenntlich machen.

Hinweise:

- Beeinträchtigung ist jedes Fehlen oder jede Minderung einer körperlichen oder geistigen Fähigkeit, die für die Teilnahme am Straßenverkehr bedeutsam ist.
- Beeinträchtigungen vorübergehender Art, die nicht ausgeglichen werden können, oder Beeinträchtigungen endgültiger Art, die nicht behoben werden können, führen je nach Art der Verkehrsteilnahme zu einem Verkehrsverbot.

- So kann ein VT mit einem Gehgips durchaus als Fußgänger am Verkehr teilnehmen.
- Will er jedoch ein Kfz oder Fzg führen, kann dies zu einem Verkehrsverbot führen.
- Art und Ausmaß der erforderlichen Vorsorgemaßnahme richtet sich nach den Umständen des Einzelfalles.
- Als Vorsorgemaßnahmen können die Benutzung künstlicher Gliedmaßen, die Begleitung durch eine Hilfsperson oder zusätzliche technische Einrichtungen an Fzg bzw. Kfz in Betracht kommen.
- § 2 FeV findet keine Anwendung bei Fzg- und Kfz-Führern, die unter Alkoholeinwirkung stehen, da speziellere Vorschriften (§§ 24a, 24c StVG, 316, 315c StGB und § 8 BO Kraft) zu beachten sind.
- § 31 Abs. 1 StVZO fordert, dass der Fzg-Führer zur selbstständigen Leitung geeignet sein muss. Berührungspunkte zu § 2 FeV sind erkennbar.
- Nimmt ein Fzg-Führer mit einer körperlichen, aber ausgleichbaren Beeinträchtigung am Straßenverkehr teil, verstößt er lediglich gegen § 2 FeV, weil § 31 Abs. 1 StVZO die Pflicht zum Mangelausgleich nicht beinhaltet.
- Handelt es sich um einen nicht ausgleichbaren Mangel (z.B. Übermüdung), dann sind § 2 FeV und § 31 Abs. 1 StVZO anwendbar, da sie insoweit deckungsgleich sind (tateinheitlicher Verstoß).
- Wer übermüdet ist (nicht schon, wenn man müde oder schläfrig ist), fährt meist fehlerhaft. Wer die Übermüdung bemerkt, z.B. nach kurzem Schlaf und 8 Stunden Reisezeit i.V.m. vermehrtem Gähnen und schweren Augenlidern, muss zumindest eine Pause einlegen oder sogar auf die Weiterfahrt verzichten, da die Gefahren des Einschlafens oder von Fehlreaktionen nicht mehr vermieden werden können.

- Bemerkt der Fahrer diese typischen Ermüdungsursachen oder Vorzeichen, handelt er grob fahrlässig, wenn er weiterfährt. Bei langer Fahrt muss der Fahrer der Ermüdung vorbeugen. Dies kann geschehen durch Ruhepausen mit Bewegung, aber auch durch Lüftung des Innenraumes.
- Fzg-Führer, der am Straßenverkehr teilnimmt, obwohl er infolge einer geistigen oder körperlichen Beeinträchtigung nicht in der Lage ist, ein Fzg sicher zu führen und dadurch Leib oder Leben eines anderen oder fremde Sachen von bedeutendem Wert gefährdet, erfüllt den Tatbestand des § 315c Abs. 1 Nr. 1b StGB.

4.3 § 3 Einschränkung und Entziehung der Zulassung

(1) Erweist sich jemand als ungeeignet oder nur noch bedingt geeignet zum Führen von Fzg oder Tieren, hat die FE-Behörde ihm das Führen zu untersagen, zu beschränken oder die erforderlichen Auflagen anzuordnen. Nach der Untersagung, auf öffentlichen Straßen ein Mofa nach § 4 Abs. 1 Satz 2 Nr. 1 oder ein Kfz nach § 4 Abs. 1 Satz 2 Nr. 1b zu führen, ist die Prüfbescheinigung nach § 5 Abs. 4 Satz 1 unverzüglich der entscheidenden Behörde abzuliefern oder bei Beschränkungen oder Auflagen zur Eintragung vorzulegen. Die Verpflichtung zur Ablieferung oder Vorlage der Prüfbescheinigung besteht auch, wenn die Entscheidung angefochten worden ist, die zuständige Behörde jedoch die sofortige Vollziehung ihrer Verfügung angeordnet hat.

(2) Rechtfertigen Tatsachen die Annahme, dass der Führer eines Fzg oder Tieres zum Führen ungeeignet oder nur noch bedingt geeignet ist, finden die Vorschriften der §§ 11 bis 14 entsprechend Anwendung.

Hinweise:

- Anwendung bedeutet, dass die Behörde nach Kenntniserlangung gegen ungeeignete VT einzuschreiten hat. Sie hat die Möglichkeit, ein ärztliches Gutachten anzufordern und – je nach dessen Ergebnis – Auflagen zu erteilen oder die Benutzung bestimmter Verkehrsarten gänzlich zu verbieten.

- Angesprochen (Adressaten) sind Führer von
  - Tieren (z. B. Hunde, Pferde)
  - fahrerlaubnisfreien Fzg wie
  - Fahrräder,
  - Pedelecs,
  - Fuhrwerke,
  - Fzg nach § 4 Abs. 1 FeV, dies sind
    - Nr. 1 Mofas bis 25 km/h bbH
    - Nr. 1a Elektrokleinstfahrzeuge von 6 bis 20 km/h bbH (Roller, Segway)
    - Nr. 1b Zwei- und dreirädrige KKR bis 25 km/h bbH
    - Nr. 2 Krankenfahrstühle bis 15 km/h bbH
    - Nr. 3 Land- oder forstwirtschaftliche Zugmaschinen, selbstfahrende Arbeitsmaschinen, Stapler und Flurförderzeuge bis 6 km/h bbH, einachsige Zug- und Arbeitsmaschinen, die von Fußgängern an Holmen geführt werden.
  - Leichtmofas nach der Leichtmofaausnahme-VO bis 20 km/h bbH
- Untersagung zum Führen von Fahrrädern wegen der Gefahr des Fahrens im Zustand alkoholbedingter Fahrunsicherheit erfolgt aufgrund von § 3 Abs. 1 FeV durch die Behörde. Natürlich wird dieses Verhalten je nach Sachlage nach § 316 oder § 315c StGB verfolgt.
- Abs. 2 verpflichtet die Behörde, nach Kenntniserlangung gegen ungeeignete VT einzuschreiten. Sie hat die Möglichkeit, ein ärztliches Gutachten anzufordern und, je nach dessen Ergebnis, Auflagen zu erteilen oder die Benutzung bestimmter Verkehrsarten gänzlich zu verbieten.

4.4 § 4 Erlaubnispflicht und Ausweispflicht für das Führen von Kraftfahrzeugen

(1) Wer auf öffentlichen Straßen ein Kfz führt, bedarf der FE. Ausgenommen sind einspurige, FmH – auch ohne Tretkurbeln –, wenn ihre Bauart Gewähr dafür bietet, dass die Höchstgeschwindigkeit auf ebener Bahn nicht mehr als 25 km/h beträgt (Mofas); besondere Sitze für die Mitnahme von Kindern unter sieben Jahren dürfen jedoch angebracht sein,

Hinweise:

- Bisher war es nicht erlaubt eine zweite Person mitzunehmen, da man neben der Drosselung der Geschwindigkeit auch die „Einsitzigkeit“ durch technische Einrichtungen (Soziusabdeckung, Mofatasche) herstellen musste.
- Durch die 11. VO zur Änderung der FeV wurde die Einsitzigkeit beim FmH 25 aus Gründen der Gleichbehandlung mit den Fzg, die in der Nr. 1b aufgeführt sind, gestrichen. Somit dürfen auch auf dem FmH 25 zwei Personen befördert werden, wenn eine entsprechende Sitzbank vorhanden ist.

1a. *Elektrokleinstfahrzeuge nach § 1 Abs. 1 der Elektrokleinstfahrzeugeverordnung.*

Hinweis:

- (siehe Kapitel 6).

1b. *zweirädrige Kfz der Klasse L1e-B und dreirädrige Kfz der Klassen L2e-P und L2e-U nach Art. 4 Abs. 2 Buchstabe a und b der Verordnung (EU) Nr. 168/2013 des Europäischen Parlaments (...), wenn ihre Bauart Gewähr dafür bietet, dass die Höchstgeschwindigkeit auf ebener Bahn auf höchstens 25 km/h beschränkt ist,*

Hinweise:

- Zu beachten sind die Untergruppen, die aufgrund der Verordnung 168/2013 im Anhang I festgelegt wurden.
- Klasse L1e-B ist ein 2-rädriges Kfz (KKR) mit einer bbH bis zu 45 km/h und einem Hubraum bis zu 50 ccm und einer Leistung bis zu 4 kW bei Elektro- oder Verbrennungsmotoren.
- Klasse L2e-P ist ein 3-rädriges Kfz (KKR) mit einer bbH bis zu 45 km/h und einem Hubraum bis zu 50 ccm (Benziner) oder 500 ccm (Diesel), einer Leistung bis zu 4 kW bei Elektro- oder Verbrennungsmotoren und einer zG bis 270 kg; ausgelegt für die Beförderung von max. 2 Personen.
- Klasse L2e-U wie oben, jedoch ausgelegt für die Beförderung von Gütern (Ladefläche).
- Fzg sind durch einen Drosselsatz oder andere technische Möglichkeiten auf eine bbH von 25 km/h begrenzt.
- Fzg müssen nicht mehr einsitzig sein, da in der 11. VO zur Änderung der FeV nur die Veränderung der bbH vorgeschrieben wird. Somit darf auf dem gedrosseltem KKR eine zweite Person befördert werden.

2. *motorisierte Krankenfahrstühle (einsitzige, nach der Bauart zum Gebrauch durch körperlich behinderte Personen bestimmte Kfz mit Elektroantrieb, einer Leermasse von nicht mehr als 300 kg einschließlich Batterie jedoch ohne Fahrer, einer zG von nicht mehr als 500 kg, einer bbH von nicht mehr als 15 km/h und einer Breite über alles von maximal 110 cm),*

Hinweise:

- FE-freie Kfz dürfen aber nicht von jeder Person gefahren werden. Zu beachten ist der § 10 Abs. 3 FeV.
- Das Mindestalter für das Führen eines Kfz, für das eine FE nicht erforderlich ist, beträgt 15 Jahre. Dies gilt nicht für das Führen eines motorisierten Krankenfahrstuhls nach § 4 Abs. 1

Satz 2 Nr. 2 FeV mit einer bbH von nicht mehr als 10 km/h durch behinderte Menschen.

- Merkmale nach §§ 2 Nr. 13 FZV, 4, 76 FeV müssen gegeben sein. Werden technische Veränderungen am Fzg vorgenommen, sodass z.B. zulassungsbefreiende Voraussetzungen nicht mehr gegeben sind, kann dies zum Erlöschen der Betriebserlaubnis führen. Das Fzg muss zulassungsrechtlich neu eingeordnet werden.

Beispiel:
Wird die Geschwindigkeit durch Umbau erhöht und liegt dann über 15 km/h, so handelt es sich um ein vierrädriges Leicht-Kfz (FE-Klasse AM) oder sogar um einen Pkw (FE-Klasse B).

- Nur noch einsitzige Krankenfahrstühle sind fahrerlaubnisfrei.

3. *Zugmaschinen, die nach ihrer Bauart für die Verwendung lof. Zwecke bestimmt sind, selbstfahrende Arbeitsmaschinen, Stapler und andere Flurförderzeuge jeweils mit einer bbH von nicht mehr als 6 km/h sowie einachsige Zug- und Arbeitsmaschinen, die von Fußgängern an Holmen geführt werden.*

Hinweise:

- § 10 Abs. 3 FeV: Das Mindestalter für das Führen eines Kfz, für das eine FE nicht erforderlich ist, beträgt 15 Jahre.
  Ausnahmen:
  - EKF nach § 4 Abs. 1 Satz 2 Nr. 1a eKFV.
  - Motorisierte Krankenfahrstühle nach § 4 Abs. 1 Satz 2 Nr. 2 FeV mit einer bbH von nicht mehr als 10 km/h durch behinderte Menschen.
- Geeignetheit zum Führen dieser Fzg gem. § 31 Abs. 1 StVZO muss gegeben sein.
- Zuwiderhandlung wäre eine OWi gem. den §§ 10 Abs. 3, 75 Nr. 7 FeV, bzw. den §§ 31 Abs. 1, 69a StVZO i.V.m. § 24 StVG (Geeignetheit).

(2) Die FE ist durch eine amtliche Bescheinigung (FS) nachzuweisen. Der FS ist beim Führen von Kfz mitzuführen und zuständigen Personen auf Verlangen zur Prüfung auszuhändigen. Der internationale FS oder der nationale ausländische FS und eine mit diesem nach § 29 Abs. 2 Satz 2 verbundene Übersetzung ist mitzuführen und zuständigen Personen auf Verlangen zur Prüfung auszuhändigen.

(3) Abweichend von Abs. 2 Satz 1 kann die FE auch durch eine andere Bescheinigung als den Führerschein nachgewiesen werden, soweit dies ausdrücklich bestimmt oder zugelassen ist. Abs. 2 Satz 2 gilt für eine Bescheinigung im Sinne des Satzes 1 entsprechend.

Hinweise:

- Dies können z.B. sein
  - Befristete Prüfungsbescheinigung (§ 22 Abs. 4 FeV)
  - FS der amerikanischen Streitkräfte (§ 29a FeV)
  - Prüfbescheinigung für begleitendes Fahren (§ 48a FeV)
- Sonderfahrzeuge:
  - Motorbetriebene Roller sind je nach bbH (über 20 bis 25 km/h) als KKR 25 (Prüfbescheinigung) oder als KKR 45 (FE-Klasse AM) oder bei bbH über 45 km/h als LKR (FE-Klasse A1) einzustufen.
  - Mini-Bikes benötigen je nach bbH eine Prüfbescheinigung bis 25 km/h, FE-Klasse AM bis 45 km/h und Klasse A1 über 45 km/h bbH oder sogar FE-Klasse A2 immer dann, wenn das leistungsbezogene Leergewicht von mindestens 0,1 kW/kg nicht übersteigt.

Beispiel:
Das Mini-Bike hat ein Leergewicht von 35 kg und 5 kW Leistung. Somit reicht die FE-Klasse A1 nicht aus, da das leistungsbezogene Leergewicht 0,14 beträgt, also über den geforderten 0,1 kW/kg. Das Fzg müsste mindestens 50 kg wiegen, damit man es mit der Klasse A1 fahren darf.

- Longboards (Elektro-Skateboards) und Hoverboards sind mehrspurige Fzg (2 Räder auf einer Achse) und benötigen die FE-Klasse B.
  - Der Artikel 3 Nr. 72 der VO (EU) 168/2013 „das Doppelrad" kann nicht angewandt werden, da selbstbalancierende Fzg nach Art. 2 Abs. 2 dieser VO ausgenommen sind, da sie keinen Sitzplatz haben.
- City Wheels (Einrad) ist kein einspuriges Fzg (Motorrad), da es nur ein Rad besitzt. Deshalb FE-Klasse B.
- Die oben aufgeführten Fzg haben keine Straßenzulassung. Dies sind OWis nach § 3 FZV bei zulassungspflichtigen Fzg und § 4 FZV bei zulassungsfreien Fzg.
- Diese Fzg benötigen eine Kfz-Haftpflichtversicherung nach den §§ 1 und 2 PflichtVG und unterliegen der Steuerpflicht nach § 1 KraftStG.
  Ausnahme:
  - Zulassungsfreie Fzg, unerheblich welche Antriebsart, sind nach § 3 Nr. 1 KraftStG von der Steuer ausgenommen.
  - Zulassungspflichtige, elektrisch betriebene Fzg sind nach § 3d KraftStG von der Steuer befreit.

4.5 § 5 Sonderbestimmungen für das Führen von Mofas und geschwindigkeitsbeschränkten Kraftfahrzeugen

(1) Wer auf öffentlichen Straßen ein Mofa (§ 4 Abs. 1 Satz 2 Nr. 1) oder ein Kfz, das den Bestimmungen des § 4 Abs. 1 Satz 2 Nr. 1b entspricht, führt, muss in einer Prüfung nachgewiesen haben, dass er

1. *ausreichende Kenntnisse der für das Führen eines Kfz maßgebenden gesetzlichen Vorschriften hat und*
2. *mit den Gefahren des Straßenverkehrs und den zu ihrer Abwehr erforderlichen Verhaltensweisen vertraut ist.*

Die Prüfung muss nicht ablegen, wer eine FE nach § 4 FeV oder eine zum Führen von Kfz im Inland berechtigende ausländische Erlaubnis besitzt.

Hinweise:

- Die Prüfbescheinigung ist mitzuführen und zuständigen Personen auf Verlangen auszuhändigen (§ 5 Abs. 4 FeV).
- Keine Prüfbescheinigung benötigt derjenige, der eine gültige (auch ausländische) FE besitzt.
- Wer vor dem 1.4.1980 das 15. Lebensjahr vollendet hat, benötigt auch keine Prüfbescheinigung (§ 76 Nr. 3 FeV).
- Entzug der FE hat auf die Prüfbescheinigung keine Auswirkung, da die Bescheinigung keine FE darstellt. Somit dürfen trotz Entzug der FE weiterhin Mofas geführt werden.
  - Beachte aber, dass das Führen von FE-freien Kfz (Mofas) nach § 25 StVG verboten werden kann.

4.6 Fahrerlaubnisse, erteilt seit 19.01.2013

Hinweise:

- FS ist eine Urkunde i.S.d. § 267 StGB (Urkundenfälschung) und gleichzeitig ein Ausweispapier nach § 281 StGB (Missbrauch von Ausweispapieren).
- E-Scooter (Motorbetriebene Roller), Mini-Bikes, Hoverboards, E-Skateboard und Citywheels (Einrad) sind keine besonderen Fortbewegungsmittel i.S.d. § 16 StVZO bzw. § 24 StVO, sondern Kfz i.S.d. § 1 Abs. 2 StVG.
- Weitere Ausführungen siehe bei § 4 FeV.

Sonderteil FE-Recht

- Mit der 12. VO zur Änderung der FeV wurde die FE-Klasse AM geändert.

§ 6 Abs. 6 FeV:

(6) FE, die bis zum Ablauf des 15. Juli 2019 erteilt worden sind (FE alten Rechts) bleiben im Umfang der bisherigen Berechtigungen, wie er sich aus der Anlage 3 ergibt, bestehen und erstrecken sich vorbehaltlich der Bestimmungen in § 76 auf den Umfang der ab dem 16. Juli 2019 geltenden FE nach Abs. 1. Auf Antrag wird Inhabern von FE alten Rechts ein neuer FS mit Umstellung auf die neuen E-Klassen entsprechend Satz 1 ausgefertigt.

Hinweise:

- § 6 Abs. 6 FeV musste angepasst werden.
- Der Besitzstand der alten FE wurde vom 19.01.2013 auf den 24.08.2017 und nun auf den 16.07.2019 datiert.
- Das bedeutet für die Praxis,
  - dass bei der Kontrolle von Fzg-Führern mit „alten FS“ (vor dem 16.07.2019), nur noch die Anlage 3 und 9 zur FeV beachtet werden muss.
  - Aus diesen Anlagen ist ersichtlich, welche Berechtigung der Fahrer nach heutigem Recht besitzt.
  - Man muss den Inhalt der FE-Klassen 1 bis 5 bzw. Klassen B, C, L usw., erteilt bis zum 15.07.2019, nicht mehr kennen.

4.6.1 Motorrad-Führerschein Klasse A

FE-Klassen seit 19.01.2013

§ 6 Abs. 1 FeV Klasse A:

Krafträder (auch mit Beiwagen) mit einem Hubraum von mehr als 50 ccm oder mit einer durch die bbH von mehr als 45 km/h und

dreirädrige Kfz mit einer Leistung von mehr als 15 kW und

dreirädrige Kfz mit symmetrisch angeordneten Rädern und einem Hubraum von mehr als 50 ccm bei Verbrennungsmotoren oder einer bbH von mehr als 45 km/h und mit einer Leistung von mehr als 15 kW.

Hinweise:

- Mindestalter für den Direkteinstieg wurde von 25 Jahre auf 24 Jahre gesenkt.
- Nach dem FE-Recht bis 18.01.2013 war für das Führen von dreirädrigen Krafträdern („Trikes“) die Klasse B ausreichend. Nach neuem Recht wird nun eine FE der Klasse A benötigt.
- Mindestalter hierfür wird auf 21 Jahre angehoben.
- Anhängerbetrieb: Artikel 4, 3. FS-Richtlinie sieht keinen Anhängerbetrieb vor.
- § 32 StVZO oder § 3 Abs. 2 FZV erlauben dies (strittig, auch unterschiedliche Kommentierung).
- Neu aufgenommen wurden die oben genannten dreirädrigen Kfz über 15 kW (im Sprachgebrauch „Trikes“) und
- dreirädrige Kfz mit symmetrisch angeordneten Rädern.
- Doppelrad: Besonderheit liegt an der Vorderachse, obwohl 2 Räder an einer Achse vorhanden sind (mehrspuriges Kfz) gilt es jedoch als einspurig. Dies ergibt sich aus der Verordnung (EU) 168/2013. Nach Art. 3 Nr. 72 handelt es sich um ein Doppelrad. Nach dieser VO wird dieses wie folgt definiert:
  - Zwei auf einer Achse montierte Räder, die als ein Rad angesehen werden und bei denen der Abstand zwischen den Mittelpunkten der Aufstandsfläche der Reifen auf der Fahrbahn 460 mm oder weniger beträgt.
- Klasse A wird den FE-Bewerbern, die 18 aber noch nicht 24 Jahre alt sind, nur als Stufen-FS erteilt.
- Sie dürfen in den ersten zwei Jahren nach Erwerb des FS nur Krafträder (auch mit Beiwagen) mit einem Hubraum über 50 ccm oder bbH über 45 km/h, max. 35 kW Leistung, max. 0,20 kW/kg Leistung/Leergewicht bzw. min. 5,0 kg/kW leistungsbezogenes Leergewicht führen (Klasse A2).
- Bei der Erweiterung der Klasse A2 auf Klasse A, muss nur noch eine praktische Prüfung durchgeführt werden (§ 15 Abs. 3 FeV).

- FE-Inhaber der Klasse 3 oder B (nach Umtausch), erworben vor dem 01.04.1980, erhalten die Klasse A2 nach einer praktischen Prüfung (§ 15 Abs. 4 FeV).
- Weitere Fzg-Klassen, die mit der FE-Klasse A geführt werden dürfen, sind in der VO (EU) Nr. 168/2013, Anhang 1 aufgeführt.
- Die Definitionen der Kfz im Anhang 1 der VO (EU) Nr. 168/2013 sind im § 2 FZV nicht übernommen worden.
- *§ 76 Nr. 7 FeV, Besitzstandsregelung:*
  - *§ 6 Abs. 1 zu Klasse A*
    Inhaber einer FE der Klasse A (beschränkt) nach § 6 Abs. 2 dieser Verordnung in der bis zum 18.01.2013 geltenden Fassung dürfen
    a) Krafträder der Klasse A2 und
    b) nach Ablauf von zwei Jahren nach der Erteilung Kfz der Klasse A führen.

Anlage 3 zur FeV (Umtausch von FS) siehe Kapitel 4.7.

4.6.2 Motorrad-Führerschein Klasse A2

Seit dem 28.12.2016 dürfen mit der Klasse A2 nur noch Motorräder geführt werden, die im Originalzustand maximal 70 kW aufweisen.

Für FE-Inhaber der Klasse A2, die ihre FE ab dem 19.01.2013 bis zum Ablauf des 27.12.2016 erworben haben, gibt es einen Besitzstand. Diese FE-Inhaber dürfen im Inland auch Motorräder führen, die im Originalzustand mehr als 70 kW hatten (siehe Gesetzestext § 76 Nr. 6a FeV).

<u>FE-Klassen seit 19.01.2013</u>

§ 6 Abs. 1 FeV Klasse A2:

Krafträder (auch mit Beiwagen) mit

a) einer Motorleistung von nicht mehr als 35 kW und

b) einem Verhältnis der Leistung zum Gewicht von nicht mehr als 0,2 kW/kg,

die nicht von einem Kraftrad mit einer Leistung von über 70 kW Motorleistung abgeleitet sind.

Hinweis:

- Bisherige Fassung vom 19.01.2013 bis 27.12.2016:
  - Krafträder (auch mit Beiwagen) mit einer Motorleistung von nicht mehr als 35 kW, bei denen das Verhältnis der Leistung zum Gewicht 0,2 kW/kg nicht übersteigt.

§ 6 Abs. 3a FeV

Die FE der Klasse B wird auch erteilt zum Führen von dreirädrigen Kfz im Inland, im Falle eines Kfz mit einer Motorleistung von mehr als 15 kW jedoch nur, soweit der Inhaber der FE mindestens 21 Jahre alt ist.

Hinweise:

- Leistungsbezogenes Leergewicht wurde von 0,16 kW/kg auf 0,2 kW/kg und die Motorleistung von 25 kW auf 35 kW Leistung erhöht.
- Um noch in die Klasse A2 zu fallen, muss das Motorrad bei 35 kW Leistung mindestens 175 kg Leergewicht aufweisen.
- Zu beachten ist, dass beide Grenzwerte, sowohl die Motorleistung von 35 kW als auch das leistungsbezogene Leergewicht von 0,20 kW/kg, eingehalten werden müssen.
- Fzg-Klasse nach der VO (EU) Nr. 168/2013; Anhang 1
  Unterklasse L3e-A2: Kraftrad mit mittlerer Leistung, bis max. 35 kW und einem Verhältnis von Leistung zu Leergewicht von max. 0,2 kW/kg, die nicht von einem Kraftrad mit einer Leistung von über 70 kW Motorleistung abgeleitet sind.
- *§ 76 Nr. 6a FeV, Besitzstandsregelung:*
  § 6 Abs. 1 zu Klasse A2

Inhaber einer ab dem 19.01.2013 bis zum Ablauf des 27.12.2016 erteilten Berechtigung zum Führen von Krafträdern (auch mit Beiwagen) mit einer Motorleistung von nicht mehr als 35 kW, bei denen das Verhältnis der Leistung zum Gewicht 0,2 kW/kg nicht übersteigt, sind im Inland auch zum Führen von Krafträdern berechtigt, deren Leistung von über 70 kW Motorleistung abgeleitet ist.

- Da dieser Besitzstand nur im Inland gilt, stellt das Führen eines solchen Motorrades im Ausland ein Fahren ohne FE dar. Sie benötigen zum rechtmäßigen Führen mindestens die FE-Klasse A. Bei der Erweiterung der Klasse A2 auf Klasse A muss nur noch eine praktische Prüfung durchgeführt werden, wenn der Fzg-Führer mindestens 2 Jahre Inhaber der Klasse A2 ist (§ 15 Abs. 3 FeV).

Anlage 3 zur FeV (Umtausch von FS) siehe Kapitel 4.7.

4.6.3 Motorrad-Führerschein Klasse Leichtkrafträder

FE-Klassen seit 19.01.2013

§ 6 Abs. 1 FeV Klasse A1*:*

Krafträder (auch mit Beiwagen) mit einem Hubraum von bis zu 125 ccm, einer Motorleistung von nicht mehr als 11 kW, bei denen das Verhältnis der Leistung zum Gewicht 0,1 kW/kg nicht übersteigt und dreirädrige Kfz mit symmetrisch angeordneten Rädern und einem Hubraum von mehr als 50 cm^3 bei Verbrennungsmotoren oder einer bbH von mehr als 45 km/h und mit einer Leistung von bis zu 15 kW.

Hinweise:

- 50 ccm Untergrenze wurde gestrichen. Jetzt sind bis zu 125 ccm Hubraum erlaubt.
- Es wurde ein leistungsbezogenes Leergewicht von 0,1 kW/kg eingefügt. Das Fzg muss bei 11 kW Leistung mindestens 110 kg wiegen.

- Drosselung der bbH auf 80 km/h für die 16- und 17-jährigen Fahrer wurde gestrichen.
- Neu aufgenommen wurden dreirädrige Kfz mit symmetrisch angeordneten Rädern.
- Doppelrad: Besonderheit liegt an der Vorderachse, obwohl 2 Räder an einer Achse vorhanden sind (mehrspuriges Kfz) gilt es jedoch als einspurig. Dies ergibt sich aus der Verordnung (EU) 168/2013. Nach Art. 3 Nr. 72 handelt es sich um ein Doppelrad. Nach dieser VO wird dieses wie folgt definiert:
  - Zwei auf einer Achse montierte Räder, die als ein Rad angesehen werden und bei denen der Abstand zwischen den Mittelpunkten der Aufstandsfläche der Reifen auf der Fahrbahn 460 mm oder weniger beträgt.
- Bei der Erweiterung der Klasse A1 auf Klasse A2 muss nur noch eine praktische Prüfung durchgeführt werden, wenn der Fahrzeugführer mindestens 2 Jahre Inhaber der Klasse A1 ist (§ 15 Abs. 3 FeV).
- Weitere Fzg, die mit der FE-Klasse A1 geführt werden dürfen, sind in der VO (EU) Nr. 168/2013, Anhang 1 aufgeführt.

– Beachte: Dreirädrige Kfz mit max. 15 kW Leistung sind Klasse A1-Fzg.

– Dreirädrige Kfz mit über 15 kW Leistung sind Klasse A-Fzg.

- Die Definitionen der Kfz im Anhang 1 der VO (EU) Nr. 168/2013 sind im § 2 FZV nicht übernommen worden.
- *§ 76 Nr. 6 FeV, Besitzstandsregelung:*
  § 6 Abs. 1 zur Klasse A1.
  Als Krafträder der Klasse A1 gelten auch
  a. *Krafträder mit einem Hubraum von nicht mehr als 50 ccm³ und einer durch die Bauart bestimmten Höchstgeschwindigkeit von mehr als 40 km/h, wenn sie bis zum 31.12.1983 erstmals in den Verkehr gekommen sind (Kleinkrafträder bisherigen Rechts) und*

b. *Krafträder mit einem Hubraum von nicht mehr als 125 ccm³ und einer Nennleistung von nicht mehr als 11 kW, wenn sie bis zum 18.01.2013 erstmals in den Verkehr gekommen sind.*

Anlage 3 zur FeV (Umtausch von FS) siehe Kapitel 4.7.

4.6.4 Motorrad-Führerschein Klasse Kleinkrafträder

FE-Klassen seit 19.01.2013

Änderungen im FE-Recht ab 24.08.2017 aufgrund der 12. Verordnung zur Änderung der FeV.

§ 6 Abs. 1 FeV Klasse AM:

- *leichte zweirädrige Kfz der Klasse L1e-B nach Artikel 4 Abs. 2 Buchstabe a*
- *dreirädrige Kleinkrafträder der Klasse L2e nach Artikel 4 Abs. 2 Buchstabe b*
- *leichte vierrädrige Kfz der Klasse L6e nach Artikel 4 Abs. 2 Buchstabe f der Verordnung (EU) Nr. 168/2013 des Europäischen Parlaments und des Rates vom 15.01.2013 über die Genehmigung und Marktüberwachung von zwei- oder dreirädrigen und vierrädrigen Fzg (ABl. L 60 vom 2.3.2013, S. 52).*

Hinweise:

- Klasse S wird gestrichen.
- Die in dieser Klasse beinhalteten dreirädrigen KKR und vierrädrigen Leicht-Kfz wurden in die Klasse AM verschoben.
- Fzg-Klassen nach der VO (EU) Nr. 168/2013; Anhang 1
  - Klasse L1e: Zweirädriges Kfz mit einer bbH von bis zu 45 km/h, Hubraum von bis zu 50 ccm und max. 4 kW Leistung, auch mit Elektromotoren mit max. 4 kW Leistung.
  - Unterklasse L1e-A: Fahrrad mit Antriebssystem, mit Hilfsantrieb unterstützte Pedalfunktion bis max. 25 km/h, Leistung 251 bis <= 1.000 Watt (Leichtmofa).

- Unterklasse L1e-B: Leichtes 2-rädriges KKR bis 45 km/h bbH (auch FmH 25).

- Beachte: Das zweirädrige Kfz gibt es nicht mit Beiwagen der Klasse L4e.
- Für das L1e-A Fzg (Leichtmofa) und das L1e-B Fzg (FmH 25) benötigt man keinen FS, sondern eine Prüfbescheinigung.
- Nachfolgend, die die im Artikel 4 Abs. 2 Buchstabe b) aufgeführten Fzg:
  - dreirädrige Kleinkrafträder der Klasse L2e, Unterklassen:
    - Fzg der Klasse L2e-P (dreirädriges Moped, ausgelegt für die Beförderung von Personen),
    - Fzg der Klasse L2e-U (dreirädriges Moped, ausgelegt für die Beförderung von Gütern)
- Weitere Fzg die mit der FE-Klasse AM geführt werden dürfen, sind in der VO (EU) Nr. 168/2013, Anhang 1 aufgeführt.
- Die Definitionen der Kfz im Anhang 1 der VO (EU) Nr. 168/2013 sind im § 2 FZV nicht übernommen worden.
- *§ 76 Nr. 8 und 8a FeV Besitzstandsregelung:*
- *8. § 6 Abs. 1 zu Klasse AM*
  - *Als zweirädrige Kleinkrafträder und Fahrräder mit Hilfsmotor gelten auch*
    a) Krafträder mit einem Hubraum von nicht mehr als 50 ccm^3 und einer durch die bbH von mehr als 45 km/h und nicht mehr als 50 km/h, wenn sie bis zum 31.12.2001 erstmals in den Verkehr gekommen sind,
- *8a. § 6 Abs. 1 zu Klasse AM:*
  - *Inhaber einer FE der Klasse AM, die bis zum Ablauf des 23.08.2017 erteilt wurde, sind auch berechtigt, dreirädrige KKR mit einer Leermasse von mehr als 270 kg und zweirädrige KKR mit Beiwagen zu führen.*

Anlage 3 zur FeV (Umtausch von FS) siehe Kapitel 4.7.

4.6.5 Führerschein für landwirtschaftliche Kraftfahrzeuge Klasse L

FE-Klassen seit 19.01.2013

§ 6 Abs. 1 FeV Klasse L*:*

Zugmaschinen, die nach ihrer Bauart zur Verwendung für lof. Zwecke bestimmt sind und für solche Zwecke eingesetzt werden, mit einer durch die bbH von nicht mehr als 40 km/h und Kombinationen aus diesen Fzg und Anh., wenn sie mit einer Geschwindigkeit von nicht mehr als 25 km/h geführt werden, sowie selbstfahrende Arbeitsmaschinen oder selbstfahrende Futtermischwagen, Stapler und andere Flurförderzeuge jeweils mit einer durch die bbH von nicht mehr als 25 km/h und Kombinationen aus diesen Fzg und Anh.

Hinweise:

- BbH der Zugmaschinen wurde von 32 km/h auf 40 km/h erhöht und der selbstfahrende Futtermischwagen wurde in die Klasse L mit aufgenommen (gültig ab 30.06.2012).
- Werden die Zugmaschinen bis 40 km/h für andere als lof. Zwecke eingesetzt, benötigt man je nach Gewicht der Kfz die Klasse B, C1 oder C.

Anlage 3 zur FeV (Umtausch von FS) siehe Kapitel 4.7.

4.6.6 Führerschein für landwirtschaftliche Kraftfahrzeuge Klasse T

FE-Klassen seit 19.01.2013

§ 6 Abs. 1 FeV Klasse T*:*

Zugmaschinen mit einer durch die bbH von nicht mehr als 60 km/h und selbstfahrende Arbeitsmaschinen oder selbstfahrende Futtermischwagen mit einer durch die bbH von nicht mehr als 40 km/h, die jeweils nach ihrer Bauart zur Verwendung für lof. Zwecke bestimmt sind und für solche Zwecke eingesetzt werden (jeweils auch mit Anh.).

Hinweise:

- Selbstfahrende Futtermischwagen wurden neu aufgenommen (gültig ab 30.06.2012).
- Diese neue Klasse kommt den Bedürfnissen in der Landwirtschaft entgegen. Immer leistungsstärkere, größere und schwerere Zug- oder Arbeitsmaschinen werden benötigt, um rationell arbeiten zu können.
- 16- und 17-Jährige dürfen nur Zugmaschinen mit einer bbH bis 40 km/h führen (§ 6 Abs. 2 FeV).
- Ist die Klasse T mit 16 oder 17 Jahren erworben worden, erfolgt mit 18 Jahren ein prüfungsfreier Aufstieg in die Klasse T bis 60 km/h bbH.
- Alle Zug- oder Arbeitsmaschinen, die nicht in der Land- oder Forstwirtschaft eingesetzt werden, fallen je nach Gewicht in die Klassen B, C1 oder C.
  - Bagger ist eine selbstfahrende Arbeitsmaschine, wird aber nicht in der Land- oder Forstwirtschaft eingesetzt, sondern im Straßenbau. Hat der Bagger ein Gewicht von 3,4 t so benötigt man die Klasse B, bei einem Gewicht von 20 t die Klasse C.

Anlage 3 zur FeV (Umtausch von FS) siehe Kapitel 4.7.

4.6.7 Führerschein für Personenkraftwagen Klasse B

<u>FE-Klassen seit 19.01.2013</u>

§ 6 Abs. 1 FeV Klasse B:

Kfz – ausgenommen Kfz der Klassen AM, A1, A2 und A – mit einer zG von nicht mehr als 3.500 kg, die zur Beförderung von nicht mehr als acht Personen außer dem Fzg-Führer ausgelegt und gebaut sind (auch mit Anh. mit einer zG von nicht mehr als 750 kg oder mit Anh. über 750 kg zulässiger Gesamtmasse, sofern 3.500 kg zG der Kombination nicht überschritten wird).

Hinweise:

- Auf das Verhältnis der zG des Anh. zu der Leermasse des Zug-Fzg kommt es nicht mehr an.
  Der Begriff „Sitzplätze“ wird durch den Begriff „Personen“ ersetzt.
- Mit FE-Klasse B dürfen folgende Fzg und Kombinationen gefahren werden:
  - Dreirädrige Kfz im Inland, im Falle eines Kfz mit einer Motorleistung von mehr als 15 kW jedoch nur, soweit der Inhaber der FE mindestens 21 Jahre alt ist (§ 6 Abs. 3a FeV).
  - Fzg bis 4,25 t, wenn alternativ (z.B. Gas, Wasserstoff) angetrieben wird (§ 6 Abs. 3b FeV).
  - Kfz mit max. 3,5 t zG und Anh. mit mehr als 750 kg zG, aber Kombination max. 4250 kg (Schlüsselzahl 96, § 6a FeV).
  - Krafträder der Klasse A1, Mindestalter 25 Jahre und Fahrerschulung notwendig (Schlüsselzahl 196, § 6b FeV).
  - Zugfahrzeug bis 3,5 t zG und Anh. bis 750 kg = 4,25 t zG (§ 6 Abs. 1 FeV).
  - Zugfahrzeug mit Anh. über 750 kg, aber zG der Kombination max. 3,5 t (§ 6 Abs. 1 FeV).
- Wird die Klasse 3 umgetauscht, erhält man auf Antrag die Schlüsselzahl 79 (CE>12 000 kg, L bis 3 Achsen).
  - Diese Schlüsselzahl erlaubt Züge mit 3 Achsen und einer zG bis 18,5 t zu führen (alte Klasse 3).
- Weitere Fzg die mit der FE-Klasse B geführt werden dürfen, sind in der VO (EU) Nr. 168/2013, Anhang 1 aufgeführt.
- Siehe auch Klasse B seit 01.01.1999.

Anlage 3 zur FeV (Umtausch von FS) siehe Kapitel 4.7.

4.6.8 Führerschein für Pkw mit Anhänger Klasse BE

FE-Klassen seit 19.01.2013

§ 6 Abs. 1 FeV Klasse BE:

Fzg-Kombinationen, die aus einem Zug-Fzg der Klasse B und einem Anh. oder Sattel-Anh. bestehen, sofern die zG des Anh. oder Sattel-Anh. 3.500 kg nicht übersteigt.

Hinweise:

- ZG der Anh. bzw. Sattel-Anh. wird auf 3,5 t begrenzt.
- Sattel-Anh. wurde neu aufgenommen.
- Somit wird die zG der Kombination bei maximaler Auslastung auf 7,0 t beschränkt (3,5 t Zug-Fzg und 3,5 t Anh.).
- Ist die zG des Anh. höher als 3,5 t, wird die Klasse C1E benötigt.
- Auf das Verhältnis der zG des Anh. zu der Leermasse des Zug-Fzg kommt es nicht mehr an.
- Der Begriff „Sitzplätze“ wird durch den Begriff „Personen“ ersetzt.
- Wie schwer der angehängte Anh. sein darf, richtet sich nach § 42 StVZO (Anhängelast hinter Kfz).
- Schreibt der Hersteller keine niedrigeren Anhängelasten vor, darf das zG des Anh. nicht höher sein als die zG des Zug-Fzg, aber max. 3,5 t zG.
- Bei Geländewagen mit Allradantrieb und durchgehender Bremsanlage, darf das Gewicht des Anh. das 1,5-Fache der zG des Zug-Fzg betragen, aber max. 3,5 t zG.
- Siehe auch Klasse B seit 19.01.2013.
- Wird die Klasse 3 umgetauscht, erhält man auf Antrag die Schlüsselzahl 79 (CE>12 000 kg, L bis 3 Achsen).
  - Diese Schlüsselzahl erlaubt Züge mit 3 Achsen und einer zG bis 18,5 t zu führen (alte Klasse 3).

Anlage 3 zur FeV (Umtausch von FS) siehe Kapitel 4.7.

4.6.9 Führerschein für kleine Lastkraftwagen Klasse C1

FE-Klassen seit 19.01.2013

§ 6 Abs. 1 FeV Klasse C1:

Kfz, ausgenommen Kfz der Klassen AM, A1, A2, A, D1 und D mit einer zG von mehr als 3.500 kg, aber nicht mehr als 7.500 kg, und die zur Beförderung von nicht mehr als acht Personen außer dem Fzg-Führer ausgelegt und gebaut sind (auch mit Anh. mit einer zG von nicht mehr als 750 kg).

Hinweise:

- Sattel-Anh. wurde neu aufgenommen.
- Begriff „Sitzplätze“ wird durch den Begriff „Personen“ ersetzt.
- Werden Anh. mit mehr als 750 kg zG mitgeführt, ist die Klasse C1E erforderlich. Allerdings gibt es die im alten FE-Recht zu beachtende 3-Achsen-Regelung nicht mehr.
- Wird die Klasse 3 umgetauscht, erhält man auf Antrag die Schlüsselzahl 79 (CE>12 000 kg, L bis 3 Achsen).
  - Diese Schlüsselzahl erlaubt Züge mit 3 Achsen und einer zG bis 18,5 t zu führen (alte Klasse 3).

§ 76 Nr. 8b FeV, Besitzstandsregelung:

§ 6 Abs. 1 zu Klasse C1:

Inhaber einer FE der Klasse C1, die bis zum Ablauf des 18.01.2013 erteilt wurde, sind auch berechtigt, Kfz zu führen, die

a) eine zG von mehr als 3500 kg, höchstens aber eine Gesamtmasse von 7500 kg haben und

b) zur Beförderung von höchstens acht Personen, den Fzg-Führer ausgenommen, ausgelegt und gebaut sind.

Hinter Kfz dieser Klasse darf ein Anh. mit einer zG von höchstens 750 kg mitgeführt werden. Nicht gestattet ist das Führen von Kfz der Klassen AM, A1, A2 und A.

Inhaber einer FE der Klasse C1, die ab dem 19.01.2013 und bis zum Ablauf des 27.12.2016 erteilt wurde, sind auch berechtigt, im Inland Kfz zu führen, die

a) eine zG von mehr als 3500 kg, höchstens aber eine Gesamtmasse von 7500 kg haben und

b) zur Beförderung von höchstens acht Personen, den Fzg-Führer ausgenommen, ausgelegt und gebaut sind.

Hinter Kfz dieser Klasse darf ein Anh. mit einer zG von höchstens 750 kg mitgeführt werden. Nicht gestattet ist das Führen von Kfz der Klassen AM, A1, A2 und A.

§ 6 Abs. 4a FeV Klasse C1:

Eine FE der Klasse C1 berechtigt auch zum Führen von Fzg mit einer zG von mehr als 3500 kg, aber nicht mehr als 7500 kg, und die zur Beförderung von nicht mehr als acht Personen außer dem Fzg-Führer ausgelegt und gebaut sind mit insbesondere folgender, für die Genehmigung der Fzg-Typen maßgeblicher, besonderer Zweckbestimmung:

1. *Einsatz-Fzg der Feuerwehr,*
2. *Einsatz-Fzg der Polizei,*
3. *Einsatz-Fzg der nach Landesrecht anerkannten Rettungsdienste,*
4. *Einsatz-Fzg des Technischen Hilfswerks,*
5. *Einsatz-Fzg sonstiger Einheiten des Katastrophenschutzes,*
6. *Krankenkraftwagen,*
7. *Notarzteinsatz- und Sanitätsfahrzeuge,*
8. *Beschussgeschützte Fzg,*
9. *Post, Funk- und Fernmeldefahrzeuge,*
10. *Spezialisierte Verkaufswagen,*
11. *Rollstuhlgerechte Fzg,*
12. *Leichenwagen und*
13. *Wohnmobile.*

Satz 1 gilt für die FE der Klassen C1E, C und CE entsprechend (§ 6 Abs. 4a FeV).

Hinweise:

- Fahrer von Fzg mit mehr als 3,5 t bis 7,5 t zG, die zur Pers-Beförderung ausgelegt sind, benötigen die FE-Klasse D1 oder D unabhängig davon, für welche Mindestzahl die Fzg ausgelegt sind. Nach altem Recht reichte Klasse C1 oder C aus, wenn nicht mehr als 8 Personen befördert wurden.
- Deshalb die Ausnahmen im § 6 Abs. 4a FeV.

Anlage 3 zur FeV (Umtausch von FS) siehe Kapitel 4.7.

4.6.10 Führerschein für kleine Lastkraftwagen mit Anhänger Klasse C1E

FE-Klassen seit 19.01.2013

§ 6 Abs. 1 FeV Klasse C1E:

Fzg-Kombinationen, die aus einem Zugfahrzeug

- *der Klasse C1 und einem Anh. oder Sattel-Anh. mit einer zG von mehr als 750 kg bestehen, sofern die zG der Fahrzeugkombination 12000 kg nicht übersteigt,*
- *der Klasse B und einem Anh. oder Sattel-Anh. mit einer zG von mehr als 3500 kg bestehen, sofern die zG der Fahrzeugkombination 12000 kg nicht übersteigt.*

Hinweise:

- Neu aufgenommen wurde die Kombination aus einem Zug-Fzg der Klasse B und einem Anh. oder Sattel-Anh. von mehr als 3,5 t bei der die zG der Kombination 12 t nicht übersteigen darf.
- Begriff „Sitzplätze“ wird durch den Begriff „Personen“ ersetzt.
- Wie schwer der angehängte Anh. sein darf, richtet sich nach § 42 StVZO (Anhängelast hinter Kfz).

- Wird die Klasse 3 umgetauscht, erhält man auf Antrag die Schlüsselzahl 79 (CE>12 000 kg, L bis 3 Achsen).
  - Diese Schlüsselzahl erlaubt, Züge mit 3 Achsen und einer zG bis 18,5 t zu führen (alte Klasse 3).
- Auf das Verhältnis der zG des Anh. zu der Leermasse des Zug-Fzg kommt es nicht mehr an.
- Sattel-Anh. wurden neu aufgenommen.

Anlage 3 zur FeV (Umtausch von FS) siehe Kapitel 4.7.

4.6.11 Führerschein für große Lastkraftwagen Klasse C

FE-Klassen seit 19.01.2013

§ 6 Abs. 1 FeV Klasse C:

Kfz, ausgenommen Kfz der Klassen AM, A1, A2, A, D1 und D mit einer zG von mehr als 3.500 kg, die zur Beförderung von nicht mehr als acht Personen außer dem Fzg-Führer ausgelegt und gebaut sind (auch mit Anh. mit einer zG von nicht mehr als 750 kg).

Hinweis:

- Begriff „Sitzplätze“ wird durch den Begriff „Personen“ ersetzt.

§ 76 Nr. 8c FeV Besitzstandsregelung:

§ 6 Abs. 1 zu Klasse C:

Inhaber einer FE der Klasse C, die bis zum Ablauf des 18.01.2013 erteilt wurde, sind auch berechtigt, Kfz zu führen, die

a) eine zG von mehr als 3500 kg haben und

b) zur Beförderung von nicht mehr als acht Personen, den Fzg-Führer ausgenommen, ausgelegt und gebaut sind.

Hinter Kfz dieser Klasse darf ein Anh. mit einer zG von höchstens 750 kg mitgeführt werden. Nicht gestattet ist das Führen von Kfz der Klassen AM, A1, A2 und A.

Inhaber einer FE der Klasse C, die ab dem 19.01.2013 bis zum Ablauf des 27.12.2016 erteilt wurde, sind auch berechtigt, im Inland Kfz zu führen, die

a) eine zG von mehr als 3500 kg haben und

b) die zur Beförderung von nicht mehr als acht Personen, den Fzg-Führer ausgenommen, ausgelegt und gebaut sind.

Hinter Kfz dieser Klasse darf ein Anh. mit einer zG von höchstens 750 kg mitgeführt werden. Nicht gestattet ist das Führen von Kfz der Klassen AM, A1, A2 und A

Anlage 3 zur FeV (Umtausch von FS) siehe Kapitel 4.7.

4.6.12 Führerschein für große Lastkraftwagen mit Anhänger Klasse CE

FE-Klassen seit 19.01.2013

§ 6 Abs. 1 FeV Klasse CE:

Fzg-Kombinationen, die aus einem Zug-Fzg der Klasse C und Anh. oder einem Sattel-Anh. mit einer zG von mehr als 750 kg bestehen.

Hinweise:

- Sattel-Anh. wurden zusätzlich aufgenommen.
- Begriff „Sitzplätze“ wird durch den Begriff „Personen“ ersetzt.

§ 76 Nr. 8e FeV Besitzstandsregelung:

§ 6 Abs. 3 zu Klasse CE:

Inhaber einer FE der Klasse CE, die bis zum Ablauf des 18.01.2013 erteilt wurde, sind auch berechtigt, Kfz der Klasse D1E zu führen, sofern sie zum Führen von Kfz der Klasse D1 berechtigt sind.

Inhaber einer FE der Klasse CE, die ab dem 19.01.2013 bis zum Ablauf des 27.12.2016 erteilt wurde, sind auch berechtigt, im Inland Kfz der Klasse D1E zu führen, sofern sie zum Führen von Kfz der Klasse D1 berechtigt sind.

Anlage 3 zur FeV (Umtausch von FS) siehe Kapitel 4.7.

4.6.13 Führerschein für kleine Kraftomnibusse Klasse D1

FE-Klassen seit 19.01.2013

§ 6 Abs. 1 FeV Klasse D1:

Kfz, ausgenommen Kfz der Klassen AM, A1, A2, A, die zur Beförderung von nicht mehr als 16 Personen außer dem Fzg-Führer ausgelegt und gebaut sind und deren Länge nicht mehr als 8 m beträgt (auch mit Anh. mit einer zG von nicht mehr als 750 kg).

Hinweise:

- Begriff „Sitzplätze" wird bei allen Klasse D-Fzg ersetzt durch den Begriff „Personen" und die Länge der D1-Fzg wird auf höchstens 8 m beschränkt.
- Man will somit verhindern, dass aus einem KOM der Klasse D durch den Ausbau von Sitzen ein Klasse D1-Fzg entsteht.

§ 76 Nr. 8d FeV Besitzstandsregelung:

§ 6 Abs. 1 zu Klasse D1:

Inhaber einer FE der Klasse D1, die bis zum Ablauf des 18.01.2013 erteilt wurde, sind auch berechtigt, Kfz zu führen, die zur Beförderung von mehr als acht, aber nicht mehr als 16 Personen, den Fzg-Führer ausgenommen, ausgelegt und gebaut sind.

Hinter Kfz dieser Klasse darf ein Anh. mit einer zG von höchstens 750 kg mitgeführt werden. Nicht gestattet ist das Führen von Kfz der Klassen AM, A1, A2 und A.

Inhaber einer FE der Klasse D1, die ab dem 19.01.2013 bis zum Ablauf des 27.12.2016 erteilt wurde, sind auch berechtigt, im Inland Kfz, zu führen,

a) die zur Beförderung von mehr als 8, aber nicht mehr als 16 Personen, den Fzg-Führer ausgenommen, ausgelegt und gebaut sind und

b) deren Länge nicht mehr als 8 m beträgt.

Hinter Kfz dieser Klasse darf ein Anh. mit einer zG von höchstens 750 kg mitgeführt werden. Nicht gestattet ist das Führen von Kfz der Klassen AM, A1, A2 und A.

Anlage 3 zur FeV (Umtausch von FS) siehe Kapitel 4.7.

4.6.14 Führerschein für kleine Kraftomnibusse mit Anhänger Klasse D1E

<u>FE-Klassen seit 19.01.2013</u>

§ 6 Abs. 1 FeV Klasse D1E:

Fzg-Kombinationen, die aus einem Zugfahrzeug der Klasse D1 und einem Anh. mit einer zG von mehr als 750 kg bestehen.

Hinweise:

- Begriff „Sitzplätze" wird bei allen Klasse D-Fzg ersetzt durch den Begriff „Personen" und die Länge der D1-Fzg wird auf höchstens 8 m beschränkt. Man will somit verhindern, dass aus einem KOM der Klasse D durch den Ausbau von Sitzen ein Klasse D1-Fzg entsteht.
- Obergrenze der Kombination von 12 t zG und die Variante zG Anh. darf nicht höher sein als die Leermasse des Zug-Fzg wurden gestrichen.
- Mindestalter der Klassen D1 und D1E wird auf 21 Jahre festgelegt.
- Ausnahmen vom Mindestalter, siehe § 10 FeV.

§ 76 Nr. 8f FeV Besitzstandsregelung:

§ 6 Abs. 3 zu Klasse D1E:

Inhaber einer FE der Klasse D1E, die bis zum Ablauf des 18.01.2013 erteilt wurde, sind auch berechtigt, Kfz der Klasse C1E zu führen, sofern sie zum Führen von Kfz der Klasse C1 berechtigt sind.

Inhaber einer FE der Klasse D1E, die ab dem 19.01.2013 bis zum Ablauf des 27.12.2016 erteilt wurde, sind auch berechtigt, im In-

land Kfz der Klasse C1E zu führen, sofern sie zum Führen von Kfz der Klasse C1 berechtigt sind.

Anlage 3 zur FeV (Umtausch von FS) siehe Kapitel 4.7.

4.6.15 Führerschein für große Kraftomnibusse Klasse D

FE-Klassen seit 19.01.2013

§ 6 Abs. 1 FeV Klasse D:

Kfz, ausgenommen Kfz der Klassen AM, A1, A2, A, die zur Beförderung von mehr als acht Personen außer dem Fzg-Führer ausgelegt und gebaut sind (auch mit Anh. mit einer zG von nicht mehr als 750 kg).

Hinweise:

- Begriff „Sitzplätze“ wird durch den Begriff „Personen“ ersetzt.
- Mindestalter der Klassen D wird auf 24 Jahre festgelegt.
- Ausnahmen vom Mindestalter, siehe § 10 FeV

Anlage 3 zur FeV (Umtausch von FS) siehe Kapitel 4.7.

4.6.16 Führerschein für große Kraftomnibusse mit Anhänger Klasse DE

FE-Klassen seit 19.01.2013

§ 6 Abs. 1 FeV Klasse DE:

Fzg-Kombinationen, die aus einem Zug-Fzg der Klasse D und einem Anh. mit einer zG von mehr als 750 kg bestehen.

Hinweise:

- Mindestalter der Klassen DE wird auf 24 Jahre festgelegt.
- Ausnahmen vom Mindestalter, siehe § 10 FeV.

§ 76 Nr. 8g FeV Besitzstandsregelung:

§ 6 Abs. 3 zu Klasse DE:

Inhaber einer FE der Klasse DE, die bis zum Ablauf des 18.01.2013 erteilt wurde, sind auch berechtigt, Kfz der Klasse C1E zu führen, sofern sie zum Führen von Kfz der Klasse C1 berechtigt sind.

Inhaber einer FE der Klasse DE, die ab dem 19.01.2013 bis zum Ablauf des 27.12.2016 erteilt wurde, sind auch berechtigt, im Inland Kfz der Klasse C1E zu führen, sofern sie zum Führen von Kfz der Klasse C1 berechtigt sind.

Anlage 3 zur FeV (Umtausch von FS) siehe Kapitel 4.7.

4.7 Anlage 3 (zu § 6 Abs. 6) Umstellung von FE alten Rechts und Umtausch von Führerscheinen nach bisherigen Mustern

Beachte:

§ 6 Abs. 6 FeV

FE, die bis zum Ablauf des 15. Juli 2019 erteilt worden sind (FE alten Rechts) bleiben im Umfang der bisherigen Berechtigungen, wie er sich aus der Anlage 3 ergibt, bestehen und erstrecken sich vorbehaltlich der Bestimmungen in § 76 auf den Umfang der ab dem 16. Juli 2019 geltenden FE nach Abs. 1. Auf Antrag wird Inhabern von FE alten Rechts ein neuer FS mit Umstellung auf die neuen E-Klassen entsprechend Satz 1 ausgefertigt.

Hinweis:

- Bei der Kontrolle von Fzg-Führern mit „alten FS“ müssen nur noch die Anlagen 3 und 9 zur FeV beachtet werden. Aus diesen Anlagen ist ersichtlich, welche Berechtigung der Fahrer nach heutigem Recht besitzt. Man muss den Inhalt der FE-Klassen 1 bis 5 bzw. Klassen B, C, L usw. nicht mehr kennen.

4.7.1 Erteilungsdatum bis zum 31.12.1998

Lfd Nr.	FE-Klasse (alt)	Datum der Erteilung der FE	FE-Klassen (neu)	Weitere Berechtigungen oder Einschränkungen: Klasse und Schlüsselzahl gemäß Anlage 9
3	1	nach dem 30.11.1954 und vor dem 01.01.1989	A, A2, A1, AM, L	L 174, 175
4	1	nach dem 31.12.1988	A, A2, A1, AM, L	L 174
5	1 a	vor dem 01.01.1989	A, A2, A1, AM, L	L 174, 175
6	1 a	nach dem 31.12.1988	A, A2, A1, AM, L	L 174
7	1 b	nach dem 31.03.1980 und vor dem 01.04.1986	A1, AM, L	L 174, 175, A1 79.05
8	1 b	vor dem 01.01.1989	A1, AM, L	L 174, 175, A1 79.05
9	1 b	nach dem 31.12.1988	A1, AM, L	L 174, A1 79.05
12	2	vor dem 01.04.1980	A, A1, AM, B, BE, C1, C1E, C, CE, L, T	C 172, A1 79.05, A 79.03, A 79.04, BE 79.06
13	2	nach dem 31.03.1980	A, A1, AM, B, BE, C1, C1E, C, CE, L, T	C 172, A1 79.03, A1 79.04, A 79.03, A 79.04, BE 79.06
17	3	vor dem 01.04.1980	A, A1, AM, B, BE, C1, C1E, L	C1 171, L 174, 175, A1 79.05, A 79.03, A 79.04, BE 79.06 CE 79 (C1E $>$ 12 000 kg, L $\leq$ 3), T

Lfd Nr.	**FE-Klasse (alt)**	**Datum der Erteilung der FE**	**FE-Klassen (neu)**	**Weitere Berechtigungen oder Einschränkungen: Klasse und Schlüsselzahl gemäß Anlage 9**
18	3	nach dem 31.03.1980 und vor dem 01.01.1989	A, A1, AM, B, BE, C1, C1E, L	C1 171, L 174, 175, A1 79.03, A1 79.04, A 79.03, A 79.04, BE 79.06 CE 79 (C1E > 12 000 kg, L ≤ 3), T
19	3	nach dem 31.12.1988	A, A1, AM, B, BE, C1, C1E, L	C1 171, L 174, A1 79.03, A1 79.04, A 79.03, A 79.04, BE 79.06 CE 79 (C1E > 12 000 kg, L ≤ 3), T
22	4	vor dem 01.04.1980	A1, AM, L	L 174, 175, A1 79.05
23	4	nach dem 31.03.1980 und vor dem 01.01.1989	AM, L	L 174, 175
24	4	nach dem 31.12.1988	AM, L	L 174
25	5	vor dem 01.04.1980	AM, L	L 174, 175
26	5	nach dem 31.03.1980 und vor dem 01.01.1989	AM, L	L 174, 175
27	5	nach dem 31.12.1988	L	L 174

4.7.2 Erteilungsdatum vom 01.01.1999 bis zum 18.01.2013

Lfd. Nr.	Fahrerlaubnisklasse (alt)	FE-Klassen (neu)	Weitere Berechtigungen oder Einschränkungen: Klasse und Schlüsselzahl
1	A1	A1, AM	A1 79.05
2	A (beschr.)	A, A2, A1, AM	
3	A	A, A2, A1, AM	
4	B	A, A1, AM, B, L	A1 79.03, A1 79.04, A 79.03, A 79.04
5	BE	A, A1, AM, B, BE, L	A1 79.03, A1 79.04, A 79.03, A 79.04, BE 79.06
6	C1	A, A1, AM, B, C1, L	A1 79.03, A1 79.04, A 79.03, A 79.04
7	C1E	A, A1, AM, B, BE, C1, C1E, L	A1 79.03, A1 79.04, A 79.03, A 79.04, BE 79.06
8	C	A, A1, AM, B, C1, C, L	A1 79.03, A1 79.04, A 79.03, A 79.04
9	CE	A, A1, AM, B, BE, C1, C1E, C, CE, L, T	A1 79.03, A1 79.04, A 79.03, A 79.04, BE 79.06
10	D1	A, A1, AM, B, D1, L	A1 79.03, A1 79.04, A 79.03, A 79.04
11	D1E	A, A1, AM, B, BE, D1, D1E, L	A1 79.03, A1 79.04, A 79.03, A 79.04, BE 79.06
12	D	A, A1, AM, B, D1, D, L	A1 79.03, A1 79.04, A 79.03, A 79.04
13	DE	A, A1, AM, B, BE, D1, D1E, D, DE, L	A1 79.03, A1 79.04, A 79.03, A 79.04, BE 79.06
14	M	AM	
15	L	L	
16	S	AM	
17	T	AM, L, T	

4.8 Anlage 9 (zu § 25 Abs. 3) Verwendung von Schlüsselzahlen für Eintragungen in den Führerschein

– Auszug –

I. Schlüsselzahlen der Europäischen Union

Lfd. Nr.	Schlüsselzahl	
1	01	Korrektur des Sehvermögens und/oder Augenschutz
2	01.01	Brille
3	01.02	Kontaktlinse(n)
4	01.03	Schutzbrille*
5	01.05	Augenschutz
6	01.06	Brille oder Kontaktlinsen
7	01.07	Spezifische optische Hilfe
8	02	Hörhilfe/Kommunikationshilfe
9	03	Prothese/Orthese der Gliedmaßen
10	03.01	Prothese/Orthese der Arme
11	03.02	Prothese/Orthese der Beine
12	05	Fahrbeschränkung aus medizinischen Gründen:*
21	10	Angepasste Schaltung
27	15.03	Automatische Kupplung
28	15.04	Maßnahme, um eine Blockierung oder Betätigung des Kupplungspedals zu verhindern
29	20	Angepasste Bremsmechanismen
30	20.01	Angepasstes Bremspedal

* Die Schlüsselzahlen 01.03,44.05 bis 44.07, 51, dürfen nur bei der Umstellung von FE, die bis zum 31.12.2016 erteilt worden sind, verwendet werden. Die Schlüsselzahlen 72, 74 bis 77 dürfen nur bei der Umstellung von FE, die bis zum 18.01.2013 erteilt worden sind, verwendet werden.

Lfd. Nr.	Schlüsselzahl	
90	44.06	Angepasster Rückspiegel*
97	45	Kraftrad nur mit Seitenwagen
98	46	Nur dreirädrige Kfz
99	47	Beschränkt auf Fzg mit mehr als zwei Rädern, die vom Fahrer beim Anfahren, Anhalten und Stehen nicht im Gleichgewicht ausbalanciert werden müssen
100	50	Beschränkung auf ein bestimmtes Fzg/eine bestimmte Fahrgestellnummer (Angabe der Fzg-Identifizierungsnummer)
101	51	Nur ein bestimmtes Fzg (amtliches Kennzeichen)*
102	61	Beschränkung auf Fahrten bei Tag (z.B. eine Stunde nach Sonnenaufgang und eine Stunde vor Sonnenuntergang)
103	62	Beschränkung auf Fahrten in einem Umkreis von ... km vom Wohnsitz oder innerorts in .../innerhalb der Region ...
104	63	Fahren ohne Beifahrer
105	64	Beschränkt auf Fahrten mit einer zulässigen Höchstgeschwindigkeit von nicht mehr als ... km/h
106	65	Fahren nur mit Beifahrer, der im Besitz eines Führerscheins von mindestens der gleichwertigen Klasse sein muss
107	66	Ohne Anh.
108	67	Fahren auf Autobahnen nicht erlaubt
109	68	Kein Alkohol
110	69	Beschränkt auf Fzg mit einer alkoholempfindlichen Wegfahrsperre gemäß EN 50436
114	73	Nur für vierrädrige Kfz der Klasse B (B1)
119	78	Nur Fzg mit Automatikgetriebe

* Die Schlüsselzahlen 01.03,44.05 bis 44.07, 51, dürfen nur bei der Umstellung von FE, die bis zum 31.12.2016 erteilt worden sind, verwendet werden. Die Schlüsselzahlen 72, 74 bis 77 dürfen nur bei der Umstellung von FE, die bis zum 18.01.2013 erteilt worden sind, verwendet werden.

Lfd. Nr.	Schlüsselzahl	
121	79 (C1E > 12 000 kg, L ≤ 3)	
		Beschränkung der Klasse CE auf Grund der aus der bisherigen Klasse 3 resultierenden Berechtigung zum Führen von dreiachsigen Zügen mit Zugfahrzeug der Klasse C1 und mehr als 12 000 kg Gesamtmasse und von Zügen mit Zugfahrzeug der Klasse C1 und zulassungsfreien Anhänger, wobei die Gesamtmasse mehr als 12 000 kg betragen kann und von dreiachsigen Zügen aus einem
		Zugfahrzeug der Klasse C1 und einem Anh., bei denen die zG des Anhängers die Leermasse des Zugfahrzeugs übersteigt (nicht durch C1E abgedeckter Teil). Die vorgenannten Berechtigungen gelten nicht für Sattelzüge mit einer zG von mehr als 7,5 t. Der Buchstabe L steht in dieser Schlüsselung für die Anzahl der Achsen.
122	79 (S1 ≤ 25/7 500 kg)	
		Begrenzung der Klassen D und DE auf Kraftomnibusse mit 24 Fahrgastplätzen oder maximal 7 500 kg zulässiger Gesamtmasse, auch mit Anhänger. Die Angabe S1 steht in dieser Schlüsselung für die Anzahl der Sitzplätze, einschließlich Fahrersitz.
123	79 (L ≤ 3)	
		Beschränkung der Klasse CE auf Kombinationen von nicht mehr als drei Achsen. Der Buchstabe L steht in dieser Schlüsselung für die Anzahl der Achsen.
124	79.01	Nur zweirädrige Fzg mit oder ohne Beiwagen
125	79.02	Nur dreirädrige Fzg der Klasse AM oder vierrädrige Leicht-Fzg der Klasse AM
126	79.03	Nur dreirädrige Fzg
127	79.04	Nur Fzg-Kombinationen aus dreirädrigen Fzg und einem Anh. mit einer zG von höchstens 750 kg
128	79.05	Krafträder der Klasse A1 mit einem Leistungsgewicht von mehr als 0,1 kW/kg
129	79.06	Fzg (Fzg-Kombination) der Klasse BE, sofern die zG des Anhängers 3 500 kg übersteigt
130	80	Nur für Inhaber einer FE für dreirädrige Kfz der Klasse A, die das 24. Lebensjahr noch nicht vollendet haben
131	81	Nur für Inhaber einer FE für zweirädrige Krafträder der Klasse A, die das 21. Lebensjahr noch nicht vollendet haben

II. nationale Schlüsselzahlen*

Lfd. Nr.	Schlüsselzahl	
1	104	Muss ein gültiges ärztliches Attest mitführen
2	171*	Klasse C1, gültig auch für Kfz der Klasse D mit einer zG von nicht mehr als 7 500 kg, jedoch ohne Fahrgäste
3	172*	Klasse C, gültig auch für Kfz der Klasse D, jedoch ohne Fahrgäste
4	174*	Klasse L, gültig auch zum Führen von Zugmaschinen mit einer durch die Bauart bestimmten Höchstgeschwindigkeit von nicht mehr als 40 km/h, auch mit einachsigem Anh. (wobei Achsen mit einem Abstand von weniger als 1 m voneinander als eine Achse gelten) sowie Kombinationen aus diesen Zugmaschinen und Anhängern, wenn sie mit einer Geschwindigkeit von nicht mehr als 25 km/h geführt werden
5	175*	Klasse L, auch gültig zum Führen von Kfz mit einer durch die Bauart bestimmten Höchstgeschwindigkeit von nicht mehr als 25 km/h und zum Führen von Kfz mit Ausnahme der zu den Klassen A, A1, A2 und AM gehörenden mit einem Hubraum von nicht mehr als 50 cm³
6	176	Auflage: Bis zur Vollendung des 18. Lebensjahres nur für Fahrten im Inland und im Rahmen des Ausbildungsverhältnisses in dem staatlich anerkannten Ausbildungsberuf „Berufskraftfahrer/Berufskraftfahrerin“

* Die Schlüsselzahlen 171 bis 175, 178 und 179 dürfen nur bei der Umstellung von FE, die bis zum 31.12.1998 und in den Fällen des § 76 Nr. 11b erteilt worden sind, verwendet werden.

Lfd. Nr.	Schlüsselzahl	
		oder „Fachkraft im Fahrbetrieb" oder einem staatlich anerkannten Ausbildungsberuf, in dem vergleichbare Fertigkeiten und Kenntnisse zum Führen von Kfz auf öffentlichen Straßen vermittelt werden
7	177	Beschränkungen, Nebenbestimmungen und Zusatzangaben nach mitzuführendem Anhang zum Führerschein
8	178*	Auflage zur Klasse D oder D1: Nur Fahrten im Linienverkehr
9	179*	Auflage: Klasse D1 nur für Fahrten, bei denen überwiegend Familienangehörige befördert werden
10	180	(weggefallen)
11	181	Klasse T, nur gültig für Kfz der Klasse S (seit dem 19.1.2013 AM)
26	196	Im Inland Krafträder (auch mit Beiwagen) mit einem Hubraum von bis zu 125 cm^3, einer Motorleistung von nicht mehr als 11 kW, bei denen das Verhältnis der Leistung zum Gewicht 0,1 kW/kg nicht übersteigt.
27	197	Die Prüfung wurde auf einem Kfz mit Automatikgetriebe abgelegt und eine praktische Ausbildung zum Führen von Fzg der Klasse B mit Schaltgetriebe wurde absolviert (§ 17a FeV).

* Die Schlüsselzahlen 171 bis 175, 178 und 179 dürfen nur bei der Umstellung von FE, die bis zum 31.12.1998 und in den Fällen des § 76 Nr. 11b erteilt worden sind, verwendet werden.

4.9 § 7 Ordentlicher Wohnsitz im Inland

(1) Eine FE darf nur erteilt werden, wenn der Bewerber seinen ordentlichen Wohnsitz in der BRD hat. Dies wird angenommen, wenn der Bewerber wegen persönlicher und beruflicher Bindungen oder – bei fehlenden beruflichen Bindungen – wegen persönlicher Bindungen, die enge Beziehungen zwischen ihm und dem Wohnort erkennen lassen, gewöhnlich, das heißt während mindestens 185 Tagen im Jahr, im Inland wohnt. Ein Bewerber, dessen persönliche Bindungen im Inland liegen, der sich aber aus beruflichen Gründen in einem oder mehreren anderen Mitgliedstaaten der EU oder des EWR aufhält, hat seinen ordentlichen Wohnsitz im Sinne dieser Vorschrift im Inland, sofern er regelmäßig hierhin zurückkehrt. Die Voraussetzung entfällt, wenn sich der Bewerber zur Ausführung eines Auftrags von bestimmter Dauer in einem solchen Staat aufhält.

Hinweise:

- Wird ernsthaft beabsichtigt, eine längere zusammenhängende Zeit (mindestens 185 Tage) im Inland zu wohnen, dann wird ein ordentlicher Wohnsitz begründet.
- Ordentlicher Wohnsitz liegt jedenfalls dann vor, wenn er von Anfang an auf eine längere Zeitdauer ausgerichtet war. Entscheidend sind aber der tatsächliche Lebensmittelpunkt und der Schwerpunkt der Teilnahme am Straßenverkehr im Inland.
- Abwesenheit von geringer Dauer unterbricht den ständigen Aufenthalt nicht.

4.10 § 9 Voraussetzungen des Vorbesitzes einer Fahrerlaubnis anderer Klassen

(1) Eine FE der Klassen C1, C, D1 oder D darf nur erteilt werden, wenn der Bewerber bereits die FE der Klasse B besitzt oder die Voraussetzungen für deren Erteilung erfüllt hat; in diesem Fall darf die FE für die höhere Klasse frühestens mit der FE der Klasse B erteilt werden.

(2) Eine FE der Klasse BE, C1E, CE, D1E oder DE darf nur erteilt werden, wenn der Bewerber bereits die FE für das ziehende Fzg besitzt oder die Voraussetzungen für deren Erteilung erfüllt hat; in diesem Fall darf die FE der Klasse BE, C1E, CE, D1E oder DE frühestens mit der FE für das ziehende Fzg erteilt werden.

(3) Abs. 1 gilt auch im Fall des § 69a Abs. 2 des StGB.

4.11 § 23 Geltungsdauer der Fahrerlaubnis, Beschränkungen und Auflagen

(1) Die FE der Klassen AM, A1, A2, A, B, BE, L und T wird unbefristet erteilt. Die FE der Klassen C1, C1E, C, CE, D1, D1E, D und DE wird längstens für fünf Jahre erteilt.

Grundlage für die Bemessung der Geltungsdauer ist das Datum des Tages, an dem die FE-Behörde den Auftrag zur Herstellung des FS erteilt.

(2) Ist der Bewerber nur bedingt zum Führen von Kfz geeignet, kann die FE-Behörde die FE soweit wie notwendig beschränken oder unter den erforderlichen Auflagen erteilen. Die Beschränkung kann sich insbesondere auf eine bestimmte Fzg-Art oder ein bestimmtes Fzg mit besonderen Einrichtungen erstrecken.

Hinweise:

- Auflagen sind an die Person gebundene Verpflichtungen, die als eine zur FE hinzutretende Anordnung zu verstehen sind.
- Nachfolgend sind Eintragungen in alten Führerscheinen aufgeführt. In den Klammern sind die neuen Schlüsselzahlen gemäß Anlage 9 zur FeV angegeben:

Beispiele:

- Kfz-Führer darf nur 100 km/h fahren (64, Beschränkt auf Fahrten mit einer zulässigen Höchstgeschwindigkeit von nicht mehr als ... km/h)
- Beim Führen von Kfz sind geeignete Augengläser zu tragen (01.01, Brille; 01.02, Kontaktlinsen)

- Beim Führen von Kfz ist ein Hörgerät zu tragen (02, Hörhilfe/Kommunikationshilfe)
- Fahrten sind nur im Bereich der Gemeinde XY erlaubt (62, Beschränkung auf Fahrten in einem Umkreis von ... km vom Wohnsitz oder innerorts in .../innerhalb der Region ...)
- Fahren nur am Tage erlaubt (61, Beschränkung auf Fahrten bei Tag z.B. eine Stunde nach Sonnenaufgang und eine Stunde vor Sonnenuntergang)
- Fahren nur mit staubdichter Brille (01.05, Augenschutz)
- Rechtsfolgen:
  - OWi für den FE-Bewerber nach § 23 FeV.
  - OWi für den FE-Inhaber nach § 46 FeV.

▸ Beschränkungen sind Bedingungen, nach denen der FE-Inhaber verpflichtet ist, ein ganz bestimmtes Kfz (Typ) oder nur ein solches Kfz mit besonderen Einrichtungen zu führen.

▸ Nachfolgend sind Eintragungen in alten Führerscheinen aufgeführt. In den Klammern sind die neuen Schlüsselzahlen gemäß Anlage 9 zur FeV aufgeführt:

Beispiele:
- Nur Kfz mit max. 100 km/h bbH [50, Beschränkung auf ein bestimmtes Fzg/eine bestimmte Fahrgestellnummer (Angabe der Fzg-Identifizierungsnummer)]
- Gaspedal muss links angebracht sein (25.08, Gaspedal links)
- Betriebsbremse muss von Hand bedienbar sein (20.09, Angepasste Feststellbremse)
- Nur Kfz bis 2,8 t zGG [50, Beschränkung auf ein bestimmtes Fzg/eine bestimmte Fahrgestellnummer (Angabe der Fzg-Identifizierungsnummer)]
- Handgashebel erforderlich (25.04, Handgas)
- Ein zweiter Außenspiegel muss rechts im Bereich der Windschutzscheibe angebracht sein (44.06, Angepasster Rückspiegel)
- BGH-Urteil zum Außenspiegel rechts NJW 1984/65: Aufgrund der Definition müsste der geforderte zweite Außenspiegel als gegenständliche Beschränkung eingestuft werden. Der BGH hat jedoch entschieden, dass es nicht verhältnismäßig wäre, wegen dem Fehlen des

zweiten Außenspiegels ein Fahren ohne Fahrerlaubnis anzuzeigen. Deshalb liegt bei einem Verstoß nur eine Ordnungswidrigkeit vor.

- Rechtsfolge:
  Fahren ohne FE nach § 21 StVG, da eine gegenständliche Beschränkung nicht beachtet wird.

4.12 § 24 Verlängerung von Fahrerlaubnissen

(1) Die Geltungsdauer der FE der Klassen C, C1, CE, C1E, D, D1, DE und D1E wird auf Antrag des Inhabers jeweils um die in § 23 Abs. 1 Satz 2 angegebenen Zeiträume verlängert, wenn [...].

4.13 § 28 Anerkennung von Fahrerlaubnissen aus Mitgliedstaaten der EU oder einem anderen Vertragsstaat des Abkommens über EWR

(1) Inhaber einer gültigen EU- oder EWR-FE, die ihren ordentlichen Wohnsitz im Sinne des § 7 Abs. 1 oder 2 in der BRD haben, dürfen – vorbehaltlich der Einschränkungen nach den Absätzen 2 bis 4 – im Umfang ihrer Berechtigung Kfz im Inland führen. Auflagen zur ausländischen FE sind auch im Inland zu beachten. Auf die FE finden die Vorschriften dieser Verordnung Anwendung, soweit nichts anderes bestimmt ist.

Hinweise:

- Anders als bei FE-Inhabern aus Drittstaaten dürfen EU- und EWR-Mitglieder mit ihrer FE Kfz in Deutschland führen. Eine Umschreibung der FE ist nicht erforderlich.
- Wird ernsthaft beabsichtigt, eine längere zusammenhängende Zeit (mindestens 185 Tage) im Inland zu wohnen, dann wird ein ordentlicher Wohnsitz begründet.
  - Ordentlicher Wohnsitz liegt jedenfalls dann vor, wenn er von Anfang an auf eine längere Zeitdauer ausgerichtet war. Entscheidend sind aber der tatsächliche Lebensmittelpunkt

und der Schwerpunkt der Teilnahme am Straßenverkehr im Inland.
- Berufspendler, die im Ausland wohnen, haben keinen ordentlichen Wohnsitz in Deutschland.
- Fzg-Führer, die noch keinen ordentlichen Wohnsitz begründet haben, halten sich hier nur vorübergehend auf.
- Wer sich nur vorübergehend in Deutschland aufhält, kann im Rahmen seiner ausländischen Berechtigung Kfz in Deutschland führen.

(2) Der Umfang der Berechtigung der jeweiligen FE-Klassen ergibt sich aus dem Beschluss (...). Die Berechtigung nach Abs. 1 gilt nicht für FE-Klassen, für die die Entscheidung der Kommission keine entsprechenden Klassen ausweist. Für die Berechtigung zum Führen von Fzg der Klassen L und T gilt § 6 Abs. 3 entsprechend.

(3) Die Vorschriften über die Geltungsdauer von FE der Klassen C, C1, CE, C1E, D, D1, DE und D1E in § 23 Abs. 1 gelten auch für die entsprechenden EU- und EWR-FE. Grundlage für die Berechnung der Geltungsdauer ist das Datum der Erteilung der ausländischen FE. Wäre danach eine solche FE ab dem Zeitpunkt der Verlegung des ordentlichen Wohnsitzes in die BRD nicht mehr gültig, weil seit der Erteilung mehr als fünf Jahre verstrichen sind, besteht die Berechtigung nach Abs. 1 Satz 1 noch sechs Monate, gerechnet von der Begründung des ordentlichen Wohnsitzes im Inland an. Für die Erteilung einer deutschen FE ist § 30 i.V.m. § 24 Abs. 1 entsprechend anzuwenden.

(4) Die Berechtigung nach Abs. 1 gilt nicht für Inhaber einer EU- oder EWR-Fahrerlaubnis,

1. die lediglich im Besitz eines Lern-FS oder eines anderen vorläufig ausgestellten FSs sind,

Hinweise:

- Lern-FS ist ein Berechtigungsnachweis, der ohne Prüfung oder aufgrund einer Teilprüfung ausgestellt wurde und den Inhaber nur dann berechtigt, ein Kfz zu führen, wenn eine Begleitperson mitfährt. Erst nach einer weiteren Prüfung wird der endgültige FS ausgestellt.

- Vorläufige FS sind FS, die aufgrund nationalen Rechts ausgestellt werden. Auch bei uns gibt es eine vorläufige Fahrberechtigung nach § 22 Abs. 4 FeV.
- Fahrausweise gelten nur in Verbindung mit einem amtlichen Ausweis, da im vorläufigen FS das Lichtbild fehlt.

2. *die ausweislich des FS oder vom Ausstellungsmitgliedstaat herrührender unbestreitbarer Informationen zum Zeitpunkt der Erteilung ihren ordentlichen Wohnsitz im Inland hatten, es sei denn, dass sie als Studierende oder Schüler im Sinne des § 7 Abs. 2 die FE während eines mindestens sechsmonatigen Aufenthalts erworben haben,*

Hinweis:

- Wohnsitzprinzip: Um eine FE rechtmäßig erwerben zu können muss man mindestens 185 Tage in dem Land gewohnt haben. Nur dann hat die ausländische Behörde das Recht, eine FE zu erteilen.

Beispiel:
Dem deutschen Staatsbürger Helmut B. wurde die FE wegen eines Vergehens nach § 316 StGB „Folgenlose Trunkenheitsfahrt" für die Dauer von 15 Monaten entzogen.

- Bevor Herr B. eine neue FS-Prüfung machen darf, muss er sich einer medizinisch-psychologischen Untersuchung (MPU) unterziehen, die durch die Verwaltungsbehörde angeordnet werden kann. Herr B. besteht diese Untersuchung nicht.
- Deshalb fährt er nach Polen und erwirbt innerhalb von 3 Wochen eine polnische FE der Klasse B. Wird nun bei einer Fzg-Kontrolle dieser Umstand festgestellt, muss wie folgt verfahren werden:
- Obwohl Herr B. unter Umgehung des Wohnsitzprinzips die FE erlangt hat, liegt kein Fahren ohne FE gemäß § 21 StVG vor. Der Sachverhalt ist aufzunehmen, und der zuständigen FE-Behörde gem. § 2 Abs. 12 StVG mitzuteilen.

- Die Behörde beantragt nun über das KBA, dass die ausstellende Behörde – hier Polen – die erteilte FE des Herrn B. entzieht.
- Die im Ausland erworbene FE gilt nicht, wenn die Behörde des Ausstellerstaates, den deutschen Wohnort im FS eingetragen hat.

3. *denen die FE im Inland vorläufig oder rechtskräftig von einem Gericht oder sofort vollziehbar oder bestandskräftig von einer Verwaltungsbehörde entzogen worden ist, denen die FE bestandskräftig versagt worden ist oder denen die FE nur deshalb nicht entzogen worden ist, weil sie zwischenzeitlich auf die FE verzichtet haben,*

Hinweise:

- Entzug der FE
  - Fzg-Führer wurde die FE nach § 111a StPO vorläufig oder nach § 69 StGB endgültig entzogen
  - oder die Verwaltungsbehörde entzieht die FE nach § 3 StVG.
- Durch diese Regelung wird verhindert, dass ein Deutscher während der Dauer des Entzugs der FE ins Ausland geht, dort eine ausländische FE erwirbt und in Deutschland trotz Entzugs seiner deutschen FE mit der ausländischen FE ein Kfz führt.
- Er verstößt somit gegen § 21 StVG.
- Erwirbt der Deutsche nach Ablauf seiner Sperrfrist eine ausländische FE und wird in Deutschland kontrolliert, kommt § 21 StVG nicht zum Tragen, da er die FE rechtmäßig im Ausland erworben hat und diese somit anerkannt werden muss.
- Häufig wird von dieser Methode Gebrauch gemacht, um die medizinisch-psychologische Untersuchung zu umgehen.
- Deshalb muss die FE-Behörde unterrichtet werden, da der Fzg-Führer evtl. Beeinträchtigungen, z.B. Alkoholprobleme hat. Die Behörde kann nun Maßnahmen treffen, die zur Entziehung der ausländischen FE führen.

4. *denen auf Grund einer rechtskräftigen gerichtlichen Entscheidung keine FE erteilt werden darf,*

Hinweis:

- Herr A. wird wegen einer Trunkenheitsfahrt verurteilt. Im Urteil bestimmt der Richter aufgrund des § 69a StGB, dass vor Ablauf z.B. von 12 Monaten die Verwaltungsbehörde angewiesen wird, dem A. keine FE zu erteilen.

5. *solange sie im Inland, in dem Staat, der die FE erteilt hatte, oder in dem Staat, in dem sie ihren ordentlichen Wohnsitz haben, einem Fahrverbot unterliegen oder der FS nach § 94 der StPO beschlagnahmt, sichergestellt oder in Verwahrung genommen worden ist oder*

Hinweise:

- Fahrverbot
  - Polizei beschlagnahmt nach einer Trunkenheitsfahrt den FS nach § 94 StPO oder
  - der Fzg-Führer erhält ein Fahrverbot nach § 44 StGB durch den Richter (Nebenstrafe) oder
  - Verwaltungsbehörde (FS-Stelle) verhängt ein Fahrverbot nach § 25 StVG.

6. *die zum Zeitpunkt des Erwerbs der ausländischen EU- oder EWR-FE Inhaber einer deutschen FE waren, oder*

7. *deren FE aufgrund einer FE eines Drittstaates, der nicht in der Anlage 11 aufgeführt ist, prüfungsfrei umgetauscht worden ist, oder deren FE aufgrund eines gefälschten FS eines Drittstaates erteilt wurde, oder*

8. *die zum Zeitpunkt der Erteilung einer FE eines Drittstaates, die in eine ausländische EU- oder EWR-FE umgetauscht worden ist, oder zum Zeitpunkt der Erteilung der EU- oder EWR-FE auf Grund einer FE eines Drittstaates ihren Wohnsitz im Inland hatten, es sei denn, dass sie die ausländische Erlaubnis zum Führen eines Kfz als Studierende oder Schüler im Sinne des § 7 Abs. 2*

in eine ausländische EU- oder EWR-FE während eines mindestens sechsmonatigen Aufenthalts umgetauscht haben, oder

Hinweis:

- Mit der Nr. 8 wurde auf den vermehrt beantragten prüfungsfreien Umtausch reagiert, wenn ein EU- oder EWR-Führerschein auf Grund der Vorlage eines Drittstaaten-Führerscheins ausgestellt wurde.

  Beispiel:
  Der Besitzer eines amerikanischen Führerscheines (Drittstaat) beantragt in Polen die Umschreibung in einen EU-Führerschein. Danach zieht er nach Deutschland und beantragt die Ausstellung eines deutschen FS.

9. *die den Vorbesitz einer anderen Klasse voraussetzt, wenn die FE dieser Klasse nach den Nr. 1 bis 8 im Inland nicht zum Führen von Kfz berechtigt.*

4.14 § 29 Ausländische Fahrerlaubnisse

(1) Inhaber einer ausländischen FE dürfen im Umfang ihrer Berechtigung im Inland Kfz führen, wenn sie hier keinen ordentlichen Wohnsitz nach § 7 haben. (…) Begründet der Inhaber einer in einem anderen Mitgliedstaat der EU- oder EWR-Staat erteilten FE einen ordentlichen Wohnsitz im Inland, richtet sich seine weitere Berechtigung zum Führen von Kfz nach § 28. Begründet der Inhaber einer in einem anderen Staat erteilten FE einen ordentlichen Wohnsitz im Inland, besteht die Berechtigung noch sechs Monate. Die FE-Behörde kann die Frist auf Antrag bis zu sechs Monate verlängern, wenn der Antragsteller glaubhaft macht, dass er seinen ordentlichen Wohnsitz nicht länger als zwölf Monate im Inland haben wird. Auflagen zur ausländischen FE sind auch im Inland zu beachten.

Hinweise:

- Außerdeutscher Kfz-Führer ist, ohne Rücksicht auf seine Staatsangehörigkeit, wer in einem ausländischen Staat berechtigt ist, ein Kfz zu führen.
- Nationalität des Kfz-Führers für die Eigenschaft als außerdeutscher Kfz-Führer ist unerheblich, auch ein Deutscher kann ausländischer Fzg-Führer sein.
- Hinzukommen muss aber, dass der Deutsche seinen ständigen Aufenthalt im Ausland hat, da erst dadurch die ausländische Behörde die Ermächtigung hat, eine FE zu erteilen.
- Erst wenn diese drei Voraussetzungen zutreffen, muss § 29 ff FeV angewandt werden. Ansonsten erfolgt die FE-rechtliche Prüfung über die §§ 2 StVG, 4 ff FeV.

(2) Die FE ist durch einen gültigen nationalen oder internationalen FS nach Artikel 7 und […]. Ausländische nationale FS, die nicht in deutscher Sprache abgefasst sind, die nicht in einem anderen der EU- oder EWR-Staates erteilten FE oder der Schweiz ausgestellt worden sind oder die nicht dem Anhang 6 des Übereinkommens über den Straßenverkehr vom 8. November 1968 entsprechen, müssen mit einer Übersetzung verbunden sein, es sei denn, die BRD hat auf das Mitführen der Übersetzung verzichtet. Die Übersetzung muss von einem international anerkannten Automobilklub des Ausstellungsstaates oder einer vom BMVI bestimmten Stelle gefertigt sein.

(3) Die Berechtigung nach Abs. 1 gilt nicht für Inhaber ausländischer FE,

1. *die lediglich im Besitz eines Lern-FS oder eines anderen vorläufig ausgestellten FS sind,*

1a. *die das nach § 10 Abs. 1 für die Erteilung einer FE vorgeschriebene Mindestalter noch nicht erreicht haben und deren FE nicht von einem anderen Mitgliedstaat der Europäischen Union oder einem anderen Vertragsstaat des Abkommens über den Europäischen Wirtschaftsraum erteilt worden ist,*

2. *die zum Zeitpunkt der Erteilung der ausländischen Erlaubnis zum Führen von Kfz eines Staates, der kein Mitgliedstaat der EU oder EWR ist, ihren ordentlichen Wohnsitz im Inland hatten,*

2a. *die ausweislich des EU- oder EWR-FS oder vom Ausstellungsmitgliedstaat der EU oder des EWR-Staates herrührender unbestreitbarer Informationen zum Zeitpunkt der Erteilung ihren ordentlichen Wohnsitz im Inland hatten, es sei denn, dass sie als Studierende oder Schüler im Sinne des § 7 Abs. 2 die FE während eines mindestens sechsmonatigen Aufenthalts erworben haben,*

3. *denen die FE im Inland vorläufig oder rechtskräftig von einem Gericht oder sofort vollziehbar oder bestandskräftig von einer Verwaltungsbehörde entzogen worden ist, denen die FE bestandskräftig versagt worden ist oder denen die FE nur deshalb nicht entzogen worden ist, weil sie zwischenzeitlich auf die FE verzichtet haben,*

4. *denen auf Grund einer rechtskräftigen gerichtlichen Entscheidung keine FE erteilt werden darf oder*

5. *solange sie im Inland, in dem Staat, der die FE erteilt hatte oder in dem Staat, in dem sie ihren ordentlichen Wohnsitz haben, einem Fahrverbot unterliegen oder der FS nach § 94 der StPO beschlagnahmt, sichergestellt oder in Verwahrung genommen worden ist.*

4.15 § 29a Fahrerlaubnisse von in Deutschland stationierten Angehörigen der Streitkräfte der Vereinigten Staaten von Amerika und Kanadas

In Deutschland stationierte Mitglieder der Streitkräfte der USA oder Kanadas oder des zivilen Gefolges dieser Streitkräfte und deren jeweilige Angehörige sind berechtigt, mit einem im Entsendestaat ausgestellten FS zum Führen privater Kfz in dem Entsendestaat solche Fzg im Bundesgebiet zu führen, wenn sie

1. *eine gültige Bescheinigung nach Artikel 9 Abs. 2 des Zusatzabkommens zu dem Abkommen zwischen den Parteien des*

Nordatlantikvertrages über die Rechtsstellung ihrer Truppen hinsichtlich der in der BRD stationierten ausländischen Truppen innehaben und

2. *zum Zeitpunkt der Erteilung der Bescheinigung nach Nr. 1 berechtigt waren, im Entsendestaat private Kfz zu führen.*

Die Bescheinigung ist beim Führen von Kfz mitzuführen und zuständigen Personen auf Verlangen zur Prüfung auszuhändigen. Eine Verlängerung der Bescheinigung durch die Truppenbehörden bleibt unberührt.

Hinweis:

- Wird der FS nicht mitgeführt oder ausgehändigt, liegt eine OWi nach §§ 4 Abs. 3, 75 FeV, 24 StVG vor.

4.16 § 46 Entziehung, Beschränkung, Auflagen

(1) Erweist sich der Inhaber einer FE als ungeeignet zum Führen von Kfz, hat ihm die FE-Behörde die FE zu entziehen. Dies gilt insbesondere, wenn Erkrankungen oder Mängel nach den Anlagen 4, 5 oder 6 vorliegen oder erheblich oder wiederholt gegen verkehrsrechtliche Vorschriften oder Strafgesetze verstoßen wurde und dadurch die Eignung zum Führen von Kfz ausgeschlossen ist.

Hinweise:

- Damit die Behörde bei FE-Inhabern tätig werden kann, ist sie auf die Hinweise des PED angewiesen.
  - Nach § 2 Abs. 12 StVG hat die Polizei Informationen über Tatsachen, die auf nicht nur vorübergehende Mängel hinsichtlich der Eignung oder auf Mängel hinsichtlich der Befähigung einer Person zum Führen von Kfz schließen lassen, den FE-Behörden zu übermitteln, soweit dies für die Überprüfung der Eignung oder Befähigung aus der Sicht der übermittelnden Stelle erforderlich ist.

- Die Entziehung der FE durch die FE-Behörde ist im § 3 StVG geregelt (siehe dort).

(2) Erweist sich der Inhaber einer FE noch als bedingt geeignet zum Führen von Kfz, schränkt die FE-Behörde die FE so weit wie notwendig ein oder ordnet die erforderlichen Auflagen an. Bei Inhabern ausländischer FE schränkt die FE-Behörde das Recht, von der ausländischen FE im Inland Gebrauch zu machen, so weit wie notwendig ein oder ordnet die erforderlichen Auflagen an. Die Anlagen 4, 5 und 6 sind zu berücksichtigen.

Beispiele:
- Bei einer allgemeinen Verkehrskontrolle nach § 36 Abs. 5 StVO wird festgestellt, dass der 62-jährige Fzg-Lenker, der ohne Sehhilfe fährt, erhebliche Probleme beim Erkennen von Verkehrszeichen aufweist und das Belehrungsformular nur schlecht lesen kann.
- In diesem Fall kann der Fzg-Führer die Auflage erteilt bekommen, beim Führen von Kfz eine geeignete Sehhilfe zu tragen. Diese Auflage wird von der FE-Behörde im FS vermerkt. Fährt der VT nun weiterhin ohne Sehhilfe, begeht er eine OWi i.S.d. § 75 Nr. 9 FeV (siehe auch § 23 FeV).

Verfahrensablauf:

- Der Beamte fertigt nach Rückkehr auf die Dienststelle einen Bericht mit den darin aufgeführten Mängeln des Fzg-Führers und sendet diesen an die FE-Behörde.
- Diese kann nun nach § 11 Abs. 2 FeV tätig werden und ein ärztliches Gutachten anfordern.
- Aufgrund des Gutachtens kann dann über die Anordnung von Beschränkungen oder Auflagen zur FE entschieden werden.
- Wird der Untersuchungsbericht (Gutachten) der Behörde übersendet, kann diese nun aufgrund der durchgeführten Untersuchungen die FE nach § 46 FeV beschränken oder Auflagen erteilen.
- Weigert sich der Betroffene, sich untersuchen zu lassen, oder bringt er der FE-Behörde das von ihr geforderte Gutachten

nicht fristgerecht bei, darf sie bei ihrer Entscheidung auf die Nichteignung des Betroffenen schließen (§ 11 Abs. 8 FeV).

(3) Werden Tatsachen bekannt, die Bedenken begründen, dass der Inhaber einer FE zum Führen eines Kfz ungeeignet oder bedingt geeignet ist, finden die §§ 11 bis 14 entsprechend Anwendung.

(4) Die FE ist auch zu entziehen, wenn der Inhaber sich als nicht befähigt zum Führen von Kfz erweist. Rechtfertigen Tatsachen eine solche Annahme, kann die FE-Behörde zur Vorbereitung der Entscheidung über die Entziehung die Beibringung eines Gutachtens eines amtlich anerkannten Sachverständigen oder Prüfers für den Kfz-Verkehr anordnen. § 11 Absatz 6 bis 8 ist entsprechend anzuwenden.

(5) Bei einer ausländischen FE hat die Entziehung die Wirkung einer Aberkennung des Rechts, von der FE im Inland Gebrauch zu machen.

(6) Mit der Entziehung erlischt die FE. Bei einer ausländischen FE erlischt das Recht zum Führen von Kfz im Inland.

4.17 § 47 Verfahrensregelungen

(1) Nach der Entziehung sind von einer deutschen Behörde ausgestellte nationale und internationale FS unverzüglich der entscheidenden Behörde abzuliefern oder bei Beschränkungen oder Auflagen zur Eintragung vorzulegen. Die Verpflichtung zur Ablieferung oder Vorlage des FS besteht auch, wenn die Entscheidung angefochten worden ist, die zuständige Behörde jedoch die sofortige Vollziehung ihrer Verfügung angeordnet hat.

Hinweise:

- Im Jahr 2010 wurde die FeV dahingehend geändert, dass man den FE-Behörden die Möglichkeit gab, einen „feststellenden Verwaltungsakt“ über die fehlende Fahrberechtigung zu eröffnen.

- Wird der Betroffene aufgefordert seinen FS abzugeben, und kommt er dieser Forderungen nicht nach, ist es lediglich eine OWi nach § 47 FeV.
- Die Behörde muss nun über das Vollstreckungsgesetz dementsprechende Maßnahmen treffen (Zwangsgeld).
- Die FE kann auch nach § 69 Abs. 1 entzogen werden.
- Beispiele: Pkw dient als Fluchtfahrzeug. Transport von Drogen oder Verkauf aus dem Pkw usw.
- Bei den Regelbeispielen wird der Fahrer durch das hochgradige Versagen von vornherein schon als ungeeignet angesehen.
- § 111a StPO ist Präventivmaßnahme, dass keine weiteren solchen Straftaten begangen werden können, da es bis zur Gerichtsverhandlung noch einige Zeit dauern kann.
- Pol-Beamte und StA können nur beschlagnahmen, das setzt eine körperliche Wegnahme des FS voraus. Wenn wir einen FS beschlagnahmt haben, müssen wir gem. § 98 StPO eine richterliche Bestätigung beantragen.
- Der Richter entzieht durch Beschluss (Strafbefehl) nicht den FS, sondern die FE. Somit kann sich der FS noch im Besitz des Täters befinden. Dieser darf dann ab Zustellung des Beschlusses kein Kfz mehr führen.

(2) Nach der Entziehung oder der Feststellung der fehlenden Fahrberechtigung oder bei Beschränkungen oder Auflagen sind ausländische und im Ausland ausgestellte internationale FS unverzüglich der entscheidenden Behörde vorzulegen; Abs. 1 Satz 2 gilt entsprechend. Nach einer Entziehung oder der Feststellung der fehlenden Fahrberechtigung wird auf dem FS vermerkt, dass von der FE im Inland kein Gebrauch gemacht werden darf. Dies soll in der Regel durch die Anbringung eines roten, schräg durchgestrichenen „D“ auf einem dafür geeigneten Feld des FS, im Falle eines EU-Kartenführerscheins im Feld 13 und bei internationalen FS durch Ausfüllung des dafür vorgesehenen Vordrucks erfolgen.

Im Falle von Beschränkungen oder Auflagen werden diese in den FS eingetragen. Die entscheidende Behörde teilt die Aberkennung der Fahr-berechtigung oder die Feststellung der fehlenden Fahrberechtigung in Deutschland der Behörde, die den FS ausgestellt hat, über das KBA mit. Erfolgt die Entziehung durch die erteilende oder eine sonstige zuständige ausländische Behörde, sind ausländische und im Ausland ausgestellte internationale FS unverzüglich der FE-Behörde vorzulegen und dort in Verwahrung zu nehmen. Die FE-Behörde sendet die FS über das KBA an die entziehende Stelle zurück.

Hinweise:

- Der EuGH hat entschieden, dass ausl. FE durch deutsche Behörden nicht durch Einziehung zum Erlöschen gebracht werden können, da dies einen unzulässigen Eingriff in die Hoheitsrechte eines anderen Staates bedeuten würde. Deshalb kann nur die Berechtigung zum Führen im Inland verboten werden.
- Wird der FS abgegeben, wird das Verbot im FS vermerkt.
- § 111a Abs. 6 StPO bezieht sich auf FS von Drittstaatlern, die einen Verstoß nach § 69 StGB begangen haben. Hier kann zum Zwecke des Eintrages im FS beschlagnahmt werden. Der § 111a Abs. 3 StPO bezieht sich auf EU- oder EWR-FE.
- Beschlagnahme eines ausländischen Führerscheines
  - Jede in einem Mitgliedstaat der EU oder einem EWR-Vertragsstaat ausgestellte FE eines Betroffenen, der seinen ordentlichen Wohnsitz im Inland hat, wird von dem zuständigen deutschen Gericht eingezogen und an die ausstellende Behörde zurückgesandt; somit gleiche Paragrafen-Kette wie bei der Beschlagnahme eines deutschen Führerscheins, nur § 69 Abs. 3 StGB gegen § 69b Abs. 2 Satz 1 StGB austauschen.
  - Hat der Betroffene dagegen keinen inländischen Wohnsitz, wird die FE-Entziehung bzw. -Sperre im ausländischen FS vermerkt. In allen Fällen hat die Einziehung nur die Wirkung einer Aberkennung des Rechts, von der FE im Inland

Gebrauch zu machen. Auch hier muss in der Paragrafen-Kette § 69 Abs. 3 StGB gestrichen und in diesem Fall durch § 69b Abs. 2 Satz 2 StGB ersetzt werden.
  - Des Weiteren gilt für die Beschlagnahme eines solchen FS nicht unmittelbar § 94 Abs. 3 StPO, sondern § 111a Abs. 6 StPO, der allerdings bis zur Eintragung des Vermerks die Beschlagnahme des FS analog §§ 94 Abs. 3, 98 StPO zulässt.
  - Nach Eintragung des Vermerks in den FS ist dieser wieder an den Betroffenen zurückzugeben. Ist ein Eintrag im FS technisch nicht möglich, ist der Vermerk notfalls auf einem gesonderten Blatt zu erstellen und mit dem Führerschein zu verbinden.

- In allen Fällen dürfen fahrerlaubnispflichtige Kfz nicht mehr geführt werden (Sonst: Straftat nach § 21 Abs. 2 Nr. 2 oder 3 StVG).
- Während der Sperrfrist (§ 69a StGB) darf die deutsche FE-Behörde
  - keine inländische Fahrerlaubnis erteilen und
  - kein Recht erteilen, von einer ausländischen FE im Inland Gebrauch zu machen.

(3) Ist dem Betroffenen nach § 31 eine deutsche FE erteilt worden, ist er aber noch im Besitz des ausländischen FS, ist auf diesem die Entziehung oder die Feststellung der fehlenden Fahrberechtigung zu vermerken. Der Betroffene ist verpflichtet, der FE-Behörde den FS zur Eintragung vorzulegen.

4.18 § 48a Begleitendes Fahren ab 17 Jahre

(1) Im Falle des § 10 Abs. 1 laufende Nr. 5 Buchstabe b Doppelbuchstabe aa findet § 11 Abs. 3 Satz 1 Nr. 2 keine Anwendung. § 74 Abs. 2 findet entsprechend Anwendung.

Hinweis:

- Das heißt, dass der FE-Bewerber trotz seiner 17 Jahre kein medizinisch-psychologisches Gutachten benötigt, obwohl das

Mindestalter nach § 10 FeV 18 Jahre beträgt (§ 11 Abs. 3 Satz 1 Nr. 2 FeV).

(2) Die FE ist für die FE-Klassen B und BE mit der Auflage zu versehen, dass von ihr nur dann Gebrauch gemacht werden darf, wenn der FE-Inhaber während des Führens des Kfz von mindestens einer namentlich benannten Person, die den Anforderungen der Absätze 5 und 6 genügt, begleitet wird (begleitende Person). Die Auflage entfällt, wenn der FE-Inhaber das Mindestalter nach § 10 Abs. 1 Satz 1 Nr. 5 Buchstabe a erreicht hat.

Hinweise:

- Fahren ohne Begleitperson
  - Wird ohne Begleitperson gefahren, verstößt der Fahrer gegen eine Auflage. Dies ist eine OWi nach § 48a FeV und hat den Widerruf der Prüfbescheinigung zur Folge und führt zur Verlängerung der Probezeit. Eine Neuerteilung der FE der Klasse B oder BE darf nur nach Teilnahme an einem Aufbauseminar erfolgen.
  - Die Klassen AM und L werden ebenfalls widerrufen, da diese gleichzeitig mit der Klasse B erteilt wurden. Nur wenn FE-Klassen vorab erworben wurden, bleiben sie bestehen.

(3) Für das Verfahren bei der Erteilung einer FE für das Führen von Kfz in Begleitung gelten die §§ 22 und 22a mit folgenden Maßgaben:

Hinweis:

- § 22 FeV regelt das Verfahren der FE-Behörde und der technischen Prüfstellen z.B. über die Eignung der Bewerber oder die Durchführung von Prüfungen zum Erwerb der FE. § 22a FeV regelt das abweichende Verfahren bei einem elektronischen Prüfauftrag und vorläufigem Nachweis der FE.

1. *Über die FE ist eine Prüfungsbescheinigung nach dem Muster der Anlage 8b auszustellen, die bis drei Monate nach Vollendung des 18. Lebensjahres im Inland zum Nachweis im Sinne des § 4 Abs. 3 Satz 1 dient.*

Hinweise:

- Ist die 3-Monatsfrist verstrichen, liegt kein Fahren ohne FE nach § 21 StVG vor, sondern nur eine OWi nach § 4 Abs. 2 FeV, da er den geforderten FS nicht mitführt.
- Die Prüfbescheinigung, die kein Lichtbild enthält (Anlage 8b zur FeV), ist nur i.V.m. einem amtlichen Lichtbildausweis gültig.
- Hat der Fahrer keinen Lichtbildausweis dabei, muss meiner Meinung nach eine ungültige Prüfbescheinigung mit einer fehlenden Prüfbescheinigung gleichzusetzen sein. Dieser Verstoß ist im Tatbestandskatalog aber nicht aufgeführt. Somit haben wir keine Ahndungsmöglichkeiten.
  Nach Rücksprache mit der Bußgeldbehörde würde ich eine Anzeige mit dem Vermerk vorlegen: „Lichtbildausweis nicht mitgeführt".
- Info: Siehe auch Kapitel 4.1.2 („Aufbau der bundeseinheitlichen Tatbestands-Nr." – Auffangtatbestand) im bundeseinheitlichen Tatbestandskatalog.

2. *Die Prüfungsbescheinigung tritt an die Stelle des Führerscheines oder des Vorläufigen Nachweises der FE.*

Hinweise:

- Die Prüfbescheinigung für das begleitende Fahren ist als FS i.S.v. § 69 StGB anzusehen und kann somit beschlagnahmt und eingezogen werden (§ 6e Abs. 3 StVG)
  - Die Prüfbescheinigung ist nur in Deutschland gültig.
  - Im Ausland wird das Dokument nicht als ordnungsgemäßer Nachweis über das Bestehen einer gültigen FE anerkannt. In Österreich wird die deutsche Prüfbescheinigung anerkannt, da es dort ein vergleichbares Modell gibt.
  - Für die Klassen AM und L kann auch ein Kartenführerschein ausgestellt werden. Der Kartenführerschein ist auch im Ausland gültig.
  - Die Klassen AM und L dürfen ohne Begleitperson gefahren werden, da das Mindestalter für diese Klassen 16 Jahre be-

trägt (§ 10 FeV) und die Klasse B außerdem berechtigt, die Klassen AM und L zu führen (§ 6 Abs. 3 Nr. 4 FeV).
- Mit Aushändigung der Prüfbescheinigung beginnt sofort die Probezeit nach § 2a StVG (beträgt 2 Jahre), es sei denn, er war schon im Besitz der FE-Klasse A1, dann begann die Probezeit mit Erwerb der Klasse A1 (§ 32 FeV).
- Nach § 6e Abs. 3 Satz 2 StVG sind für Prüfungsbescheinigungen die Vorschriften über den FS entsprechend anzuwenden. Begeht der Fahrer einen Verstoß, der zum Entzug der FE führen würde, muss die Prüfbescheinigung anstelle des FS beschlagnahmt werden.

3. *In der Prüfungsbescheinigung sind die zur Begleitung vorgesehenen Personen namentlich aufzuführen. Auf Antrag können weitere begleitende Personen namentlich auf der Prüfungsbescheinigung nachträglich durch die FE-Behörde eingetragen werden.*

4. *Im Falle des § 22a Abs. 1 Satz 1 ist auf das Übersenden einer vorbereiteten Prüfungsbescheinigung zu verzichten.*

5. *Zusätzlich zu den nach § 22a Abs. 2 zu übermittelnden Daten übermittelt die FE-Behörde die in die Prüfungsbescheinigung aufzunehmenden Angaben zu den Begleitpersonen.*

6. *Ist der Bewerber bereits im Besitz einer FE der Klasse AM, der Klasse A1, der Klasse L oder der Klasse T, ist abweichend von § 22a Abs. 4 der Führerschein nicht bei Aushändigung der Prüfungsbescheinigung zurückzugeben. In die Prüfungsbescheinigung sind die Klasse AM und die Klasse L nicht aufzunehmen.*

7. *Ist der Bewerber noch nicht im Besitz einer FE der Klasse AM oder der Klasse L, kann er in seinem Antrag nach § 21 erklären, dass er für die genannten FE-Klassen einen FS erhalten möchte. In die Prüfungsbescheinigung sind diese Klassen nicht aufzunehmen.*

Die Prüfungsbescheinigung ist im Fzg mitzuführen und zur Überwachung des Straßenverkehrs berechtigten Personen auf Verlangen auszuhändigen.

Hinweis:

- Wird die Prüfbescheinigung nicht mitgeführt oder trotz Verlangens nicht ausgehändigt, ist eine OWi nach § 48a FeV gegeben.

(4) Die begleitende Person soll dem FE-Inhaber

1. vor Antritt einer Fahrt und

2. während des Führens des Fzg, soweit die Umstände der jeweiligen Fahrsituation es zulassen,

ausschließlich als Ansprechpartner zur Verfügung stehen, um ihm Sicherheit beim Führen des Kfz zu vermitteln. Zur Erfüllung ihrer Aufgabe soll die begleitende Person Rat erteilen oder kurze Hinweise geben.

Hinweise:

- Begleitperson ist kein Kfz-Führer.
- Fährt der Fahrer ohne Begleitperson, hat dies den Widerruf der FE zur Folge (§ 6e Abs. 2 StVG).

(5) Die begleitende Person

1. muss das 30. Lebensjahr vollendet haben,

2. muss mindestens seit fünf Jahren Inhaber einer gültigen FE der Klasse B oder einer entsprechenden deutschen, einer EU/EWR- oder schweizerischen FE sein; die FE ist durch einen gültigen FS nachzuweisen, der während des Begleitens mitzuführen und zur Überwachung des Straßenverkehrs berechtigten Personen auf Verlangen auszuhändigen ist,

3. darf zum Zeitpunkt der Beantragung der FE im Fahreignungsregister mit nicht mehr als einem Punkt belastet sein.

Die FE-Behörde hat bei Beantragung der FE oder bei Beantragung der Eintragung weiterer zur Begleitung vorgesehener Personen zu prüfen, ob diese Voraussetzungen vorliegen; sie hat die Auskunft nach Nr. 3 beim Verkehrszentralregister einzuholen.

(6) Die begleitende Person darf den Inhaber einer Prüfungsbescheinigung nach Abs. 3 nicht begleiten, wenn sie

1. *0,25 mg/l oder mehr Alkohol in der Atemluft oder 0,5 Promille oder mehr Alkohol im Blut oder eine Alkoholmenge im Körper hat, die zu einer solchen Atem- oder Blutalkoholkonzentration führt,*
2. *unter der Wirkung eines in der Anlage zu § 24a des StVG genannten berauschenden Mittels steht.*

Eine Wirkung im Sinne des Satzes 1 Nr. 2 liegt vor, wenn eine in der Anlage zu § 24a des StVG genannte Substanz im Blut nachgewiesen wird. Satz 1 Nr. 2 gilt nicht, wenn die Substanz aus der bestimmungsgemäßen Einnahme eines für einen konkreten Krankheitsfall verschriebenen Arzneimittels herrührt.

Hinweise:

- Begleitperson ist kein Kfz-Führer.
- Somit auch kein Verstoß gegen Alkohol- und/oder Drogendelikte.
- Muss seinen FS mitführen.
  - Jedoch keine OWi nach § 48a FeV.
  - Verstoß nach § 4 Abs. 2 FeV nicht möglich, da er kein Kfz führt.
- Auch kein Verstoß nach § 48a FeV, wenn Begleitperson mittlerweile mehr als einen Punkt in Flensburg aufweist oder ihm die FE entzogen wurde.

(7) Mit Erreichen des Mindestalters nach § 10 Abs. 1 Nr. 5 Buchstabe a händigt die FE-Behörde dem FE-Inhaber auf Antrag einen FS nach Muster 1 der Anlage 8 aus.

5. Fahrzeug-Zulassungsverordnung

5.1 § 1 Anwendungsbereich

Diese Verordnung ist anzuwenden auf die Zulassung von Kfz mit einer bbH von mehr als 6 km/h und die Zulassung ihrer Anh.

Hinweise:

- Kfz mit einer bbH bis 6 km/h müssen nicht zugelassen werden.
- § 2 Nr. 1 FZV: Kfz sind nicht dauerhaft spurgeführte Land-Fzg, die durch Maschinenkraft bewegt werden.
- Sonder-Kfz, wie Pocket-Bike, E-Scooter u.a. siehe § 4 FeV.
- § 2 Nr. 2 FZV: Anh. sind zum Anhängen an ein Kfz bestimmte und geeignete Fzg.
- Definition bbH siehe § 30a Abs. 1 StVZO.
- Schiebe- und Greifreifenrollstühle, Rodelschlitten, Kinderwagen, Roller, Kinderfahrräder und ähnliche nicht motorbetriebene oder mit einem Hilfsantrieb ausgerüstete ähnliche Fortbewegungsmittel mit einer bbH von nicht mehr als 6 km/h sind nicht Fzg im Sinne dieser VO.

5.2 § 3 Notwendigkeit einer Zulassung

(1) Fzg dürfen auf öffentlichen Straßen nur in Betrieb gesetzt werden, wenn sie zum Verkehr zugelassen sind. Die Zulassung wird auf Antrag erteilt, wenn das Fzg einem genehmigten Typ entspricht oder eine Einzelgenehmigung erteilt ist und eine dem Pflichtversicherungsgesetz entsprechende Kfz-Haftpflichtversicherung besteht. Die Zulassung erfolgt durch Zuteilung eines Kennzeichens, Abstempelung der Kennzeichenschilder und Ausfertigung einer ZB.

Hinweise:

- In Betrieb setzen bedeutet, die bestimmungsgemäße Verwendung des Kfz als Fortbewegungsmittel, d.h., dass es sich i.d.R. um das Einwirken der bestimmungsgemäßen Triebkraft handelt.
- Gemeint ist also die für Kfz charakteristische Betriebsart, nicht das Schleppen mit Pferdegespann oder das Schieben von Hand.
- Wird jedoch das Fahrzeug angeschoben, um den Motor in Gang zu bringen, ist dies allerdings Betrieb i.S. von § 3 FZV.
- Bloßes Abstellen im öffentlichen Verkehrsraum begründet keine Zulassungspflicht, jedoch wird der Gemeingebrauch überschritten, was zu einer Sondernutzung im Sinne des Straßenrechts (StrG und FStrG) führt.
- Es ist aber auch immer § 32 StVO (Verkehrshindernisse) zu prüfen, der im Gegensatz zu den straßenrechtlichen Vorschriften auch im tatsächlich öffentlichen Verkehrsraum gilt. § 32 StVO ist jedoch nur anwendbar, wenn eine abstrakte Verkehrserschwerung vorliegt.

  Beispiel:
  In einer Wohngegend wird ein abgemeldeter Pkw auf einem öffentlichen Parkplatz abgestellt, obwohl für die Anwohner sowieso viel zu wenig Parkplätze vorhanden sind. Hier kommt es jetzt zu einer abstrakten Verkehrserschwerung, da durch den abgemeldeten Pkw immer ein Parkplatz besetzt ist.

- OWi: §§ 32, 49 StVO, 24 StVG.
- Tateinheit z.B. mit § 16 und § 54 Straßengesetz Baden-Württemberg ist möglich.

(2) Ausgenommen von den Vorschriften über das Zulassungsverfahren sind

1. folgende Kfz-Arten:

a) selbstfahrende Arbeitsmaschinen und Stapler,

b) einachsige Zugmaschinen, wenn sie nur für lof. Zwecke verwendet werden,
c) Leichtkrafträder,
d) zwei- oder dreirädrige Kleinkrafträder,
e) motorisierte Krankenfahrstühle,
f) vierrädrige Leicht-Kfz,
g) Elektrokleinstfahrzeuge

2. folgende Arten von Anh.:

a) Anh. in lof-Betrieben, wenn die Anh. nur für lof- Zwecke verwendet und mit einer Geschwindigkeit von nicht mehr als 25 km/h hinter Zugmaschinen oder selbstfahrenden Arbeitsmaschinen mitgeführt werden, […]

Hinweise:

- Werden die Anh. nicht zweckentsprechend verwendet, werden sie nach § 3 FZV zulassungspflichtig.
- Anh. dürfen nur für lof. Zwecke verwendet werden. Wird z.B. Baumaterial im Lohnauftrag transportiert, wird der Anh. zulassungspflichtig.

b) Wohnwagen und Packwagen im Schaustellergewerbe, die von Zugmaschinen mit einer Geschwindigkeit von nicht mehr als 25 km/h mitgeführt werden,
c) fahrbare Baubuden, die von Kfz mit einer Geschwindigkeit von nicht mehr als 25 km/h mitgeführt werden,

Hinweise:

- Werden die Anh. nicht zweckentsprechend verwendet, werden sie nach § 3 FZV zulassungspflichtig.
- Die Anh. nach Buchstabe b und c dürfen nur mit einer Geschwindigkeit von max. 25 km/h mitgeführt werden. Wird schneller gefahren, wird der Anh. zulassungspflichtig.

d) Arbeitsmaschinen,

Hinweise:

- Gemeint sind Anh. als Arbeitsmaschinen.
  - Z.B. Schrägaufzüge für Möbel, Bauaufzug für Ziegelsteine, Betonpumpen, Bitumenkocher oder Kompressoren.

e) Spezialanhänger zur Beförderung von Sportgeräten, Tieren für Sportzwecke oder Rettungsbooten des Rettungsdienstes oder Katastrophenschutzes, wenn die Anh. ausschließlich für solche Beförderungen verwendet werden,

Hinweise:

- 1. Anh. mit grünem Kennzeichen
  - Anh. dürfen nur zu dem im Gesetz aufgeführten Zweck verwendet werden.
  - Nach § 3 Abs. 2 Nr. 2 Buchstabe e FZV ist der Anh. zulassungsfrei, wenn es ein mit speziellen baulichen Merkmalen ausgestatteter Anh. ist und für solche Beförderungen verwendet wird, z.B. für Motorräder zu Sportzwecken (Rennmaschinen).
  - Nach § 4 Abs. 2 FZV benötigt der Anh. ein amtliches Kennzeichen nach § 8 FZV mit der Farbe „grün“ (§ 9 Abs. 2 FZV).
  - Nach § 11 Abs. 1 FZV wird für den Anh. eine ZB-Teil 1 ausgestellt. Nach § 11 Abs. 6 FZV ist diese mitzuführen und zuständigen Personen auf Verlangen zur Prüfung auszuhändigen.
  - Anh. mit amtlichen Kennzeichen müssen nach § 29 StVZO zur HU (TÜV) vorgeführt werden.
  - Nach § 2 Abs. 1 Nr. 6c PflVG unterliegt der Anh. nicht der Versicherungspflicht. Der Anh. ist nur über das Zug-Fzg mitversichert, wenn er angekoppelt ist.
  - Zulassungsfreie Anh. sind nach § 3 Nr. 1 KraftStG von der Steuer befreit.
  - Werden mit dem Sport-Anh. für Pferde z.B. Möbel, Stückgut, Baumaterial oder Motorräder transportiert, werden sie nicht zweckentsprechend verwendet und müssen daher zugelassen sein.

- Ordnungswidrigkeiten/Straftaten
  - Anh. wird nicht zweckentsprechend eingesetzt, somit erlischt die Zulassungsbefreiung und er muss nach § 3 Abs. 1 FZV zugelassen sein.
  - Nachdem der Anh. nunmehr zulassungspflichtig ist, unterliegt er der Steuerpflicht (§ 1 Abs. 1 Nr. 1 KraftStG) und der Versicherungspflicht (§ 1 PflVG).
- 2. Anh. mit schwarzem Kennzeichen
  - Zulassungsfreie Anh. können nach § 3 Abs. 3 FZV auf Antrag zugelassen werden. Der Anh. wird nach § 3 Abs. 1 FZV nach dem sogenannten „schwarzen Zulassungsverfahren" (wie z.B. der Pkw) angemeldet und bekommt nach §§ 8, 10 FZV ein schwarzes Kennzeichen.
  - Nach § 11 Abs. 6 FZV ist die ZB-Teil I mitzuführen und zuständigen Personen auf Verlangen zur Prüfung auszuhändigen.
  - Anh. mit amtlichen Kennzeichen müssen nach § 29 StVZO zur HU (TÜV) vorgeführt werden.
  - Nach § 1 PflVG unterliegt der Anh. der Versicherungspflicht.
  - Zulassungspflichtige Anh. sind nach § 1 KraftStG steuerpflichtig.
- 3. Anh. mit Wiederholungskennzeichen
  - Anh. kann auch nach § 4 Abs. 2 Nr. 3 FZV anstatt mit einem amtl. Kennzeichen mit einem Wiederholungskennzeichen (§ 10 Abs. 8 FZV) und einem 25 km/h Schild (§ 58 StVZO) gekennzeichnet werden.
  - Nach § 4 Abs. 1 FZV gibt es für den Anh. eine Typ- bzw. Einzelgenehmigung (früher BE).
  - Nach § 4 Abs. 5 FZV ist diese Genehmigung mitzuführen und zuständigen Personen auf Verlangen zur Prüfung auszuhändigen.
  - Anh. mit Wiederholungskennzeichen müssen nach § 29 StVZO nicht zur HU (TÜV) vorgeführt werden.

- Nach § 2 Abs. 1 Nr. 6c PflVG unterliegt der Anh. nicht der Versicherungspflicht.
- Zulassungsfreie Anh. sind nach § 3 Nr. 1 KraftStG von der Steuer befreit.

f) einachsige Anh. hinter Krafträdern, Kleinkrafträdern und motorisierten Krankenfahrstühlen,

Hinweise:

- Anh.-Betrieb: Artikel 4 der 3. FS-Richtlinie sieht keinen Anh.-Betrieb vor.
- Vorschriften des § 32 StVZO oder § 3 Abs. 2 FZV erlauben dies (strittig, auch unterschiedliche Kommentierung).

g) Anh. für den Einsatzzweck der Feuerwehren und des Katastrophenschutzes,
h) lof. Arbeitsgeräte,

Hinweise

- Dies sind z.B. Heuwender, Pflüge und Saatmaschinen.
- Bis 3 t zG benötigen die Geräte keine Einzelgenehmigung.

i) hinter lof-einachsigen Zug- oder Arbeitsmaschinen mitgeführte Sitzkarren.

Anh. im Sinne des Satzes 1 Nr. 2 Buchstabe a bis c sind nur dann von den Vorschriften über das Zulassungsverfahren ausgenommen, wenn sie für eine Höchstgeschwindigkeit von nicht mehr als 25 km/h in der durch § 58 der StVZO vorgeschriebenen Weise gekennzeichnet sind.

Hinweis:

- Die Anh. nach Buchstaben f bis i spielen eine untergeordnete Rolle. Deshalb wird auf diese Anh. nicht genauer eingegangen.

(4) Der Halter darf die Inbetriebnahme eines nach Abs. 1 zulassungspflichtigen Fzg nicht anordnen oder zulassen, wenn das Fzg nicht zugelassen ist.

Hinweise:

- Alle zulassungsfreien Fzg sind steuerbefreit gem. § 3 KraftStG.
- Werden die Anh. nicht zweckentsprechend verwendet, werden sie zulassungspflichtig nach § 3 FZV.

5.3 § 4 Voraussetzungen für eine Inbetriebsetzung zulassungsfreier Fahrzeuge

(1) Zusammenfassung

Hinweise:

- Folgende Fzg dürfen auf öffentlichen Straßen nur in Betrieb gesetzt werden, wenn sie einem genehmigten Typ entsprechen oder eine Einzelgenehmigung erteilt ist:
  - selbstfahrende Arbeitsmaschinen und Stapler,
  - einachsige Zugmaschinen, wenn sie nur für lof. Zwecke verwendet werden,
  - Leichtkrafträder,
  - zwei- oder dreirädrige Kleinkrafträder,
  - motorisierte Krankenfahrstühle,
  - vierrädrige Leicht-Kfz,
  - alle Anh. die in § 3 Abs. 2 Nr. 2 Buchstabe a-g FZV aufgeführt sind,
  - Lof. Arbeitsgeräte mit einer zG von mehr als 3 t.

(2) Folgende Fzg nach Absatz 1 dürfen auf öffentlichen Straßen nur in Betrieb gesetzt werden, wenn sie zudem ein Kennzeichen nach § 8 führen: […]

Hinweise:

- Folgende Fzg nach § 4 Abs. 2 FZV müssen, obwohl zulassungsfrei, amtliche Kennzeichen führen:
  - Selbstfahrende Arbeitsmaschinen über 20 km/h bbH,

- Stapler mit einer bbH über 20 km/h,
- einachsige Zugmaschinen für lof. Zwecke mit einer bbH über 20 km/h,
- Leichtkrafträder (LKR),
- Arbeitsmaschinen als Anh. und
- Spezial-Anh. zur Beförderung von Sportgeräten, Tieren für Sportzwecke oder
- Rettungsbooten des Rettungsdienstes oder Katastrophenschutzes, die nicht mit einem Geschwindigkeitsschild bis 25 km/h nach § 58 StVZO gekennzeichnet sind.

(3) Zusammenfassung

Hinweise:

- Kfz nach § 3 Abs. 2
  - Nr. 1d zwei- oder dreirädrige Kleinkrafträder (KKR),
  - Nr. 1e motorisierte Krankenfahrstühle und
  - Nr. 1f vierrädrige Leicht-Kfz,

  müssen ein gültiges Versicherungskennzeichen (§ 26 FZV) führen.
  - EKF nach § 3 Abs. 2 Nr. 1g FZV müssen eine Versicherungsplakette nach § 29a FZV führen.

(4) Zusammenfassung

Hinweise

- Selbstfahrende Arbeitsmaschinen,
- Stapler,
- einachsige Zugmaschinen für lof. Zwecke mit jeweils einer bbH bis 20 km/h
- müssen mit Vornamen, Namen und Wohnort des Halters oder der Bezeichnung seiner Firma und deren Sitz gekennzeichnet sein; die Angaben sind dauerhaft und deutlich lesbar auf der linken Seite des Fzg anzubringen.

- Motorisierte Krankenfahrstühle Kennzeichnung mit reflektierender, dreieckiger Warntafel (ECE Regel 69) und Geschwindigkeitsschild nach § 58 StVZO.

5.4 § 5 Beschränkung und Untersagung des Betriebs von Fahrzeugen

(1) Erweist sich ein Fzg als nicht vorschriftsmäßig nach dieser VO oder der StVZO, kann die Zulassungsbehörde dem Eigentümer oder Halter eine angemessene Frist zur Beseitigung der Mängel setzen oder den Betrieb des Fzg auf öffentlichen Straßen beschränken oder untersagen.

Hinweise:

- § 5 FZV ist Spezialvorschrift gegenüber dem Polizeigesetz.
  - Fällt ein Fzg nicht unter den Anwendungsbereich der FZV, so kommt zur Untersagung § 17 StVZO zur Anwendung (ebenfalls als Spezialnorm vor dem PolG).
- Die zuständige Zulassungsbehörde muss das für die Gefahrenabwehr Notwendige veranlassen. Somit kann auch die Weiterfahrt untersagt werden, wenn die konkret drohende Gefahr besteht, dass bei Weiterfahrt ein Schaden bzw. Unfall eintreten könnte.
- Allerdings müssen diese Maßnahmen den Grundsätzen des Mindesteingriffs und der Verhältnismäßigkeit entsprechen.
- Die zu treffende Maßnahme muss sich nach der Gefahr für die Verkehrssicherheit richten, die von der Veränderung am Fzg ausgeht. Ist diese gering, wird die Anordnung genügen, das Fzg nur noch zur Fahrt zum nahe gelegenen TÜV zu benutzen. Dies ändert nichts daran, dass gegen den Betreffenden eine Anzeige nach § 19 Abs. 5 StVZO gefertigt wird.
- Sind Veränderungen vorgenommen worden, durch die eine erhebliche Verkehrsgefahr eintreten könnte, muss die Weiterfahrt untersagt werden.

Beispiele:
- Bei erheblicher Spurverbreiterung und/oder Tieferlegung des Fzg.
- Räder streifen am Radkasten, wenn gelenkt wird.
- Besteht die Gefahr, dass der Betroffene eine solche Anordnung nicht beachtet, also das Fzg weiterbenutzen oder sich von vornherein weigern wird, diese Weisung zu beachten, sind Maßnahmen beispielsweise nach § 38 PolG BW (Beschlagnahme) zu treffen.

▸ Sachlich zuständig bei Untersagung der Weiterfahrt ist die Zulassungsbehörde (§ 5 Abs. 1 FZV).
  - Ist die Zulassungsbehörde nicht erreichbar, muss z.B. auf § 112 Abs. 2 PolG BW zurückgegriffen werden.
  - FZV sieht keine spezialgesetzliche Eilfallkompetenz für PVD vor.

(2) Ist der Betrieb eines Fzg, für das ein Kennzeichen zugeteilt ist, untersagt, hat der Eigentümer oder Halter das Fzg nach Maßgabe des § 14 außer Betrieb setzen zu lassen oder der Zulassungsbehörde nachzuweisen, dass die Gründe für die Beschränkung oder Untersagung des Betriebs nicht oder nicht mehr vorliegen. Der Halter darf die Inbetriebnahme eines Fzg nicht anordnen oder zulassen, wenn der Betrieb des Fzg nach Absatz 1 untersagt ist oder die Beschränkung nicht eingehalten werden kann.

(3) Besteht Anlass zu der Annahme, dass ein Fzg nicht vorschriftsmäßig nach dieser Verordnung oder der StVZO ist, so kann die Zulassungsbehörde anordnen, dass

1. *ein von ihr bestimmter Nachweis über die Vorschriftsmäßigkeit oder ein Gutachten eines amtlich anerkannten Sachverständigen, Prüfers für den Kfz-Verkehr oder Prüfingenieurs einer amtlich anerkannten Überwachungsorganisation nach Anlage VIII b der StVZO vorgelegt oder*
2. *das Fzg vorgeführt wird. Wenn nötig, kann die Zulassungsbehörde mehrere solcher Anordnungen treffen.*

5.5 § 9 Besondere Kennzeichen

(1) Auf Antrag wird für ein Fzg, für das ein Gutachten nach § 23 der StVZO vorliegt, ein Oldtimerkennzeichen zugeteilt. Dieses Kennzeichen besteht aus einem Unterscheidungszeichen und einer Erkennungsnummer nach § 8 Abs. 1. Es führt als Oldtimerkennzeichen den Kennbuchstaben „H" als amtlichen Zusatz hinter der Erkennungsnummer, der von der Zulassungsbehörde auch in der Zulassungsbescheinigung Teil I und Teil II zu vermerken ist.

Hinweise:

- Oldtimerkennzeichen wird zugeteilt, wenn das Fzg mindestens 30 Jahre alt ist (§ 2 Nr. 22 FZV).
- Oldtimer dürfen auch ohne Plakette in die Umweltzone einfahren (Kennzeichenverordnung).
- Bei der Anbringung der Kennzeichen ist § 10 FZV zu beachten.
- Oldtimerkennzeichen kann ganzjährig benutzt werden. Vergleiche Unterschied zu einem 07-Kennzeichen; § 17 FZV.

(3) Auf Antrag wird einem Fzg ein Saisonkennzeichen zugeteilt. Es besteht aus einem Unterscheidungszeichen und einer Erkennungsnummer nach § 8 Abs. 1 und führt die Angabe eines Betriebszeitraums als amtlichen Zusatz hinter der Erkennungsnummer. Der Betriebszeitraum wird auf volle Monate bemessen; er muss mindestens zwei Monate und darf höchstens elf Monate umfassen und ist von der Zulassungsbehörde auch in der ZB Teil I und Teil II in Klammern hinter dem Kennzeichen, in den Fällen des § 9 Abs. 1 Satz 2 oder § 9a Abs. 2 Satz 2 hinter dem jeweiligen Kennbuchstaben, zu vermerken. Auch grüne Kennzeichen nach Abs. 2 können als Saisonkennzeichen zugeteilt werden.

Das Fzg darf auf öffentlichen Straßen nur während des angegebenen Betriebszeitraums

1. in Betrieb genommen oder

2. abgestellt werden.

Der Halter darf

1. die Inbetriebnahme eines Fzg oder

2. dessen Abstellen

auf öffentlichen Straßen nur anordnen oder zulassen, wenn die Voraussetzungen nach Satz 5 vorliegen. Saisonkennzeichen gelten außerhalb des Betriebszeitraums bei Fahrten zur Abmeldung und bei Rückfahrten nach Abstempelung des Kennzeichens als ungestempelte Kennzeichen im Sinne des § 10 Abs. 4.

Hinweise:

- Fzg gilt außerhalb des Betriebszeitraumes nicht als vorübergehend abgemeldet.
- Es darf aber nicht in Betrieb gesetzt werden. Dazu gehört auch das Abstellen des Fzg im ÖVR.
- Anzeige erfolgt nach §§ 9 Abs. 3, 48 FZV, 24 StVG.
- Wird ein Fzg mit „normalem" Kennzeichen, welches abgemeldet wurde, in Betrieb gesetzt, wird nach §§ 3, 48 FZV, 24 StVG angezeigt.
- Das Saisonkennzeichen kann nun auch für Oldtimer und grüne Kennzeichen zugeteilt werden.

5.6 § 9a Kennzeichnung elektrisch betriebener Fahrzeuge

(1) Auf Antrag wird für ein Fzg im Sinne des § 2 Nr. 1 des EmoG ein Kennzeichen für elektrisch betriebene Fzg zugeteilt; für ein Fzg im Sinne des § 2 Nr. 3 des EmoG jedoch nur, wenn dieses die Anforderungen des § 3 Abs. 2 in Verbindung mit § 5 Abs. 2 des EmoG erfüllt.

Hinweise:

- 50. Verordnung zur Änderung straßenverkehrsrechtlicher Vorschriften vom 15.09.2015
  - § 9a FZV regelt die Kennzeichnung von elektrisch betriebenen Fzg.
  - Das Fzg wird nach den Absätzen 1 und 2 mit einem amtl. schwarzen Kennzeichen ausgestattet und weist am Ende den Großbuchstaben „E“ auf.
  - Des Weiteren muss das Fzg mit einer Plakette nach der Anlage 3a zur FZV gekennzeichnet sein.
  - Nach § 9a Abs. 4 FZV ist diese Plakette an der Rückseite des Fzg gut sichtbar anzubringen.
  - In die Plakette ist von der Zulassungsbehörde im dafür vorgesehenen Sichtfeld mit lichtechtem Stift das Kennzeichen des jeweiligen Fzg einzutragen.
- Elektromobilitätsgesetz vom 05.06.2015
  - Im Gesetz zur Bevorrechtigung der Verwendung elektrisch betriebener Fzg wird geregelt, welche Fzg unter bestimmten Voraussetzungen Bevorrechtigungen im Straßenverkehr erhalten.
- Nach § 3 Abs. 4 EmoG sind Bevorrechtigungen möglich,
  - für das Parken auf öffentlichen Straßen oder Wegen,
  - bei der Nutzung von für besondere Zwecke bestimmten öffentlichen Straßen oder Wegen oder Teilen von diesen,
  - durch das Zulassen von Ausnahmen von Zufahrtsbeschränkungen oder Durchfahrtverboten,
  - im Hinblick auf das Erheben von Gebühren für das Parken auf öffentlichen Straßen oder Wegen.
- Nach § 8 Abs. 2 tritt das EmoG mit Ablauf des 31.12.2026 außer Kraft.
- Derzeit gibt es folgende Bevorrechtigungen für Elektro-Fzg:
  - Durch Zusatzzeichen sind diese von Verkehrsverboten (Z 250, 251, 253, 255, 260) ausgenommen,

- zu Z 286 wird das Parken für elektrisch betriebene Fzg innerhalb der gekennzeichneten Flächen erlaubt,
- zu Z 290.1 wird das Parken für elektrisch betriebene Fzg innerhalb der gekennzeichneten Flächen erlaubt,
- des Weiteren gibt es Ausnahmen für das Parken mit Parkschein oder Parkscheibe.

5.7 § 13 Mitteilungspflichten bei Änderungen

(1) Folgende Änderungen von Fzg- oder Halterdaten sind der Zulassungsbehörde zum Zwecke der Berichtigung der Fzg-Register und der ZB unter Vorlage der ZB Teil I, des Anh.-Verzeichnisses und bei Änderungen nach Nummer 1 bis 3 auch der ZB Teil II unverzüglich mitzuteilen:

1. *Änderungen von Angaben zum Halter, jedoch braucht bei alleiniger Änderung der Anschrift innerhalb des Zulassungsbezirks die ZB Teil II nicht vorgelegt zu werden,*
2. *Änderung der Fzg-Klasse nach Anlage XXIX der StVZO,*
3. *Änderung von Hubraum, Nennleistung, Kraftstoffart oder Energiequelle,*
4. *Erhöhung der bbH,*
5. *Verringerung der bbH, wenn diese FE-relevant oder zulassungsrelevant ist,*
6. *Änderung der zulässigen Achslasten, der Gesamtmasse, der Stützlast oder der Anhängelast,*
7. *Erhöhung der Fzg-Abmessungen, ausgenommen bei Personenkraftwagen und Krafträdern,*
8. *Änderung der Sitz- oder Stehplatzzahl bei Kraftomnibussen,*
9. *Änderungen der Abgas- oder Geräuschwerte, sofern sie sich auf die Kfz-Steuer oder Verkehrsverbote auswirken,*
10. *Änderungen, die eine Ausnahmegenehmigung nach § 47 erfordern, und*

11. *Änderungen, deren unverzügliche Eintragung in die ZB auf Grund eines Vermerks im Sinne des § 19 Abs. 4 Satz 2 der StVZO erforderlich ist.*

Andere Änderungen von Fzg- oder Halterdaten sind der Zulassungsbehörde bei deren nächster Befassung mit der ZB mitzuteilen. Verpflichtet zur Mitteilung ist der Halter und, wenn er nicht zugleich der Eigentümer ist, auch dieser.

Hinweis:

- Kann bei einer Kontrolle durch einfache Sichtprüfung eine Änderung (z.B. Halterwechsel, Änderung der Sitzzahl) festgestellt werden, ist dies der Zulassungsbehörde mitzuteilen.

5.8 § 14 Außerbetriebsetzung, Wiederzulassung

(1) Soll ein zugelassenes Fzg oder ein zulassungsfreies Fzg, dem ein Kennzeichen zugeteilt ist, außer Betrieb gesetzt werden, hat der Halter dies bei der zuständigen Zulassungsbehörde nach § 46 Abs. 2

1. *bei zugelassenen Fzg unter Vorlage der ZB Teil I und, soweit vorhanden, der Anhängerverzeichnisse,*
2. *bei zulassungsfreien Fzg unter Vorlage des Nachweises über die Zuteilung des Kennzeichens oder der ZB Teil I,*

zu beantragen und die Kennzeichen zur Entstempelung vorzulegen. Legt ein Dritter alle nach Satz 1 erforderlichen Unterlagen vor, gilt er als von dem Halter bevollmächtigt, die Außerbetriebsetzung des Fzg zu beantragen. Bei Wechselkennzeichen ist der fahrzeugbezogene Teil, der die Stempelplakette trägt und, wenn mit diesem Kennzeichen kein weiteres Fzg zugelassen bleibt, auch der gemeinsame Kennzeichenteil zur Entstempelung vorzulegen.

Die Zulassungsbehörde vermerkt die Außerbetriebsetzung des Fzg unter Angabe des Datums auf der ZB Teil I und, soweit vorhanden, auf den Anh.-Verzeichnissen und händigt die vorgelegten Unterlagen sowie die entstempelten Kennzeichenschilder wieder aus. Der Halter kann sich das Kennzeichen zum Zweck der Wiederzulassung des nach den Sätzen 1 bis 4 außer Betrieb gesetzten Fahrzeugs für eine Dauer von längstens zwölf Monaten, gerechnet ab dem Tag der Außerbetriebsetzung, reservieren lassen und erhält dafür eine schriftliche oder elektronische Bestätigung. Satz 5 gilt nicht, wenn das Kennzeichen nach § 13 Abs. 3 Satz 1 Nr. 2 oder Abs. 4 Satz 4 in einem anderen Zulassungsbezirk weitergeführt wurde und dort außer Betrieb gesetzt wird.

Hinweise:

- „Fahrzeugpapiere" und entstempelte Kennzeichen werden nach Eintrag der Außerbetriebsetzung dem Halter zurückgegeben.
- Reservierung der „alten" Kennzeichen für 12 Monate möglich.
- In Abs. 1 Satz 4 wird verdeutlicht, dass eine Kennzeichenreservierung an den bisherigen Halter und das bisherige Fzg gebunden ist.
- Der Halter erhält zudem nach Abs. 1 Satz 4 mit Reservierung des Kennzeichens für den Zweck der Wiederzulassung des Fzg eine Bestätigung.
- Die Form dieser Bestätigung dient dem Nachweis gegenüber Dritten: Dies kann ein Schriftstück, eine E-Mail oder eine andere elektronische Übermittlung sein, die ausgedruckt werden kann.
- Mit diesem Nachweis der Kennzeichenreservierung kann der Halter dann zukünftig auch für ein außer Betrieb gesetztes Fzg, dessen HU abgelaufen ist, nach entsprechender Untersuchung eine HU-Plakette durch berechtigte Stellen aufbringen lassen und das Fzg anschließend internetbasiert wieder zulassen.

(2) Soll ein nach Abs. 1 Satz 1 bis 3 außer Betrieb gesetztes Fzg auf denselben Halter oder einen neuen Halter wieder zum Verkehr zugelassen (Wiederzulassung) oder ein solches zulassungsfreies kennzeichenpflichtiges Fzg wieder in Betrieb genommen werden, ist die ZB Teil I und Teil II vorzulegen, § 6, auch in Verbindung mit § 4 Abs. 2 Satz 2, gilt entsprechend. Abweichend von Satz 1 ist die

Vorlage der ZB Teil II bei einer Wiederzulassung auf denselben Halter nicht notwendig.

Das Fzg muss vor der Wiederzulassung oder der erneuten Inbetriebnahme einer HU nach § 29 der StVZO unterzogen werden, wenn bei Anwendung der Anlage VIII Nr. 2 der StVZO zwischenzeitlich eine Untersuchung hätte stattfinden müssen. Satz 3 gilt entsprechend für eine Sicherheitsprüfung nach § 29 der StVZO. Sind die Fahrzeugdaten und Halterdaten im Zentralen Fahrzeugregister bereits gelöscht worden und kann die Übereinstimmungsbescheinigung, die Datenbestätigung oder die Bescheinigung über die Einzelgenehmigung des unveränderten Fahrzeugs nicht anderweitig erbracht werden, ist § 21 der StVZO entsprechend anzuwenden.

Hinweise:

- Abgemeldetes Fzg benötigt bei Wiederzulassung gültigen TÜV-Stempel.
- Sind die Fzg-Daten schon gelöscht, muss ein Einzelgutachten nach § 21 StVZO durch einen Sachverständigen erstellt werden.
- Die Fzg-Daten von „schwarzen" Kennzeichen nach § 8 FZV werden nach 7 Jahren gelöscht (§ 44 FZV).
- Fzg, das ohne Zulassung im ÖVR abgestellt wird, kann über landesrechtliche Vorschriften (Sondernutzung) bzw. über § 32 StVO (Verkehrshindernisse) geahndet werden, jedoch ist dann Voraussetzung, dass Parkraumnot besteht.

5.9 § 15a Zulässigkeit Internetbasierter Zulassungsverfahren

(1) Die Zulassung von Fzg, einschließlich der Vornahme von Zulassungsänderungen und der Kennzeichenzuteilung für zulassungsfreie Fzg, sowie ihre Außerbetriebsetzung kann nach Maßgabe dieses Abschnittes internetbasiert durchgeführt werden (internetbasierte Zulassungsverfahren).

Hinweise:

- Weitere Infos zur Regelung des Verfahrens, Nachweis der Hauptuntersuchungen und Sicherheitsprüfungen, der Außerbetriebsetzung und Wiederzulassung finden Sie in den §§ 15b bis 15e der FZV.
- In der Anlage 4a zur FZV finden Sie die Stempelplaketten und Plakettenträger.
- Der für uns wichtige § 15i Abs. 5 wird ausführlich dargestellt.

5.10 § 15i Gemeinsame Regelungen für die Zulassung und Änderungen

(5) Der Halter ist verpflichtet, einen von der Zulassungsbehörde übersandten Plakettenträger unverzüglich an der dafür vorgegebenen Stelle auf einem vorgegebenen Kennzeichenschild fest anzubringen. Ein Plakettenträger darf nur auf einem Kennzeichenschild mit dem zugehörigen zugeteilten Kennzeichen angebracht werden. Ein internetbasiert zugelassenes Fahrzeug darf auf öffentlichen Straßen nur in Betrieb gesetzt werden, wenn die dafür übersandten Plakettenträger auf den Kennzeichenschildern mit dem zugeteilten Kennzeichen fest angebracht worden sind. Der Halter darf die Inbetriebnahme eines internetbasiert zugelassenen Fzg nur anordnen oder zulassen, wenn die Voraussetzungen des Satzes 3 vorliegen. Wird ein internetbasiert zugelassenes Fahrzeug entgegen Satz 3 oder entgegen § 10 Abs. 2 Satz 2 in Betrieb gesetzt, kann die Zulassungsbehörde die Kennzeichenschilder einziehen. Die Einziehung ist unabhängig von der Vorwerfbarkeit oder der Verfolgung als OWi.

Hinweise:

- Nur wenn die Plakette auf dem richtigen Kennzeichen angebracht worden ist, was Anhand der Personalisierungsdaten auf dem Kennzeichenträger überprüft werden kann, ist ein Missbrauch ausgeschlossen.

- Missbrauch ist aber nicht nur durch den Halter selbst, sondern auch durch andere Personen denkbar, die die Plakette auf Kennzeichen aufbringen, für die sie nicht erstellt worden ist.
- Die Vorschrift verlangt von jedem, der das Fzg in Betrieb nimmt, also sowohl vom Halter als auch von Dritten, dafür Sorge zu tragen, dass die für dieses Fzg übersandten Plakettenträger auf dem zugeteilten Kennzeichen fest angebracht sind.
- Mit der Anbringung am Fzg, ist dieses auch zugelassen.
- Ordnungswidrig handelt,
  - wer als Halter den Plakettenträger nicht anbringt
  - wer den Plakettenträger an einem anderen Kennzeichen anbringt
  - ohne angebrachten Plakettenträger am Verkehr teilnimmt
  - mit Plakettenträgern am Verkehr teilnimmt, die nicht für das Fzg zugeteilt waren, oder dies als Halter anordnet.
  - Werden diese Vorschriften aus dem Abs. 6 nicht beachtet, wird ein Fzg ohne Zulassung in Betrieb gesetzt.
  - Nach obergerichtlicher Rechtsprechung ist dies bei zulassungspflichtigen Fzg immer ein Verstoß nach § 3 Abs. 1 FZV. Somit wären diese Tatbestände nach Abs. 5 überflüssig. Klärung durch das Verkehrsministerium wäre erforderlich.
- Wird der Plakettenträger an einem anderen Kennzeichen als vorgesehen angebracht, muss geprüft werden ob evtl. ein Kennzeichenmissbrauch nach § 22 StVG vorliegt, da nun meiner Meinung nach ein Kfz, für das ein amtliches Kennzeichen nicht ausgegeben oder zugelassen worden ist, mit einem Zeichen versehen wird, das geeignet ist, den Anschein amtlicher Kennzeichnung hervorzurufen, was ja der Fall wäre (Urteile abwarten).
- Auf jeden Fall liegt dann ein Verstoß gegen das PflichtVG und das KraftStG vor, da die Verträge für ein anderes Fzg abgeschlossen wurden.

- Ein Verstoß nach § 267 StGB Urkundenfälschung ist ebenfalls zu prüfen, da der Plakettenträger mit einem nicht vorgesehenen Kennzeichen verbunden und dieses Kennzeichen wiederum an einem Pkw fest und nun auch auf Dauer angebracht ist. Meiner Meinung nach entsteht nun eine zusammengesetzte Urkunde, die mit einem amtlichen Kennzeichen gleichzusetzen ist (Urteile abwarten).
- Hier können auf jeden Fall Vergleiche mit den Beispielen aus den §§ 16 und 16a FZV herangezogen werden.

5.11 § 16 Prüfungsfahrten, Probefahrten und Überführungsfahrten mit rotem Kennzeichen

(1) Ein Fzg darf, wenn es vorbehaltlich der Sätze 3 und 4 nicht zugelassen ist, auch ohne eine EG-Typgenehmigung, nationale Typgenehmigung oder Einzelgenehmigung zu Prüfungs-, Probe- oder Überführungsfahrten in Betrieb gesetzt werden, wenn eine dem Pflichtversicherungsgesetz entsprechende Kfz-Haftpflichtversicherung besteht und das Fzg unbeschadet des § 16a ein Kennzeichen mit roter Beschriftung auf weißem rot gerandetem Grund (rotes Kennzeichen) führt. Dies gilt auch für notwendige Fahrten zum Tanken und zur Außenreinigung anlässlich solcher Fahrten nach Satz 1 sowie für notwendige Fahrten zum Zwecke der Reparatur oder Wartung der betreffenden Fzg. Ein Fzg, dem nach § 9 Abs. 3 ein Saisonkennzeichen zugeteilt ist, darf außerhalb des Betriebszeitraums nach den Sätzen 1 und 2 in Betrieb gesetzt werden, wenn das Saisonkennzeichen nicht gleichzeitig geführt wird. Ein Fzg, dem nach § 8 Abs. 1a ein Wechselkennzeichen zugeteilt ist, darf nach den Sätzen 1 und 2 in Betrieb gesetzt werden, wenn das Wechselkennzeichen weder vollständig noch in Teilen gleichzeitig geführt wird. § 31 Abs. 2 der StVZO bleibt unberührt.

Hinweise:

- Mit der Trennung von roten Kennzeichen, § 16 FZV und Kurzzeitkennzeichen, § 16a FZV, wurden im § 16 FZV lediglich redaktionelle Änderungen vorgenommen.
- Nutzung ist bei roten Kennzeichen nur für Prüfungs-, Probe- und Überführungsfahrten erlaubt, Definitionen siehe § 2 Nr. 23 ff. FZV.
- Mit den privilegierten Fahrten dürfen weitere Zwecke, etwa geschäftlicher oder persönlicher Art, verfolgt oder verbunden werden. Die Fahrt muss aber immer durch die Absicht des privilegierten Zwecks veranlasst und ihm zu dienen bestimmt sein.
- Hieraus lässt sich ableiten, dass weitere Zwecke allenfalls untergeordneter Art sein dürfen, quasi auf dem Weg miterledigt werden können, sofern sie den Charakter der Fahrt nicht beherrschen.

  Beispiele:
  - Verpflegung einkaufen, die während der Überführungsfahrt benötigt werden.
  - Parken über Nacht vor dem Hotel.
  - Zigaretten ziehen während der Probefahrt.

- Mit dem Händlerkennzeichen dürfen nun folgende Fahrten durchgeführt werden:
  - Prüfungsfahrten,
  - Probefahrten,
  - Überführungsfahrten und
  - notwendige Fahrten zum Tanken,
  - zur Außenreinigung anlässlich solcher Fahrten,
  - zum Zwecke der Reparatur und/oder Wartung.
- Solche Fahrten können nun auch den einzigen Anlass einer Fahrt bilden, sofern sie im unmittelbaren zeitlichen Zusammenhang mit einer Prüfungs-, Probe- und Überführungsfahrt stehen und direkt durch sie veranlasst sind.

- Dies ist gegeben, wenn sie zur nächstgelegenen geeigneten Einrichtung erfolgen und auf direktem Wege durchgeführt werden.
- Auch Fzg mit Saisonkennzeichen oder Wechselkennzeichen dürfen rote Kennzeichen führen, jedoch müssen diese vorher entfernt werden, da nur ein Kennzeichen am Fzg angebracht sein darf.
- Der Käufer eines Kfz darf mit den roten Händlerkennzeichen das Fzg zu sich nach Hause „überführen". Weitere Fahrten sind nicht erlaubt. Dies wird als Kundendienstleistung des Händlers anerkannt.

Beispiele für zweckentfremdete Nutzung (Nr. 1 bis 4)

1. Man tätigt Einkäufe oder fährt zur Arbeitsstelle.

- Kennzeichenmissbrauch
  - Nein, da Halterfeststellung möglich ist und Schutzzweck des § 22 StVG nicht berührt wird.
    Nach herrschender Meinung liegt kein Verstoß vor, da das Kennzeichen für das entsprechende Fzg ausgegeben wurde und der Fahrer das Kennzeichen nicht manipuliert hat, um die Feststellung seiner Identität zu verhindern.
- Steuerhinterziehung*
  - Ja, nach § 370 Abs. 1 Nr. 2 AO.
    Fzg wird widerrechtlich benutzt, da es keine Zulassung hat (§ 2 Abs. 5 KraftStG). Somit unterliegt es der Steuerpflicht nach § 1 Abs. 1 Nr. 3 KraftStG. Anzeigepflicht nach § 15 KraftStDV.
- Versicherungsbetrug
  - Nein, da Versicherungsvertrag vorhanden.
- Fahren ohne Zulassung
  - Ja, da das Fzg zweckentfremdet benutzt wird.
    OWi nach § 3 Abs. 1 FZV bei zulassungspflichtigen Fzg und § 4 Abs. 1 FZV bei zulassungsfreiem Fzg.
- Andere OWis
  - Ja, Sondernutzung nach landesrechtlichen Vorschriften.

* Steuerhinterziehung: Fzg mit roten Kennzeichen zur wiederkehrenden Verwendung unterliegen gemäß § 1 Nr. 4 KraftStG der Steuerpflicht.

2. Nur ein Kennzeichen am Fzg angebracht

- Kennzeichenmissbrauch
  - Unterscheide, ob das zweite Kennzeichen nur aus Vergesslichkeit (Unachtsamkeit) oder vorsätzlich nicht angebracht wurde.
  - Ja, wenn nachgewiesen werden kann, dass vorsätzlich nur ein Kennzeichen angebracht wurde (ein Täter).
  - Wenn das zweite Kennzeichen zeitgleich an einem anderen Fzg verwendet wird, kann dies ein Beweis für vorsätzliches Handeln und Kennzeichenmissbrauch bei beiden Fzg-Führern sein (zwei Täter).
  - Befindet sich das zweite Kennzeichen im Besitz einer anderen Person, dient es ebenfalls als Beweis für die Täterschaft von Täter 1.
  - Hat die zweite Person das Kennzeichen nur in ihrem Besitz (und nicht an einem Fzg angebracht), so liegt für den Besitzer des zweiten Kennzeichens kein Kennzeichenmissbrauch vor.
  - Nein, wenn aus Vergesslichkeit nur ein Kennzeichen angebracht wurde (OWi, siehe unten).
- Steuerhinterziehung*
  - Ja, nach § 370 Abs. 1 Nr. 2 AO.
    Fzg wird widerrechtlich benutzt, da es keine Zulassung hat (§ 2 Abs. 5 KraftStG). Somit unterliegt es der Steuerpflicht nach § 1 Abs. 1 Nr. 3 KraftStG. Anzeigepflicht nach § 15 KraftStDV.
  - Nein, wenn aus Vergesslichkeit nur ein Kennzeichen angebracht wurde (OWi siehe unten).
- Versicherungsbetrug
  - Nein, da Versicherungsvertrag vorhanden.
- Fahren ohne Zulassung
  - Ja, OWi nach § 3 Abs. 1 bzw. § 4 Abs. 1 FZV. Das Fzg ist nicht zugelassen, da das Kennzeichenpaar nicht eindeutig einem bestimmtem Fzg zugeordnet ist, sondern an einem weiteren Fzg genutzt wird.
  - Nein, wenn aus Vergesslichkeit nur ein Kennzeichen angebracht wurde.

---

* Steuerhinterziehung: Fzg mit roten Kennzeichen zur wiederkehrenden Verwendung unterliegen gemäß § 1 Nr. 4 KraftStG der Steuerpflicht.

- Andere OWis
  - Ja, da beide Kennzeichen am Fzg angebracht sein müssen, §§ 16 Abs. 5, 10 Abs. 12 FZV und Sondernutzung nach landesrechtlichen Vorschriften.

3. ungültige/verloren gemeldete Kennzeichen angebracht

- Kennzeichenmissbrauch
  - Ja, wenn das Kennzeichen bereits ungültig ist und dennoch angebracht wird oder
  - wenn das Kennzeichen bei der Behörde als verloren gemeldet ist und angebracht wird.
- Steuerhinterziehung*
  - Ja, nach § 370 Abs. 1 Nr. 2 AO.
    Fzg wird widerrechtlich benutzt, da es keine Zulassung hat (§ 2 Abs. 5 KraftStG). Somit unterliegt es der Steuerpflicht nach § 1 Abs. 1 Nr. 3 KraftStG. Anzeigepflicht nach § 15 KraftStDV.
- Versicherungsbetrug
  - Ja, nach §§ 1, 6 PflVG,
    wenn Versicherungsschutz abgelaufen ist. Muss bei der Versicherung bzw. dem Landratsamt ermittelt werden.
- Fahren ohne Zulassung
  - Ja, OWi nach § 3 Abs. 1 FZV bei zulassungspflichtigen Fzg und § 4 Abs. 1 FZV bei zulassungsfreien Fzg.
- Andere OWis
- Ja, Sondernutzung nach landesrechtlichen Vorschriften.

4. Eintragung in das Fzg-Scheinheft nicht ordnungsgemäß

- Kennzeichenmissbrauch
  - Nein, Zulassung und damit auch die Möglichkeit der Halterfeststellung (Schutzzweck des § 22 StVG) erfolgt durch Anbringung der Kennzeichen am Fzg und nicht durch Eintragung im Fzg-Scheinheft.
- Steuerhinterziehung*
  - Nein

---

* Steuerhinterziehung: Fzg mit roten Kennzeichen zur wiederkehrenden Verwendung unterliegen gemäß § 1 Nr. 4 KraftStG der Steuerpflicht.

- Versicherungsbetrug
  - Nein
- Fahren ohne Zulassung
  - Nein, die Zulassung erfolgt durch die Anbringung der Kennzeichen am Fzg und nicht durch Eintragung im Fzg-Scheinheft.
- Andere OWis
  - Ja, nach § 16 Abs. 2 FZV.
  - Ausnahme: Rote Kennzeichen bei Prüfungsfahrten sind steuerfrei.
  - Dasselbe gilt bei zweckentfremdeter (widerrechtlicher) Benutzung nach § 1 Nr. 3 KraftStG.

(2) Rote Kennzeichen und besondere Fzg-Scheinhefte für Fzg mit roten Kennzeichen nach Anlage 9 können durch die örtlich zuständige Zulassungsbehörde zuverlässigen Kfz-Herstellern, Kfz-Teileherstellern, Kfz-Werkstätten und Kfz-Händlern befristet oder widerruflich zur wiederkehrenden betrieblichen Verwendung, auch an unterschiedlichen Fzg, zugeteilt werden. Ein rotes Kennzeichen besteht aus einem Unterscheidungszeichen und einer Erkennungsnummer jeweils nach § 8 Abs. 1, jedoch besteht die Erkennungsnummer nur aus Ziffern und beginnt mit „06“. Für jedes Fzg ist eine gesonderte Seite des Fzg-Scheinheftes zu dessen Beschreibung zu verwenden; die Angaben zum Fzg sind vollständig und in dauerhafter Schrift vor Antritt der ersten Fahrt einzutragen. Das Fzg-Scheinheft ist bei jeder Fahrt mitzuführen und zuständigen Personen auf Verlangen auszuhändigen. Über jede Prüfungs-, Probe- oder Überführungsfahrt sind fortlaufende Aufzeichnungen zu führen, aus denen das verwendete Kennzeichen, das Datum der Fahrt, deren Beginn und Ende, der Fzg-Führer mit dessen Anschrift, die Fzg-Klasse und der Hersteller des Fzg, die Fzg-Identifizierungsnummer und die Fahrtstrecke ersichtlich sind. Die Aufzeichnungen sind ein Jahr lang aufzubewahren; sie sind zuständigen Personen auf Verlangen jederzeit zur Prüfung auszuhändigen. Nach Ablauf der Frist, für die das Kennzeichen zugeteilt worden ist, ist das Kennzeichen mit dem dazugehörigen Fzg-Scheinheft der Zulassungsbehörde unverzüglich zurückzugeben.

Hinweise:

- Zuverlässigkeit ist gegeben, wenn man davon ausgehen kann, dass der oben genannte Personenkreis die Kennzeichen nur zu den angegebenen Zwecken benutzt.
- Von Unzuverlässigkeit wird dann gesprochen, wenn man den Personen nachweist, dass die Kennzeichen zu anderen als den genannten Zwecken benutzt werden.
- Dies kann dazu führen, dass die Behörde die Erlaubnis widerruft bzw. nicht mehr erteilt.
- Probe- und Überführungsfahrten werden mit 06-Kennzeichen durchgeführt.
- Inhalt der weiteren Aufzeichnungen:
  - verwendete Kennzeichen
  - Datum der Fahrt, deren Beginn und Ende
  - Fzg-Führer mit dessen Anschrift
  - Fzg-Klasse und der Hersteller des Fzg
  - Fzg-Identifizierungsnummer
  - Fahrtstrecke
- Urkundenfälschung: Mit roten Kennzeichen kann keine Urkundenfälschung verwirklicht werden.
  Rote Kennzeichen stellen durch den Stempel der Zulassungsstelle – auch nach Anbringung am Fzg – keine (zusammengesetzte) Urkunde dar, da diese Verbindung nicht auf Dauer ausgelegt ist.

(3) Rote Kennzeichen können durch die örtlich zuständige Zulassungsbehörde auch Technischen Prüfstellen sowie anerkannten Überwachungsorganisationen nach Anlage VIIIb der StVZO für die Durchführung von Prüfungsfahrten im Rahmen der Hauptuntersuchungen, Sicherheitsprüfungen, Begutachtungen nach § 23 der StVZO und Untersuchungen oder Begutachtungen im Rahmen des § 5 widerruflich zur wiederkehrenden betrieblichen Verwendung an unterschiedlichen Fzg zugeteilt werden. Das rote Kennzeichen besteht aus einem Unterscheidungszeichen und einer Erken-

nungsnummer jeweils nach § 8 Abs. 1, jedoch besteht die Erkennungsnummer nur aus Ziffern und beginnt mit „05".

Hinweis:

- Prüfungsfahrten werden mit 05-Kennzeichen durchgeführt.

(5) Rote Kennzeichen sind nach § 10 i.V.m. Anlage 4 Abschnitt 1 und 7 auszugestalten und anzubringen. Sie brauchen jedoch nicht fest angebracht zu sein. Fzg mit roten Kennzeichen dürfen im Übrigen nur nach Maßgabe des § 10 Abs. 12 Satz 1 in Betrieb genommen werden. Der Halter darf die Inbetriebnahme eines Fzg nicht anordnen oder zulassen, wenn die Voraussetzungen nach Satz 1 und 3 nicht vorliegen.

Hinweise:

- Für rote Kennzeichen gelten die Bestimmungen für allgemeine Kennzeichen entsprechend, jedoch ist keine feste Anbringung z.B. Verschrauben erforderlich. Diese Kennzeichen können auch mit Draht, Gummibändern oder Gurten befestigt werden.
- Siehe auch § 10 FZV.
- Verfolgung von OWis nach § 3 FZV oder § 16 FZV.
- Die Benutzung eines mit roten Kennzeichen oder Kurzzeitkennzeichen versehenen Fzg auf öffentlichen Straßen zu anderen als den in § 16 Abs. 1 FZV (alt) genannten Zwecken (Prüfungs-, Probe- und Überführungsfahrten) stellt ein Inbetriebsetzen ohne die erforderliche Zulassung und damit eine Ordnungswidrigkeit dar.
  - Legt man dieses Urteil zugrunde, muss der Antragsteller, hier z.B. der Autohändler, immer nach § 3 FZV angezeigt werden, wenn er das Fzg für andere Zwecke benutzt oder die Nutzung zulässt.
- Verstöße nach § 3 FZV:
  - Tatbestandsnummer 803600
  - Sie setzten das Fzg auf einer öffentlichen Straße in Betrieb, obwohl es nicht zum Verkehr zugelassen war.

- §§ 3 Abs. 1, 48 FZV; 24 StVG
- Tatbestandsnummer 803500
- Sie ordneten die Inbetriebnahme des Fzg auf einer öffentlichen Straße an, obwohl es nicht zum Verkehr zugelassen war, bzw. ließen sie zu.
- §§ 3 Abs. 4, 48 FZV; 24 StVG

▸ Verstöße nach § 16 FZV:

- Tatbestandsnummer 816500
- Sie ordneten die Inbetriebnahme des Fzg bei einer Prüfungsfahrt, Probefahrt oder Überführungsfahrt ohne rotes Kennzeichen auf einer öffentlichen Straße an, bzw. ließen sie zu.
- §§ 16 Abs. 5, 10 Abs. 12, 48 FZV; 24 StVG

Beispiel:
- Der Inhaber einer Kfz-Werkstatt ordnet die Fahrt an.
- Da aber das Fzg ohne Kennzeichen nicht zugelassen ist (hier wird das Fzg durch die Anbringung des Kennzeichens am Fzg vorübergehend zugelassen), ist ein Verstoß nach § 3 FZV (Tateinheit mit § 16 FZV) gegeben.
- Somit wäre diese Tatbestandsnummer überflüssig. Gegenfrage: Sind Fallkonstellationen denkbar, die durch diesen Tatbestand geahndet werden, ohne dass § 3 vorliegt? Mir fallen keine ein.

▸ Tatbestandsnummer 816612

- Sie nahmen das Fzg bei einer Prüfungsfahrt, Probefahrt oder Überführungsfahrt ohne rotes Kennzeichen auf einer öffentlichen Straße in Betrieb.
- §§ 16 Abs. 5, 10 Abs. 12, 48 FZV; 24 StVG

Beispiel:
- Der Mitarbeiter einer Kfz-Werkstatt führt die Fahrt durch. Da aber das Fzg ohne Kennzeichen nicht zugelassen ist (hier wird das Fzg durch die Anbringung des Kennzeichens am Fzg vorübergehend zugelassen), ist ein Verstoß nach § 3 FZV (Tateinheit mit § 16 FZV) gegeben.
- Somit wäre diese Tatbestandsnummer überflüssig.

Hinweis:

- Antragsteller (Halter) wird zusätzlich wegen eines Vergehens nach § 1 Abs. 1 Nr. 3 KraftStG angezeigt, da nur dieser dagegen verstoßen kann, nicht der Fahrer, der fährt.
- § 1 Nr. 4 KraftStG: Der Kfz-Steuer unterliegt die Zuteilung von Oldtimer-Kennzeichen sowie die Zuteilung von roten Kennzeichen, die von einer Zulassungsbehörde im Inland zur wiederkehrenden Verwendung ausgegeben werden. Dies gilt nicht für die Zuteilung von roten Kennzeichen für Prüfungsfahrten.
- Wer die an ihn ausgegebenen roten Dauerkennzeichen einem Dritten überlässt, kann Beteiligter der Ordnungswidrigkeit des Inbetriebsetzens seines Kfz ohne die erforderliche Zulassung sein, wenn der Dritte mit Wissen und Wollen des Betroffenen die Kennzeichen nicht für eine Prüfungs-, Probe- oder Überführungsfahrt verwendet.

5.12 § 16a Probefahrten und Überführungsfahrten mit Kurzzeitkennzeichen

(1) Ein Fzg darf, wenn es vorbehaltlich des Satzes 2 nicht zugelassen ist, zu Probe- oder Überführungsfahrten in Betrieb gesetzt werden, wenn

1. *es einem genehmigten Typ entspricht oder eine Einzelgenehmigung erteilt ist,*
2. *gültige Nachweise über eine bestandene Hauptuntersuchung und Sicherheitsprüfung, soweit diese nach § 29 der StVZO erforderlich sind, vorliegen,*
3. *eine dem Pflichtversicherungsgesetz entsprechende Kfz-Haftpflichtversicherung besteht und*
4. *es ein Kurzzeitkennzeichen führt.*

Ein Fzg, dem nach § 9 Abs. 3 ein Saisonkennzeichen zugeteilt ist, darf nach Satz 1 außerhalb des Betriebszeitraums in Betrieb ge-

setzt werden, wenn das Saisonkennzeichen nicht gleichzeitig geführt wird. § 31 Abs. 2 der StVZO bleibt unberührt. § 57b der StVZO ist nicht anzuwenden.

Hinweise:

- Mit der Gesetzesänderung wurde versucht, das Missbrauchspotenzial im Hinblick auf Probe- und Überführungsfahrten einzuschränken.
- Da der Fzg-Schein (siehe Abs. 2) nun von der Zulassungsstelle ausgefüllt wird, muss der Antragsteller wissen, welches Fzg eingetragen werden soll. Bisher erhielt der Antragsteller einen Blanko-Fzg-Schein und konnte selbst ein beliebiges Fzg eintragen. Die OWi wegen falscher Eintragung im Fzg-Schein entfällt somit.
- Mit den Kurzzeitkennzeichen dürfen keine Prüfungsfahrten mehr durchgeführt werden.
- Die Nutzung der Kurzzeitkennzeichen beschränkt sich nun auf Probe- und Überführungsfahrten, Definitionen im § 2 Nr. 23 ff. FZV.
- In den Fällen nach Abs. 6 und 7 dürfen Fahrten im eigenen und angrenzenden Zulassungsbezirk durchgeführt werden.
- Wer die Einschränkungen nach Abs. 1 nicht beachtet, führt eine widerrechtliche Fahrt nach § 16a Abs. 2 FZV durch.
- Auch bei Probe- und Überführungsfahrten müssen die Gegenstände nach § 31b StVZO mitgeführt und ausgehändigt werden.
- Dies sind folgende Gegenstände:

  1. *Feuerlöscher (§ 35g Abs. 1),*
  2. *Erste-Hilfe-Material (§ 35h Abs. 1, 3 und 4),*
  3. *Unterlegkeile (§ 41 Abs. 14),*
  4. *Warndreiecke und Warnleuchten (§ 53a Abs. 2),*

  4a. *Warnweste (§ 53a Abs. 2),*

  5. *tragbare Blinkleuchten (§ 53b Abs. 5) und windsichere Handlampen (§ 54b),*
  6. *Leuchten und Rückstrahler (§ 53b Abs. 1 Satz 4 Halbsatz 2 und Abs. 2 Satz 4 Halbsatz 2).*

Hinweis:

- Bei Fahrtschreibern und Kontrollgeräten nach § 57b StVZO muss das notwendige Einbauschild nicht vorhanden sein, da die Fzg nicht gewerbsmäßig zur Güterbeförderung eingesetzt werden, sondern nur zu einer Probe- bzw. Überführungsfahrt.

(2) Auf Antrag hat die örtlich zuständige Zulassungsbehörde oder die für den Standort des Fzg zuständige Zulassungsbehörde ein Kurzzeitkennzeichen nach den Abs. 3 und 4 zuzuteilen und einen auf den Antragsteller ausgestellten Fzg-Schein für Fzg mit Kurzzeitkennzeichen nach Absatz 5 auszufertigen.

(3) Ein Kurzzeitkennzeichen darf

1. *nur für die Durchführung von Fahrten im Sinne des Abs. 1 unter Beachtung der Beschränkungen nach den Abs. 6 und 7 und*
2. *nur an dem Fzg, für das es zugeteilt worden ist,*

verwendet werden. Kurzzeitkennzeichen sind nach § 10, ausgenommen Abs. 3 Satz 2, 3 und 5 bis 7, in Verbindung mit Anlage 4 Abschnitt 1 und 6 auszugestalten und anzubringen. Sie brauchen jedoch nicht fest angebracht zu sein. Fzg mit Kurzzeitkennzeichen dürfen im Übrigen nur nach Maßgabe des § 10 Abs. 12 Satz 1 in Betrieb genommen werden. Der Halter darf die Inbetriebnahme eines Fzg nur anordnen oder zulassen, wenn die Voraussetzungen nach Satz 1 bis 4 vorliegen.

Hinweise:

- Für rote Kennzeichen gelten die Bestimmungen für allgemeine Kennzeichen entsprechend, jedoch ist keine feste Anbringung, z.B. Verschrauben erforderlich. Diese Kennzeichen können auch mit Draht, Gummibändern oder Gurten befestigt werden.
- Siehe auch § 10 FZV.

(4) Das Kurzzeitkennzeichen besteht aus einem Unterscheidungszeichen und einer Erkennungsnummer jeweils nach Maßgabe des § 8 Abs. 1, jedoch besteht die Erkennungsnummer nur aus Ziffern

und beginnt mit „03“ oder „04“. Das Kurzzeitkennzeichen enthält außerdem ein Ablaufdatum, das längstens auf fünf Tage ab der Zuteilung zu bemessen ist. Nach Ablauf der Gültigkeit des Kurzzeitkennzeichens darf das Fzg auf öffentlichen Straßen nicht mehr in Betrieb gesetzt werden. Der Halter darf im Falle des Satzes 3 die Inbetriebnahme des Fzg nicht anordnen oder zulassen.

Hinweise:

- Probe- und Überführungsfahrten werden mit 03 oder 04 Kennzeichen durchgeführt.
- Zum „in Betrieb setzen“ außerhalb des Zulassungszeitraumes gehört auch das Parken im ÖVR.
  - Sondernutzung nach Landesrecht ist zu prüfen.

(5) Der Fzg-Schein für Fzg mit Kurzzeitkennzeichen ist nach dem Muster der Anlage 10 auszufertigen. Die Beschränkungen nach den Absätzen 6 und 7 sind im Fzg-Schein zu vermerken. Der Fzg-Schein ist bei jeder Fahrt mitzuführen und zuständigen Personen auf Verlangen zur Prüfung auszuhändigen.

Hinweis:

- Erteilte Beschränkungen werden durch die Zulassungsstelle im Fzg-Schein vermerkt und können so bei der Kontrolle überprüft werden.

(6) Liegen die Voraussetzungen nach Abs. 1 Satz 1 Nr. 1 nicht vor, dürfen abweichend von Abs. 1 nur Fahrten, die in unmittelbarem Zusammenhang mit der Erlangung einer neuen BE stehen, im Bezirk der Zulassungsbehörde, die für den Standort des Fzg zuständig ist, oder einem angrenzenden Bezirk und zurück durchgeführt werden.

Hinweise:

- Ein Fzg darf, wenn es vorbehaltlich des Satzes 2 nicht zugelassen ist, zu Probe- oder Überführungsfahrten in Betrieb gesetzt werden, wenn es einem genehmigten Typ entspricht oder eine Einzelgenehmigung erteilt ist.

- Diese Voraussetzungen liegen nicht vor, wenn z.B. ein Einzelfahrzeug zusammengebaut (Bausatz VW-Käfer) wurde und nun ein Einzelgutachten des Sachverständigen beim TÜV benötigt wird.

(7) Zusammenfassung:

Hat das Fzg keine gültige HU oder SP-Plakette nach § 29 der StVZO oder werden bei der HU Mängel festgestellt, so dürfen Fahrten zu einer Untersuchungsstelle im Bezirk der Zulassungsbehörde, die für den Standort des Fzg zuständig ist, oder einem angrenzenden Bezirk und zurück durchgeführt werden.

Werden bei Fzg im Rahmen der HU Mängel festgestellt, aufgrund deren diese Fzg als verkehrsunsicher oder verkehrsgefährdend eingestuft werden, dürfen mit diesen Fzg keine weiteren Fahrten durchgeführt werden.

Hinweis:

- Wurde das Fzg nach § 14 FZV abgemeldet, und die HU oder die SP ist abgelaufen, dürfen Fahrten zur Erlangung der neuen Plaketten durchgeführt werden.

(8) Abs. 1 Satz 1 Nr. 1 und 2 und die Absätze 6 und 7 gelten nicht für Fzg, für die eine Übereinstimmungsbescheinigung für unvollständige Fzg ausgestellt wurde, soweit deren Betriebs- und Verkehrssicherheit durch einen von der Zulassungsbehörde bestimmten Nachweis oder durch ein entsprechendes Gutachten eines amtlich anerkannten Sachverständigen oder Prüfers für den Kfz-Verkehr oder Prüfingenieurs einer amtlich anerkannten Überwachungsorganisation nach Anlage VIIIb der StVZO belegt wird.

Hinweise:

- Für rote Kennzeichen gelten die Bestimmungen für allgemeine Kennzeichen entsprechend, jedoch ist keine feste Anbringung z.B. Verschrauben erforderlich. Diese Kennzeichen können auch mit Draht, Gummibändern oder Gurten befestigt werden.

- Siehe auch § 10 FZV.

Beispiele für zweckentfremdete Nutzung (Nr. 1 bis 3)

1. Man tätigt Einkäufe, fährt zur Arbeitsstelle oder (neu) bewegt sich trotz fehlender HU/BE außerhalb der erlaubten Zulassungsbezirke.

- Kennzeichenmissbrauch
  - Nein, da Halterfeststellung möglich ist und der Schutzzweck des § 22 StVG nicht berührt wird.
    Nach herrschender Meinung liegt kein Verstoß vor, da das Kennzeichen für das entsprechende Fzg ausgegeben wurde und der Fahrer das Kennzeichen nicht manipuliert hat, um die Feststellung seiner Identität zu verhindern.
- Steuerhinterziehung*
  - Ja, nach § 370 Abs. 1 Nr. 2 AO.
    Das Fzg wird widerrechtlich benutzt, da es keine Zulassung hat (§ 2 Abs. 5 KraftStG). Somit unterliegt es der Steuerpflicht nach § 1 Abs. 1 Nr. 3 KraftStG. Anzeigepflicht nach § 15 KraftStDV.
- Versicherungsbetrug
  - Nein, da Versicherungsvertrag vorhanden.
- Fahren ohne Zulassung
  - Ja, da das Fzg zweckentfremdet benutzt wird.
    OWi nach § 3 Abs. 1 FZV bei zulassungspflichtigen Fzg und § 4 Abs. 1 FZV bei zulassungsfreien Fzg.
- Andere OWis
  - Ja, Tateinheit mit § 16a Abs. 3 FZV und Sondernutzung nach landesrechtlichen Vorschriften.

2. Nur ein Kennzeichen am Fzg angebracht

- Kennzeichenmissbrauch
  - Unterscheide, ob das zweite Kennzeichen nur aus Vergesslichkeit (Unachtsamkeit) oder vorsätzlich nicht angebracht wurde.

---

* Steuerhinterziehung: Fzg mit Kurzzeitkennzeichen, die ordnungsgemäß benutzt werden, unterliegen nicht der Steuerpflicht, da dies kein Halten von Fzg gemäß § 1 KraftStG darstellt. Bei zweckentfremdeter Benutzung ergibt sich jedoch eine Steuerpflicht, sodass auch ein Steuerverstoß vorliegt.

  - Ja, wenn nachgewiesen werden kann, dass vorsätzlich nur ein Kennzeichen angebracht wurde (ein Täter).
  - Wenn das zweite Kennzeichen zeitgleich an einem anderen Fzg verwendet wird, haben wir den Beweis für vorsätzliches Handeln und Kennzeichenmissbrauch bei beiden Fzg-Führern (zwei Täter).
  - Befindet sich das zweite Kennzeichen im Besitz einer anderen Person, dient es ebenfalls als Beweis für die Täterschaft von Täter 1. Es ist kein Kennzeichenmissbrauch bei dem Besitzer des 2. Kennzeichens, da dies nicht am Fzg angebracht ist.
  - Nein, wenn aus Vergesslichkeit nur ein Kennzeichen angebracht wurde (OWi, siehe unten).
- Steuerhinterziehung*
  - Ja, nach § 370 Abs. 1 Nr. 2 AO.
    Das Fzg wird widerrechtlich benutzt, da es keine Zulassung hat (§ 2 Abs. 5 KraftStG). Somit unterliegt es der Steuerpflicht nach § 1 Abs. 1 Nr. 3 KraftStG. Anzeigepflicht nach § 15 KraftStDV.
  - Nein, wenn aus Vergesslichkeit nur ein Kennzeichen angebracht wurde (OWi siehe unten).
- Versicherungsbetrug
  - Nein, da Versicherungsvertrag vorhanden.
- Fahren ohne Zulassung
  - Nein, selbst wenn Kennzeichen vorsätzlich nicht angebracht wurde, da Zulassung des Fzg und Ausfertigung der Zulassungsbescheinigung Teil 1 auf Antrag durch die Behörde erfolgt.
  - Nein, wenn aus Vergesslichkeit nur ein Kennzeichen angebracht wurde.
- Andere OWis
- Ja, da beide Kennzeichen am Fzg angebracht sein müssen, §§ 16 Abs. 3, 10 Abs. 12 FZV.
- Ja, wenn das Kennzeichen gleichzeitig an einem anderen Fzg angebracht ist, §§ 16a Abs. 3, 10 Abs. 12 FZV.

---

* Steuerhinterziehung: Fzg mit Kurzzeitkennzeichen, die ordnungsgemäß benutzt werden, unterliegen nicht der Steuerpflicht, da dies kein Halten von Fzg gemäß § 1 KraftStG darstellt. Bei zweckentfremdeter Benutzung ergibt sich jedoch eine Steuerpflicht, sodass auch ein Steuerverstoß vorliegt.

3. Gültigkeitsdatum abgelaufen

- Kennzeichenmissbrauch
  - Ja, wenn das Kennzeichen abgelaufen ist und nach Ablauf wieder angebracht wird oder
  - wenn das Kennzeichen bei der Behörde als verloren gemeldet ist und angebracht wird.
  - Nein, wenn das Kennzeichen nach dem Ablaufdatum am Fzg belassen wird. Jedoch OWi, siehe unten.
- Steuerhinterziehung*
  - Ja, nach § 370 Abs. 1 Nr. 2 AO.

    Das Fzg wird widerrechtlich benutzt, da es keine Zulassung hat (§ 2 Abs. 5 KraftStG). Somit unterliegt es der Steuerpflicht nach § 1 Abs. 1 Nr. 3 KraftStG. Anzeigepflicht nach § 15 KraftStDV.
- Versicherungsbetrug
- Ja, nach §§ 1, 6 PflVG, wenn Versicherungsschutz abgelaufen ist. Muss bei der Versicherung bzw. dem Landratsamt ermittelt werden.
- Fahren ohne Zulassung
- Ja, OWi nach § 3 Abs. 1 FZV bei zulassungspflichtigen Fzg und § 4 Abs. 1 FZV bei zulassungsfreien Fzg.
- Andere OWis
  - Ja, nach § 16a Abs. 4 FZV, wenn das Fzg nach Ablaufdatum gefahren bzw. geparkt wird und Sondernutzung nach landesrechtlichen Vorschriften.
- Urkundenfälschung: Mit Kurzzeitkennzeichen kann keine Urkundenfälschung verwirklicht werden. Kurzzeitkennzeichen stellen durch den Stempel der Zulassungsstelle – auch nach Anbringung am Fzg – keine (zusammengesetzte) Urkunde dar, da diese Verbindung nicht auf Dauer ausgelegt ist.
- Verfolgung von OWis nach § 3 FZV oder § 16a FZV
- Nach herrschender Rechtsprechung (siehe unten) ist ein Fzg, wenn es nicht zu einem angegebenen Zweck oder nach Ablauf des Zulassungsdatums im öffentlichen Verkehr in Betrieb gesetzt bzw. gefahren wird,

* Steuerhinterziehung: Fzg mit Kurzzeitkennzeichen, die ordnungsgemäß benutzt werden, unterliegen nicht der Steuerpflicht, da dies kein Halten von Fzg gemäß § 1 KraftStG darstellt. Bei zweckentfremdeter Benutzung ergibt sich jedoch eine Steuerpflicht, sodass auch ein Steuerverstoß vorliegt.

immer ein Fahren ohne Zulassung nach § 3 Abs. 1 FZV bei zulassungspflichtigen Fzg und § 4 Abs. 1 FZV bei zulassungsfreien Fzg.

- Meiner Meinung nach sind die Tatbestände des § 16a FZV, die mit dem Fahren ohne Kennzeichen zu tun haben, nicht notwendig.
  - Klärung durch das Verkehrsministerium wäre erforderlich.
  - Bitte: Wem von Euch/Ihnen ein Fall bekannt ist, wonach der § 16a FZV als Spezialbestimmung und nicht der § 3 FZV zur Anzeige gebracht wurde, bitte um Antwort.
- OLG Düsseldorf, Beschl. v. 16.09.2011 – IV-3 RBs 149/11
  - Zusammenfassung:
  - Benutzung eines mit roten Kennzeichen oder Kurzzeitkennzeichen versehenen Fzg auf öffentlichen Straßen zu anderen als den in § 16 Abs. 1 FZV (alt) genannten Zwecken (Prüfungs-, Probe- und Überführungsfahrten) stellt ein Inbetriebsetzen ohne die erforderliche Zulassung und damit eine Ordnungswidrigkeit dar.
  - Notwendigkeit einer Zulassung bei nicht privilegierten Fahrten folgt nunmehr aus § 3 Abs. 1 Satz 1 FZV.
  - Verstoß gegen § 3 Abs. 1 Satz 1 FZV ist nach § 48 FZV ordnungswidrig.
  - Legt man dieses Urteil zugrunde, muss der Antragsteller (Halter) immer nach § 3 FZV angezeigt werden, wenn er das Fzg für andere Zwecke benutzt.
- Tatbestandsnummer 816130
  - Sie verwendeten das Kurzzeitkennzeichen für eine unzulässige Fahrt.
  - §§ 16a Abs. 3, 48 FZV; 24 StVG
  - Da das Fzg für keine Probe- oder Überführungsfahrt benutzt wird, liegt ein Verstoß nach § 3 FZV vor. Somit wäre diese Tatbestandsnummer überflüssig.
- Tatbestandsnummer 816136
  - Sie verwendeten das Kurzzeitkennzeichen an einem anderen als dem im Fzg-Schein eingetragenen Fzg.
  - §§ 16a Abs. 3, 48 FZV; 24 StVG
  - Die Zulassung erfolgt beim Kurzzeitkennzeichen anders als beim roten Kennzeichen durch Ausstellung des Fzg-Scheins durch die Behörde für ein bestimmtes Fzg. Somit verstößt man wiederum nach § 3 FZV (Tateinheit mit § 16a FZV), da für das verwendete Fzg keine Zulassung besteht.
  - Somit wäre diese Tatbestandsnummer überflüssig.

- Tatbestandsnummer 816506
  - Sie ordneten die Inbetriebnahme des Fzg bei einer Probefahrt oder Überführungsfahrt ohne Kurzzeit-kennzeichen auf einer öffentlichen Straße an, bzw. ließen sie zu.
  - §§ 16a Abs. 3, 10 Abs. 12, 48 FZV; 24 StVG
  - In diesem Fall ist ein Verstoß Nach § 16a FZV gegeben, da die Zulassung wie oben erwähnt, durch die Ausstellung des Fzg-Scheins durch die Behörde erfolgt. Das Fzg ist zugelassen, auch wenn z.B. vergessen wurde, dass Kurzzeitkennzeichen anzubringen.
- Tatbestandsnummer 816512
  - Sie nahmen das Fzg bei einer Probefahrt oder Überführungsfahrt ohne Kurzzeitkennzeichen auf einer öffentlichen Straße in Betrieb.
  - §§ 16a Abs. 3, 10 Abs. 12, 48 FZV; 24 StVG;
  - In diesem Fall ist ein Verstoß Nach § 16a FZV gegeben, da die Zulassung, wie oben erwähnt, durch die Ausstellung des Fzg-Scheins durch die Behörde erfolgt. Das Fzg ist zugelassen, auch wenn z.B. vergessen wurde, dass Kurzzeitkennzeichen anzubringen.
- Tatbestandsnummer 816154
  - Sie setzten das Fzg mit Kurzzeitkennzeichen auf einer öffentlichen Straße in Betrieb, obwohl das auf dem Kennzeichen angegebene Ablaufdatum überschritten war.
  - §§ 16a Abs. 4, 48 FZV; 24 StVG
  - Ist das Ablaufdatum überschritten, ist das Fzg auch nicht mehr zum Verkehr zugelassen. Hier liegt wieder ein Verstoß nach § 3 FZV (Tateinheit mit § 16a FZV) vor.
  - Somit wäre diese Tatbestandsnummer überflüssig.
- Unter „in Betrieb setzen" versteht man nicht nur das Fahren mit dem Fzg im ÖVR sondern auch das Abstellen des Fzg im ÖVR. Ein verkehrstechnisches Parken ist in diesem Fall nicht gegeben, da das Fzg ja nicht zugelassen ist. Dieses Fzg ist gleichzustellen mit einem abgemeldeten Fzg (siehe auch Sondernutzung).

5.13 § 17 Fahrten zur Teilnahme an Veranstaltungen für Oldtimer

(1) Oldtimer, die an Veranstaltungen teilnehmen, die der Darstellung von Oldtimer-Fzg und der Pflege des kfz-technischen Kulturgutes dienen, benötigen hierfür sowie für Anfahrten zu und Abfahrten von solchen Veranstaltungen keine BE und keine Zulassung, wenn sie ein rotes Oldtimerkennzeichen führen. Dies gilt auch für Probefahrten und Überführungsfahrten sowie für Fahrten zum Zwecke der Reparatur oder Wartung der betreffenden Fzg. § 31 Abs. 2 der StVZO bleibt unberührt.

Hinweise:

- Für Oldtimer-Fzg kann ein 07-Kennzeichen nach § 17 Abs. 2 FZV beantragt werden.
- Mit diesem Kennzeichen dürfen nur die im Abs. 1 aufgeführten Fahrten durchgeführt werden.
- Oldtimer dürfen auch ohne Plakette in die Umweltzone einfahren (Kennzeichenverordnung).
- Sind rote „07- Kennzeichen“ angebracht, benötigt man keine
  - Zulassung und
  - Betriebserlaubnis oder Einzelgenehmigung,
  - wenn man Fahrten durchführt, die nachfolgend aufgeführten Zwecken dienen:
  - „Oldtimertreffen“
  - Probefahrten
  - Überführungsfahrten
  - Fahrten zur Werkstatt
- Fzg muss nach § 23 StVZO durch einen Sachverständigen als Oldtimer eingestuft sein. Nur wenn ein Gutachten vorgelegt werden kann, dürfen die roten Kennzeichen zugeteilt werden.
- Fzg muss auch i.S.d. § 31 Abs. 2 StVZO vorschriftsmäßig sein, d.h. den Bau- und Ausrüstungsvorschriften der StVZO entsprechen.

- Mit 07-Kennzeichen ausgestattete Fzg müssen nach § 29 StVZO nicht zur HU vorgeführt werden.
- Mit History-Kennzeichen ausgestattete Fzg müssen nach § 29 StVZO zur Hauptuntersuchung vorgeführt werden. Das Fzg darf „ganz normal“ ohne Zweckbindung im öVR betrieben werden.
- Umweltzone
  Oldtimer, die rote Kennzeichen oder H-Kennzeichen führen, dürfen ohne Umweltplakette in Umweltzonen einfahren (Anhang 3 der 35. Verordnung zur Durchführung des Bundes-Immissionsschutzgesetzes).
- Anschnallpflicht in Oldtimern
  Oldtimer, die vor dem 01.04.1970 erstmals zugelassen sind, müssen nicht mit Sicherheitsgurten ausgestattet sein (Übergangsvorschriften zu § 35a StVZO). Somit besteht auch keine Anschnallpflicht, da nach § 21a StVO nur vorgeschriebene Sicherheitsgurte angelegt sein müssen.
- Anschnallpflicht Kinder
  Die Kinder-Mitnahme in Oldtimern ohne Gurte ist im § 21 Abs. 1b StVO geregelt. Demnach dürfen Kinder unter drei Jahren, wenn keine Sicherheitsgurte vorhanden sind, nicht befördert werden.
- Ab dem 3. Lebensjahr, wenn sie kleiner als 1,50 m sind, nur auf den Rücksitzen; sind diese nicht vorhanden ergibt sich wiederum ein Beförderungsverbot.
- In Oldtimern ohne Gurte dürfen jetzt nur noch so viele Personen mitfahren, wie Sitzplätze eingetragen sind.

5.14 § 19 Fahrten zur dauerhaften Verbringung des Fahrzeugs ins Ausland

(1) Soll ein zulassungspflichtiges nicht zugelassenes Kfz oder ein zulassungsfreies und kennzeichenpflichtiges Kfz, dem kein Kennzeichen zugeteilt ist, mit eigener Triebkraft oder ein Anh. hinter

einem Kfz dauerhaft in einen anderen Staat verbracht werden, sind die Vorschriften dieser Verordnung vorbehaltlich der §§ 16 und 16a, soweit dies von dem ausländischen Staat zugelassen ist, mit folgender Maßgabe anzuwenden:

- Zusammenfassung Abs. 1 Nr. 1 bis 4:
  - Fzg muss versichert sein.
  - Fzg unterliegt der Steuerpflicht.
  - Fzg benötigt gültige TÜV-Plakette.
  - Zulassung längstens für 1 Jahr.
  - Behörde kann Dauer der Zulassung kürzen/befristen.
  - Kennzeichen müssen fest angebracht sein.
  - Der Halter darf die Inbetriebnahme eines Fahrzeugs nicht anordnen oder zulassen, wenn Kennzeichen nicht fest angebracht sind.
  - ZB Teil I ist auf die Ausfuhr des Fahrzeugs zu beschränken und mit dem Datum des Ablaufs der Gültigkeitsdauer der Zulassung zu versehen.
  - Nach Ablauf der Gültigkeitsdauer der Zulassung darf das Fahrzeug auf öffentlichen Straßen nicht mehr in Betrieb gesetzt werden.
  - Halter darf in diesem Fall die Inbetriebnahme des Fzg nicht anordnen oder zulassen.
  - Führer eines Kfz hat die ZB Teil I mitzuführen und zuständigen Personen auf Verlangen zur Prüfung auszuhändigen.

Hinweise:

- Kfz mit Ausfuhrkennzeichen unterliegen bis zum Ablaufdatum keinen Beschränkungen wie z.B. Kfz mit roten Kennzeichen oder Kurzzeitkennzeichen.
- Wird das Fzg nach Ablauf des Gültigkeitsdatums aber in Betrieb gesetzt (gefahren), liegt ein Fahren ohne Zulassung i.S.d. §§ 3, 19 FZV (TE) vor.
- Bloßes Abstellen (Parken) im öVR begründet keine Zulassungspflicht, jedoch wird der Gemeingebrauch überschritten, was zu

einer Sondernutzung im Sinne des Straßenrechts (StrG und FStrG) führt.

- Es ist aber auch immer § 32 StVO (Verkehrshindernisse) zu prüfen, der im Gegensatz zu den straßenrechtlichen Vorschriften auch im tatsächlich öffentlichen Verkehrsraum gilt. § 32 StVO ist jedoch nur anwendbar, wenn eine abstrakte Verkehrserschwerung vorliegt.

Beispiel:
In einer Wohngegend wird ein Pkw mit abgelaufenem Ausfuhrkennzeichen auf einem öffentlichen Parkplatz abgestellt, obwohl für die Anwohner sowieso viel zu wenig Parkplätze vorhanden sind. Hier kommt es jetzt zu einer abstrakten Verkehrserschwerung, da durch den abgemeldeten Pkw immer ein Parkplatz besetzt ist.

- Ordnungswidrigkeit: §§ 32, 49 StVO, 24 StVG.
- Tateinheit z.B. mit § 16 und § 54 Straßengesetz Baden-Württemberg ist möglich.
- Es handelt sich um ein amtliches Kennzeichen.
- Kennzeichenmissbrauch nach § 22 StVG kann gegeben sein, wenn das Kennzeichenpaar zeitgleich an zwei Fzg verwendet wird.

5.15 § 20 Vorübergehende Teilnahme am Straßenverkehr im Inland

(1) In einem anderen Mitgliedstaat der EU oder EWR zugelassene Fzg dürfen vorübergehend am Verkehr im Inland teilnehmen, wenn für sie von einer zuständigen Stelle des anderen Mitgliedstaates oder des anderen Vertragsstaates eine gültige ZB ausgestellt und im Inland kein regelmäßiger Standort begründet ist. (…)

Satz 1 gilt nicht für ein Fzg, dass sich zum Zeitpunkt der Zulassung durch den anderen Mitgliedstaat oder anderen Vertragsstaat im Inland befunden hat.

Hinweise:

Dabei ist zwischen Fzg-Haltern aus EU-/EWR-Staaten (Abs. 1) und Haltern aus Drittstatten (Abs. 2) zu unterscheiden. Für Fzg aus EU-/ EWR-Staaten genügt die dort ausgestellte ZB, während für Fzg aus Drittstaaten ein Internationaler Zulassungsschein oder ZB ausgestellt werden kann.

- Was ist „vorübergehend"?
  - Absatz 6: Als vorübergehend im Sinne der Abs. 1 und 2 gilt ein Zeitraum bis zu einem Jahr.
- Die Frist beginnt
  - 1. bei ZB mit dem Tag des Grenzübertritts und
    2. bei internationalen Zulassungsscheinen nach dem Internationalen Abkommen vom 24.04.1926 über Kfz-Verkehr mit dem Ausstellungstag.

Beispiele:

Vorübergehender Aufenthalt liegt vor, wenn sich der Ausländer kurzfristig hier aufhält, z.B.
- eine Sportveranstaltung besucht,
- seinen Urlaub verbringt,
- Verwandte besucht oder
- sich auf der Durchreise befindet.

- Regelmäßiger Standort, ist der Ort, von dem aus das Fzg unmittelbar zum öffentlichen Straßenverkehr eingesetzt wird und an dem es nach Beendigung des Einsatzes ruht; bei wechselnden Einsatzstellen ist das der Ort, der verglichen mit anderen den Schwerpunkt des Einsatzes bildet.

Beispiel:

Hat der Fzg-Halter seinen Wohnsitz oder den Mittelpunkt seiner Lebensinteressen in der BRD begründet oder nutzt das Fzg hauptsächlich im Inland, so muss das Fzg nach deutschem Recht zugelassen werden. Kommt er dieser Pflicht nicht nach, begeht er eine OWi nach §§ 3, 48 FZV, 24 StVG, da er ein Fzg in Betrieb setzt, obwohl es nicht zugelassen ist.

- Ergebnis: Fahren ohne vorgeschriebene Zulassung. Dies wird nun steuerrechtlich relevant.
- Steuerpflicht durch widerrechtliche Nutzung.
- Steuerrechtlich ist dann eine widerrechtliche Nutzung gem. § 1 Abs. 1 Nr. 3 KraftStG verwirklicht, und damit besteht eine Steuerpflicht für das Fzg.
- Die widerrechtliche Nutzung liegt gem. § 2 Abs. 5 KraftStG vor, „wenn ein Fzg auf öffentlichen Straßen im Inland ohne die verkehrsrechtlich [also nach der FZV] vorgeschriebene Zulassung benutzt wird." Anzeigepflicht ergibt sich aus § 15 KraftStDV.
- Ausnahme: § 2 Abs. 5 KraftStG besagt jedoch weiter, dass keine widerrechtliche Nutzung vorliegt, wenn das Halten dieses Fzg von der Steuer befreit wäre.
- Mögliche Steuerbefreiung; Eine solche Befreiung kann sich für ein ausländisches Fzg aus § 3 Nr. 13 KraftStG ergeben. Diese Befreiung gilt bis zu einem Jahr für das Halten eines Pkw/Anh., sofern sich diese nur vorübergehend im Inland befinden.
- Diese Befreiung greift aber nicht, wenn die Fzg
  1. zur entgeltlichen Beförderung von Personen oder Gütern eingesetzt werden oder
  2. ein regelmäßiger Standort im Inland begründet ist.
- Kommt man zu dem Schluss, dass die Steuerbefreiung nicht greift, so liegt eine widerrechtliche Nutzung gem. § 1 Nr. 3 KraftStG vor und der Fzg-Halter unterliegt der Steuerpflicht. Wurden die Steuern nicht entrichtet, so liegt eine Steuerhinterziehung gem. § 370 AO vor. Anzeigepflicht ergibt sich aus § 15 KraftStDV.
- Fzg mit ausländischer Zulassung darf nur bei vorübergehender Nutzung für ein Jahr in Deutschland genutzt werden. Sobald der regelmäßige Standort im Inland begründet wird, muss das Fzg unverzüglich umgemeldet werden.
- Durch den letzten Satz im Abs. 1 wird klargestellt, dass die sogenannten Fernzulassungen verboten sind.

(1a) In einem anderen Mitgliedstaat der EU oder EWR-Staates zulassungsfreie Anh. dürfen vorübergehend am Verkehr im Inland teilnehmen, wenn sie von einem Zugfahrzeug gezogen werden, das im selben Mitgliedstaat oder im selben Vertragsstaat zugelassen ist und im Inland kein regelmäßiger Standort begründet ist.

Hinweise:

- Zulassungsfreie Anh. dürfen, wenn sie von einem Zugfahrzeug desselben Staates gezogen werden, am Verkehr teilnehmen.
- Nicht zulässig ist dagegen weiterhin die Teilnahme zulassungsfreier ausländischer Anh. am Verkehr im Inland hinter Zugfahrzeugen, die in einem anderen Staat als dem Herkunftsstaat des Anh. zugelassen sind.

(2) In einem Drittstaat zugelassene Fzg dürfen vorübergehend am Verkehr im Inland teilnehmen, wenn für sie von einer zuständigen ausländischen Stelle eine gültige ZB oder ein Internationaler Zulassungsschein nach Artikel 4 und Anlage B des Internationalen Abkommens […] ausgestellt ist und im Inland kein regelmäßiger Standort begründet wird. Satz 1 gilt nicht für ein Fzg, das sich zum Zeitpunkt der Zulassung durch den Drittstaat im Inland befunden hat.

Hinweis:

- Durch den letzten Satz im Abs. 2 wird klargestellt, dass auch hier die sogenannten Fernzulassungen verboten sind.

(3) Ausländische Fzg dürfen vorübergehend am Verkehr im Inland nur teilnehmen, wenn sie betriebs- und verkehrssicher sind.

Hinweis:

- Verstöße, die die Verkehrssicherheit beeinträchtigen, werden über § 23 Abs. 1 Satz 2 StVO geahndet (Ausnahme: OWi, die in § 31d StVZO aufgeführt sind, siehe dort).

5.16 § 22 Beschränkung und Untersagung des Betriebs ausländischer Fahrzeuge

Erweist sich ein ausländisches Fzg als nicht vorschriftsmäßig, ist § 5 FZV anzuwenden; muss der Betrieb des Fzg untersagt werden, wird die im Ausland ausgestellte ZB oder der Internationale Zulassungsschein an die ausstellende Stelle zurückgesandt. Hat der Eigentümer oder Halter des Fzg keinen Wohn- oder Aufenthaltsort im Inland, ist für Maßnahmen nach Satz 1 jede Verwaltungsbehörde nach § 46 Absatz 1 zuständig.

Hinweise:

- Für ausl. Fzg ist der § 5 FZV zu beachten.
- Dem Halter ist eine angemessene Zeit zur Behebung der Mängel zu geben.
- Die Behörde kann einen Nachweis (z.B. Kfz-Meisterbetrieb) oder Gutachten verlangen, dass das Fzg wieder vorschriftsmäßig und verkehrssicher ist.

6. Verordnung über die Teilnahme von Elektrokleinstfahrzeugen am Straßenverkehr – Elektrokleinstfahrzeuge-Verordnung – eKFV

6.1 § 1 Anwendungsbereich

(1) EKF i.S.d. Verordnung sind Kfz mit elektrischem Antrieb und einer bbH von nicht weniger als 6 km/h und nicht mehr als 20 km/h, die folgende Merkmale aufweisen:

1. *Fzg ohne Sitz oder selbstbalancierendes Fzg mit oder ohne Sitz,*
2. *eine Lenk- oder Haltestange von mindestens 500 mm für Kfz mit Sitz und von mindestens 700 mm für Kfz ohne Sitz,*
3. *eine Nenndauerleistung von nicht mehr als 500 Watt, oder von nicht mehr als 1400 Watt, wenn mindestens 60 % der Leistung zur Selbstbalancierung verwendet werden. Die Nenndauerleistung ist nach dem Verfahren gemäß DIN EN 15194:2018-11 oder den Anforderungen der Regelung 85 (…) zu bestimmen,*
4. *eine Gesamtbreite von nicht mehr als 700 mm, eine Gesamthöhe von nicht mehr als 1400 mm und eine Gesamtlänge von nicht mehr als 2000 mm und*
5. *eine maximale Fzg-Masse ohne Fahrer von nicht mehr als 55 kg.*

Hinweise:

- EKFV befasst sich mit Segways und E-Scootern (motorbetriebenen Tretrollern).
- MobHV wurde gestrichen.
- FeV, FZV und BKatV wurden angepasst.
- EKF sind Kfz i.S.d. § 1 Abs. 2 StVG.
- Somit gelten dieselben Promillegrenzwerte wie z.B. beim Pkw-Fahrer (siehe §§ 24a, 24c StVG, 315c, 316 StGB).

- Höchstgeschwindigkeit darf von der bbH max. 10 % abweichen (Anlage zu § 7 Nr. 1, Prüfanforderungen).
- E-Scooter dürfen keinen Sitz haben.
- Selbstbalancierende Kfz (Segways) dürfen mit Sitz ausgestattet sein.
- Segways sind
  - zweispurige Kfz mit zwei parallel angeordneten Rädern mit integrierter elektronischer Balance-, Antriebs-, Lenk- und Verzögerungstechnik,
  - mit Gesamtbreite von nicht mehr als 0,7 m,
  - mit Plattform als Standfläche für einen Fahrer,
  - mit lenkerähnlicher Haltestange, über die der Fahrer durch Schwerpunktverlagerung die Beschleunigung oder Abbremsung sowie die Lenkung beeinflusst.
  - Man benötigt nach der Einführung der eKFV keine Prüfbescheinigung mehr (siehe § 3 eKFV Mindestalter).
  - Kein Versicherungskennzeichen wie bisher, sondern Versicherungsplakette nach § 29a FZV (neu).
- VO (EU) Nr. 168/2013 ist auf diese Fzg nicht anwendbar, da sie nach Art. 2 Abs. 2 Buchstabe i (selbstbalancierende Fzg) und Buchstabe j (Fzg ohne Sitz) ausgenommen sind.
- Regelung nach nationalem Recht über diese VO möglich.
- DIN EN 15194:2018-11 befasst sich mit elektromotorisch unterstützten Rädern.
- Regelung Nr. 85 der UN/ECE befasst sich u.a. mit einheitlichen Bedingungen für elektrische Antriebssysteme.
- Keine Helmpflicht, da eKF kein Kraftrad (§ 21a Abs. 2 StVO).
- Citywheels, E-Longboards und Hoverboards sind nicht erfasst und dürfen weiterhin nicht im öffentl. Verkehr in Betrieb gesetzt werden.
- Aktuelle rechtliche Einordnung dieser Fzg, siehe Kapitel 6.12.

(2) Ein eKF ist selbstbalancierend, wenn es mit einer integrierten elektronischen Balance-, Antriebs-, Lenk- und Verzögerungstechnik ausgestattet ist, durch die es eigenständig in Balance gehalten wird.

(3) EKF im Sinne der Absätze 1 und 2 dürfen nur nach Maßgabe der folgenden Vorschriften auf öffentlichen Straßen verwendet werden.

6.2 § 2 Anforderungen an das Inbetriebsetzen

(1) Ein eKF darf auf öffentlichen Straßen nur in Betrieb gesetzt werden, wenn

1. *es einem Typ entspricht, für den eine ABE erteilt worden ist oder für das Fzg eine EBE erteilt worden ist,*

Hinweise:

- EKF sind nach § 3 Abs. 2 Nr. 1 Buchstabe g zulassungsfrei.
- ABE wird nach § 20 StVZO durch das KBA, EBE nach § 21 StVZO durch Sachverständigengutachten und Zulassungsbehörde erteilt.
- OWi handelt, wer entgegen § 2 Abs. 1 Nr. 1 das Fzg ohne BE in Betrieb setzt oder dies anordnet oder zulässt (§§ 2, 14 eKFV i.V.m. § 24 StVG).
- Hat das Fzg keine ABE oder EBE, ist es nicht zum Verkehr zugelassen, und man darf es auch nicht mit 14 Jahren führen (siehe Kapitel 6.12).

2. *es eine gültige Versicherungsplakette für eKF nach § 29a der FZV führt,*

Hinweise:

- § 29a FZV Versicherungsplakette (Zusammenfassung):
  - EKF benötigen eine Versicherungsplakette (Aufkleber, siehe Anlage 13 zur FeV).

- Größe Aufkleber: ca. 6,5 × 5,5 cm.
- Versicherungsplakette ist an der Rückseite des Fahrzeugs möglichst unter der Schlussleuchte fest anzubringen. Vertikalwinkel von 30 Grad in Fahrtrichtung geneigt. Unterer Rand der Versicherungsplakette darf nicht weniger als 50 mm über der Fahrbahn liegen. Versicherungsplaketten müssen hinter dem Fahrzeug auf eine Entfernung von mindestens 8 m in der Fzg-Längsachse lesbar sein.
- Regelungen über das Versicherungskennzeichen nach den §§ 26 und 27 FZV sind mit folgenden Maßgaben entsprechend anzuwenden:
  1. Versicherungsbescheinigung muss nur aufbewahrt und zuständigen Personen auf Verlangen zur Prüfung ausgehändigt werden.
  2. Kein Versicherungskennzeichen, sondern Versicherungsplakette.

▸ OWi handelt, wer entgegen § 2 Abs. 1 Nr. 2 das Fzg ohne gültige Plakette in Betrieb setzt oder dies anordnet oder zulässt (§§ 2, 14 eKFV i.V.m. § 24 StVG).

3. es entsprechend § 59 Abs. 1 Satz 1, Abs. 1a erster Halbsatz, Abs. 1b oder 2 der StVZO mit einer Fahrzeug-Identifizierungsnummer sowie einem Fabrikschild mit folgenden Maßgaben gekennzeichnet ist:

a) als Fahrzeugtyp muss auf dem Fabrikschild „eKF“ angegeben sein,

b) anstelle der in § 59 Abs. 1 Satz 1 Nr. 5 und 6 der StVZO genannten Angaben muss auf dem Fabrikschild die bbH und die Genehmigungsnummer der ABE oder der EBE für das Fahrzeug angegeben sein, und

Hinweise:

▸ Plakette und ID-Nummer dienen der Kontrollmöglichkeit, und Identifizierung des Fzg, da die Einzelgenehmigung nach § 2 eKFV nicht mitgeführt, sondern nur aufbewahrt werden muss.

- Falls Fabrikschild fehlt, Verdacht des Fahrens ohne ABE oder EBE.
- Fabrikschild enthält Fahrzeugtyp, bbH, Nr. der ABE oder EBE.
  - OWi nach §§ 2, 14 eKFV, 24 StVG, wenn das Fzg ohne Fabrikschild oder ID-Nummer in Betrieb gesetzt wird.

4. es

a) den Anforderungen an die Verzögerungseinrichtung nach § 4,
b) den Anforderungen an die LTE nach § 5 Abs. 1 Satz 1 und Abs. 3,
c) den Anforderungen an die Einrichtung für Schallzeichen nach § 6 Satz 1 sowie
d) den sonstigen Sicherheitsanforderungen nach § 7

entspricht.

Die Datenbestätigung nach § 20 Abs. 3a Satz 1 bis 3 der StVZO oder die Bescheinigung über die EBE muss für eine Inbetriebnahme aufbewahrt und zuständigen Personen auf Verlangen zur Prüfung ausgehändigt werden.

Hinweise:

- OWi handelt, wer gegen nachfolgende Vorschriften verstößt:
  § 2 Abs. 1 Nr. 4a eKFV, Bremsen
  § 2 Abs. 1 Nr. 4b eKFV, LTE
  § 2 Abs. 1 Nr. 4c eKFV, Schallzeichen und
  § 2 Abs. 1 Nr. 4d eKFV, gegen Anforderungen nach § 7 eKFV oder die Datenbestätigung oder EBE nicht aushändigt.
- OWi nach §§ 2, 14 eKFV i.V.m. § 24 StVG.

(2) Für eKF richtet sich die Erteilung

1. einer ABE nach den Anforderungen des § 20 der StVZO,

2. einer EBE nach den Anforderungen des § 21 der StVZO. Die in Satz 1 bezeichneten Erlaubnisse werden erteilt, wenn das Fahrzeug die Anforderungen des § 1 Abs. 1 und der §§ 4 bis 7 erfüllt.

Hinweis:

- ABE und EBE bleiben bis zur endgültigen Außerbetriebsetzung gültig (§ 19 Abs. 2 StVZO).

(3) Für die Wirksamkeit der ABE oder der EBE gilt § 19 Abs. 2 und 3 StVZO. Ist die BE nach § 19 Abs. 2 Satz 2 der StVZO erloschen, so darf das Fzg nicht auf öffentlichen Straßen in Betrieb gesetzt werden.

Hinweise:

- Erlöschen der BE siehe Kapitel 3.3.
- OWi handelt, wer entgegen § 2 Abs. 3 eKFV das Fzg in Betrieb nimmt, obwohl die BE erloschen ist (§§ 2, 14 eKFV i.V.m. § 24 StVG). Aber nur, wenn die Verkehrssicherheit wesentlich beeinträchtigt ist.

(4) Der Halter darf die Inbetriebnahme eines eKF auf öffentlichen Straßen nicht anordnen oder zulassen, wenn das eKF die Voraussetzungen nach Abs. 1 nicht erfüllt oder die BE nach Abs. 3 Satz 2 i.V.m. § 19 Abs. 2 Satz 2 der StVZO erloschen ist.

Hinweis:

- OWi handelt, wer entgegen § 2 Abs. 4 eKFV als Halter die Inbetriebnahme das Fzg anordnet oder zulässt (§§ 2, 14 eKFV i.V.m. § 24 StVG).

6.3 § 3 Berechtigung zum Führen

Zum Führen eines eFK sind Personen berechtigt, die das 14. Lebensjahr vollendet haben.

Hinweise:

- Prüfbescheinigung nach § 5 FeV nicht notwendig.

- Keine OWi nach § 14 eKFV, wenn man das Fzg in Betrieb setzt, ohne das Mindestalter erreicht zu haben, da Kinder nicht verwarnt werden dürfen. Keine Ahndungsmöglichkeit.
- Eine OWi ist nach § 1 OWiG eine rechtswidrige und vorwerfbare Handlung, die den Tatbestand eines Gesetzes verwirklicht, das die Ahndung mit einer Geldbuße zulässt.
  - Nicht vorwerfbar handelt nach § 12 OWiG, wer bei Begehung einer Handlung noch nicht vierzehn Jahre alt ist.
  - Somit dürfen Kinder nicht verwarnt werden.
  - Die Schadensersatzpflicht richtet sich nach den §§ 823 und 832 BGB.

§ 823 BGB Schadensersatzpflicht

(1) Wer vorsätzlich oder fahrlässig das Leben, den Körper, die Gesundheit, die Freiheit, das Eigentum oder ein sonstiges Recht eines anderen widerrechtlich verletzt, ist dem anderen zum Ersatz des daraus entstehenden Schadens verpflichtet.

(2) Die gleiche Verpflichtung trifft denjenigen, welcher gegen ein den Schutz eines anderen bezweckendes Gesetz verstößt. Ist nach dem Inhalt des Gesetzes ein Verstoß gegen dieses auch ohne Verschulden möglich, so tritt die Ersatzpflicht nur im Falle des Verschuldens ein.

§ 832 BGB Haftung des Aufsichtspflichtigen

(1) Wer kraft Gesetzes zur Führung der Aufsicht über eine Person verpflichtet ist, die wegen Minderjährigkeit oder wegen ihres geistigen oder körperlichen Zustands der Beaufsichtigung bedarf, ist zum Ersatz des Schadens verpflichtet, den diese Person einem Dritten widerrechtlich zufügt. Die Ersatzpflicht tritt nicht ein, wenn er seiner Aufsichtspflicht genügt oder wenn der Schaden auch bei gehöriger Aufsichtsführung entstanden sein würde.

(2) Die gleiche Verantwortlichkeit trifft denjenigen, welcher die Führung der Aufsicht durch Vertrag übernimmt.

6.4 §§ 4 bis 7 Technische Ausstattung und Sicherheitsanforderungen (Zusammenfassung)

6.4.1 § 4 Zwei Bremsen nach § 65 StVZO

Hinweis:

- Ordnungswidrig handelt, wer gegen § 2 Abs. 1 Nr. 4 Buchstabe a eKFV, Verzögerungseinrichtungen verstößt. Verwarnung nach §§ 2, 14 eKFV i.V.m. § 24 StVG.

6.4.2 § 5 LTE nach § 67 StVZO

Hinweis:

- Ordnungswidrig handelt, wer gegen § 2 Abs. 1 Nr. 4 Buchstabe b eKFV, LTE verstößt. Verwarnung nach §§ 2, 14 eKFV i.V.m. § 24 StVG.

6.4.3 § 6 Helltönende Glocke nach § 64a der StVZO

Hinweis:

- Ordnungswidrig handelt, wer nach § 2 Abs. 1 Nr. 4 Buchstabe c eKFV, Schallzeichen verstößt. Verwarnung nach §§ 2, 14 eKFV i.V.m. § 24 StVG.

6.4.4 § 7 Sicherheitsanforderungen an Bauart

Hinweise:

- Ordnungswidrig handelt, wer gegen Vorschriften nach § 7 eKFV verstößt. Verwarnung nach §§ 2, 14 eKFV i.V.m. § 24 StVG.
- Siehe auch Prüfanforderungen und Anforderungen an die Fahrdynamik in der Anlage zur eKFV.

6.5 § 8 Personenbeförderung und Anhängerbetrieb

Die Personenbeförderung sowie der Anhängerbetrieb sind für eKF nicht gestattet.

Hinweise:

- Es darf keine zweite Person auf dem Trittbrett mitgenommen werden.
- Ordnungswidrig handelt, wer Personen mitnimmt oder einen Anhänger mitführt. Verwarnung nach §§ 8, 14 eKFV, 24 StVG.

6.6 § 9 Anwendung der StVO

Wer ein eKF im Straßenverkehr führt, unterliegt den Vorschriften der StVO nach Maßgabe der nachfolgenden §§ 10 bis 13.

Hinweis:

- Für die Teilnahme am Straßenverkehr mit eKF gilt grundsätzlich die StVO. Allerdings werden verhaltensrechtliche Besonderheiten in den nachfolgenden §§ 10 bis 13 festgelegt (amtliche Begründung).

6.7 § 10 Zulässige Verkehrsflächen

(1) I.g.O. dürfen eKF nur baulich angelegte Radwege, darunter auch gemeinsame Geh- und Radwege (Z. 240) und die dem Radverkehr zugeteilte Verkehrsfläche getrennter Rad- und Gehwege (Zeichen 241), sowie Radfahrstreifen (Z. 237, 295) und Fahrradstraßen (Z. 244.1) befahren. Wenn solche nicht vorhanden sind, darf auf Fahrbahnen oder in verkehrsberuhigten Bereichen (Zeichen 325.1) gefahren werden. Anlage 3 laufende Nr. 22 Nr. 2 der StVO findet keine Anwendung.

Hinweise:

- I.g.O. darf zwischen Radwegen, gemeinsamen Geh- und Radwegen, getrennten Geh- und Radwegen, Radfahrstreifen und Fahrradstraßen frei gewählt werden.
- Sind diese Radverkehrsflächen nicht vorhanden, muss die Fahrbahn oder ein verkehrsberuhigter Bereich benutzt werden.
- Es gelten die allgemeinen Verkehrsregeln der StVO; z.B. § 2 Rechtsfahrgebot, aber auch § 8 Vorfahrt oder § 9 Abbiegeregeln.
- EKF-Fahrer hat dem Radfahrer das Überholen zu ermöglichen (§ 11 eKFV).
- Immer dann, wenn eKF eine nicht zulässige Verkehrsfläche benutzt, begeht Fahrer eine OWi (§§ 10, 14 eKFV i.V.m. § 24 StVG). EKF-Fahrer benutzt verkehrsberuhigten Bereich, obwohl Radweg vorhanden.
- Kommt es zur Behinderung, Gefährdung oder Schädigung anderer VT, ist TE mit § 1 Abs. 2 StVO gegeben (§§ 10, 14 eKFV, 1 Abs. 2, 49 StVO i.V.m. § 24 StVG).
- Darf EKF-Fahrer die Verkehrsfläche benutzen, und kommt es zu einer Behinderung, Gefährdung oder Schädigung anderer VT, verstößt er gegen §§ 1 Abs. 2, 49 StVO, 24 StVG.
- In einigen Fällen aber auch gegen §§ 41 und 42 StVO und mit den dazugehörenden Z (siehe Kapitel 6.7).
- Anlage 3 Nr. 22 Nr. 2 StVO: Auch eKF dürfen Schutzstreifen für den Radverkehr benutzen.

(2) A.g.O. dürfen eKF nur baulich angelegte Radwege, darunter auch gemeinsame Geh- und Radwege (Z. 240) und die dem Radverkehr zugeteilte Verkehrsfläche getrennter Rad- und Gehwege (Zeichen 241), sowie Radfahrstreifen (Zeichen 237, 295), Fahrradstraßen (Zeichen 244.1) und Seitenstreifen befahren. Wenn solche nicht vorhanden sind, darf auf Fahrbahnen gefahren werden.

Hinweise:

- Sind diese Radverkehrsflächen nicht vorhanden, darf die Fahrbahn benutzt werden.
- Es gelten die allgemeinen Verkehrsregeln der StVO; hier z.B. § 2 Rechtsfahrgebot, aber auch § 8 Vorfahrt oder § 9 Abbiegeregeln.
- Ist ein Seitenstreifen vorhanden, müssen eKF diesen benutzen (§ 41, Z.295).
- Immer dann, wenn eKF eine nicht zulässige Verkehrsfläche benutzt, begeht Fahrer OWi (§§ 10, 14 eKFV i.V.m. § 24 StVG). EKF-Fahrer benutzt Fahrbahn obwohl Radweg vorhanden.
- Kommt es zur Behinderung, Gefährdung oder Schädigung anderer VT, ist TE mit § 1 Abs. 2 StVO gegeben (§§ 10, 14 eKFV, 1, 49 StVO i.V.m. § 24 StVG).
- Darf EKF-Fahrer die Verkehrsfläche benutzen und kommt es zu einer Behinderung, Gefährdung oder Schädigung anderer VT, verstößt er nur gegen §§ 1 Abs. 2, 49 StVO, 24 StVG.
- Verwarnung von Jugendlichen:
  - Jugendliche (14 bis 18 Jahre) handeln nur unter den Voraussetzungen des § 3 JGG vorwerfbar, also dann, wenn sie zur Zeit der Tat nach ihrer sittlichen und geistigen Entwicklung reif genug sind, das Unrecht der Tat einzusehen und nach dieser Einsicht zu handeln.
  - Meiner Meinung nach ist sich ein 14-jähriger i.d.R. durchaus darüber bewusst, einen Fehler begangen zu haben und kann die sich daraus ergebenden Folgen (Verletzungen nach einem Unfall) richtig einschätzen.
  - Ist dies nicht der Fall, kann es notwendig sein, Angaben über seine geistige Reife in der Anzeige zu vermerken.
  - Die Schadensersatzpflicht richtet sich nach den §§ 823 und 832 BGB.

(3) Für das Befahren von anderen Verkehrsflächen können die Straßenverkehrsbehörden abweichend von Abs. 1 und 2 Ausnah-

men für bestimmte Einzelfälle oder allgemein für bestimmte Antragsteller zulassen. Eine allgemeine Zulassung von eKF auf solchen Verkehrsflächen kann durch Anordnung des Zusatzzeichens „Elektrokleinstfahrzeuge frei“ bekannt gegeben werden.

Hinweise:

- Ausnahmen für andere Verkehrsflächen sind zulässig.
- Damit würden z.B. Stadtführungen mit eKF auch in Fußgängerzonen ermöglicht oder Menschen mit Gehbehinderungen könnten das eKF zwischen ihrer Wohnung und den generell zugelassenen Verkehrsflächen durchgängig nutzen.
- Deshalb sind Ausnahmen auch für Gehwege oder andere Verkehrsflächen möglich.
- Siehe OWis zum Befahren des Gehweges und anderer Verkehrsflächen.
- Unfallaufnahme/Anscheinsbeweis:
  - Speziell bei Verkehrsunfällen ist ein Geschehensablauf erforderlich, der uns nach der allgemeinen Lebenserfahrung zu dem Ergebnis kommen lässt, dass eine Person eine Sorgfaltspflichtverletzung begangen hat, die für den Geschehensablauf und für die Verursachung des Unfalls typisch war. Er vermittelt, dass ein Verkehrsunfall so verlaufen ist, wie es nach der Erfahrung für gleichartige Unfälle typisch ist. Deshalb kann bei typischen Abläufen – wie Verkehrsunfällen – nach der Erfahrung regelmäßig von einem bestimmten Ereignis auf eine bestimmte Folge geschlossen werden.
  - Es ist ein Geschehensablauf erforderlich, der nach der allgemeinen Lebenserfahrung zu dem Schluss einer Sorgfaltspflichtverletzung drängt, weil er für schuldhafte Verursachung typisch ist.
  - Kein Anscheinsbeweis, wenn andere typische Ursachen infrage kommen könnten. Entkräftet wird der Anscheinsbeweis nur durch bewiesene Tatsachen, die einen atypischen Verlauf möglich gemacht haben könnten.

- Legt der Betroffene dar, dass eine andere Ursache ernsthaft in Betracht kommt, ist der Anscheinsbeweis widerlegt.

Beispiel:
Aufgrund der Unfallendstellung der Fzg spricht der „erste Anschein" z.B. gegen den Auffahrenden (§ 1 Abs. 2 StVO). Entkräftet wird der „erste Anschein", wenn der Vorausfahrende den Fahrstreifen plötzlich gewechselt hat und dadurch der VU verursacht wurde.

- OWis beim Befahren eines Radwegs (Z. 237):
  - Erster Anschein spricht gegen eKF-Fahrer, da er nach § 11 Abs. 4 auf die Radfahrer Rücksicht nehmen muss.
  - Geschwindigkeit muss, wenn nötig, dem Radverkehr angepasst werden.
  - EKF-Fahrer muss Überholen des Radverkehrs ermöglichen.
  - Darf eKF-Fahrer Verkehrsfläche nicht benutzen und es kommt zur Behinderung, Gefährdung oder Schädigung anderer VT, ist TE mit § 1 Abs. 2 StVO gegeben (§§ 10, 14 eKFV, 1, 49 StVO i.V.m. § 24 StVG). EKF-Fahrer befährt verkehrsberuhigten Bereich, obwohl Radweg vorhanden.
  - Darf eKF-Fahrer Verkehrsfläche befahren, und es kommt zur Behinderung, Gefährdung oder Schädigung anderer VT, verstößt er nur gegen § 1 Abs. 2 StVO.
- OWis beim Befahren eines gemeinsamen Geh- und Radwegs (Z. 240):
  - Bei Behinderung, Gefährdung oder Schädigung eines Fußgängers durch eKF-Fahrer spricht der erste Anschein gegen diesen, da nach § 11 Abs. 4 eKFV, der Fußgänger Vorrang hat.
  - Letzterer darf nicht behindert oder gefährdet werden.
  - Geschwindigkeit muss Fußgängerverkehr angepasst werden.
  - Jedoch kann sich auch ein Fußgänger falsch verhalten und dadurch VU verursachen.
  - Darf eKF-Fahrer Verkehrsfläche nicht befahren und kommt es zur Behinderung, Gefährdung oder Schädigung anderer VT, ist TE mit § 1 Abs. 2 StVO gegeben (§§ 10, 14 eKFV, 1, 49

StVO i.V.m. § 24 StVG). EKF-Fahrer benutzt verkehrsberuhigten Bereich, obwohl Radweg vorhanden.
- Darf eKF-Fahrer Verkehrsfläche befahren und kommt es zur Behinderung oder Gefährdung anderer VT, verstößt er gegen §§ 11, 14 eKFV, 24 StVG.
- Bei Schädigung anderer VT verstößt er gegen §§ 11, 14 eKFV in TE mit §§ 1, 49 StVO, 24 StVG.

▸ OWis beim Befahren eines getrennten Rad- und Gehwegs (Z.241):

- Überfährt der eKF-Führer die durchgezogene Linie (Z. 295) und behindert, gefährdet oder schädigt einen Fußgänger, spricht der erste Anschein gegen ihn, da diese Linie nicht überfahren werden darf und mit dem eKF eine unzulässige Verkehrsfläche benutzt wird (§ 10 eKFV).
- Sinngemäß muss dies auch für Fußgänger gelten, die die Linie überschreiten und eKF-Fahrer behindern, gefährden oder schädigen.
- Bei Behinderungen, Gefährdungen oder Schädigungen auf dem Radwegeteil zwischen Radfahrer und eKF-Fahrer spricht der erste Anschein gegen eKF-Fahrer, da er nach § 11 Abs. 4 auf den Radverkehr Rücksicht nehmen muss.
- EKF-Fahrer muss Überholen des Radverkehrs ermöglichen.
- Geschwindigkeit muss, wenn nötig, dem Radverkehr angepasst werden.
- Darf eKF-Fahrer die Verkehrsfläche nicht befahren und kommt es zur Behinderung, Gefährdung oder Schädigung anderer VT, ist TE mit § 1 Abs. 2 StVO gegeben (§§ 10, 14 eKFV, 1, 49 StVO i.V.m. § 24 StVG). EKF-Fahrer benutzt Fahrbahn, obwohl Radweg vorhanden.
- Darf er Verkehrsfläche befahren, verstößt er bei einer Behinderung, Gefährdung oder Schädigung anderer VT gegen § 1 Abs. 2 StVO, evtl. in TE mit § 41 StVO, Z.295.

▸ OWis beim Befahren von Radfahrstreifen (Z. 237, 295) und Fahrradstraßen (Z. 244.1):

- Erster Anschein spricht gegen eKF-Führer, da er nach § 11 Abs. 4 auf Radfahrer Rücksicht nehmen muss.

- Geschwindigkeit muss, wenn nötig, dem Radverkehr angepasst werden.
- EKF-Fahrer muss Überholen des Radverkehrs ermöglichen.
- Darf eKF-Fahrer Verkehrsfläche nicht befahren und kommt es zur Behinderung, Gefährdung oder Schädigung anderer VT, ist TE mit § 1 Abs. 2 StVO gegeben (§§ 10, 14 eKFV, 1, 49 StVO i.V.m. § 24 StVG). EKF-Fahrer benutzt Fahrbahn, obwohl Radfahrstreifen vorhanden.
- Darf eKF-Fahrer die Verkehrsfläche befahren und kommt es zur Behinderung, Gefährdung oder Schädigung anderer VT, verstößt er nur gegen § 1 Abs. 2 StVO.
- Kommt es zum Unfall zwischen Pkw-Fahrer und Benutzer der Radfahrstreifen oder Fahrradstraßen, ist derjenige Verursacher, der die durchgezogene Linie überfährt (Verstoß nach § 41 StVO, Z. 295 in TE mit § 1 Abs. 2 StVO).

▸ OWis beim Befahren eines verkehrsberuhigten Bereiches (Z. 325.1):

- Nach § 42 StVO, Z. 325.1 spricht bei Behinderung, Gefährdung oder Schädigung eines Fußgängers durch den eKF-Fahrer der erste Anschein gegen diesen, da Fußgänger nicht behindert oder gefährdet werden dürfen.
- Wenn nötig, muss man warten.
- Nur Schrittgeschwindigkeit erlaubt.
- Fußgänger dürfen den Fahrverkehr nicht unnötig behindern.
- Fußgänger kann sich auch falsch verhalten und dadurch einen VU verursachen.
- Darf eKF-Fahrer die Verkehrsfläche nicht befahren und kommt es zur Behinderung, Gefährdung oder Schädigung anderer VT, ist TE mit § 1 Abs. 2 StVO gegeben (§§ 10, 14 eKFV, 1, 49 StVO i.V.m. § 24 StVG). EKF-Fahrer benutzt Fahrbahn, obwohl Radweg vorhanden.
- Darf eKF-Fahrer die Verkehrsfläche befahren und kommt es zu einer Behinderung, Gefährdung oder Schädigung anderer VT, verstößt er nur gegen § 42 Abs. 2 StVO, Z. 325.1 als Spezialbestimmung, da § 1 Abs. 2 StVO nur Auffangtatbestand.

- OWis beim Befahren der Fahrbahn:
  - Darf eKF-Fahrer die Verkehrsfläche nicht befahren und kommt es zur Behinderung, Gefährdung oder Schädigung anderer VT, ist TE mit § 1 Abs. 2 StVO gegeben (§§ 10, 14 eKFV, 1, 49 StVO i.V.m. § 24 StVG). EKF-Fahrer benutzt Fahrbahn, obwohl Radweg vorhanden.
  - Darf eKF-Fahrer die Verkehrsfläche befahren und kommt es zur Behinderung, Gefährdung oder Schädigung anderer VT, verstößt er gegen die Spezialvorschrift der StVO z.B. Abbiegen und evtl. in TE mit § 1 Abs. 2 StVO, da die allgemeinen Verkehrsregeln nach § 9 eKFV gelten.
- OWis beim Befahren des Seitenstreifens:
  - Darf eKF-Fahrer die Verkehrsfläche nicht befahren und kommt es zur Behinderung, Gefährdung oder Schädigung anderer VT, ist TE mit § 1 Abs. 2 StVO gegeben (§§ 10, 14 eKFV, 1, 49 StVO i.V.m. § 24 StVG). EKF-Fahrer benutzt Fahrbahn, obwohl Seitenstreifen vorhanden.
  - Darf eKF-Fahrer die Verkehrsfläche befahren und kommt es zur Behinderung, Gefährdung oder Schädigung anderer VT, da die durchgezogene Linie überfahren wird, ist ein Verstoß nach § 41StVO, Z. 295 als Spezialbestimmung, evtl. in TE mit § 1 Abs. 2 StVO gegeben.
  - Ahndung z.B. nach § 5 StVO, wenn mit zu geringem Seitenabstand überholt wird, da nach § 9 eKFV die allgemeinen Verkehrsregeln gelten.
- OWis beim Befahren eines Gehweges (Z. 239), wenn nach § 10 Abs. 3 erlaubt:
  - Gehweg im § 10 eKFV nicht aufgeführt, somit gelten nach § 9 eKFV die allgemeinen Regeln der StVO.
  - Bei Behinderung, Gefährdung oder Schädigung eines Fußgängers durch den eKF-Fahrer spricht der erste Anschein gegen diesen, da er nach Z. 239, Nr. 2 auf den Fußgänger Rücksicht nehmen muss.

- Diese dürfen nicht behindert o. gefährdet werden.
- Wenn nötig, muss man warten.
- Nur Schrittgeschwindigkeit erlaubt.
- Jedoch kann sich auch ein Fußgänger falsch verhalten und dadurch einen VU verursachen.
- Darf eKF-Fahrer die Verkehrsfläche nicht befahren und kommt es zur Behinderung, Gefährdung oder Schädigung anderer VT, ist TE mit § 1 Abs. 2 StVO gegeben (§§ 10, 14 eKFV, 1, 49 StVO i.V.m. § 24 StVG). EKF-Fahrer benutzt Gehweg, obwohl Radweg vorhanden.
- Darf eKF-Fahrer die Verkehrsfläche befahren und kommt es zur Behinderung Gefährdung oder Schädigung anderer VT, verstößt er nur gegen § 1 Abs. 2 StVO.

▸ OWis beim Befahren einer Fußgängerzone (Z. 242.1), wenn nach § 10 Abs. 3 erlaubt:

- Bei Behinderung, Gefährdung oder Schädigung eines Fußgängers durch eKF-Fahrer spricht der erste Anschein gegen diesen, da er nach Z. 239, Nr. 2 auf den Fußgänger Rücksicht nehmen muss.
- Diese dürfen nicht behindert o. gefährdet werden.
- Wenn nötig, muss man warten.
- Nur Schrittgeschwindigkeit erlaubt.
- Jedoch kann sich auch ein Fußgänger falsch verhalten und dadurch einen VU verursachen.
- Darf der eKF-Fahrer die Verkehrsfläche nicht befahren und kommt es zu einer Behinderung, Gefährdung oder Schädigung anderer VT, ist TE mit § 1 Abs. 2 StVO gegeben (§§ 10, 14 eKFV, 1, 49 StVO i.V.m. § 24 StVG). EKF-Fahrer benutzt Fußgängerzone, obwohl Radweg vorhanden.
- Darf eKF-Fahrer die Verkehrsfläche befahren und kommt es zur Gefährdung anderer VT, verstößt er gegen § 41 StVO, Zeichen 242.1, da Spezialbestimmung. Bei Behinderungen und Schädigungen gegen § 1 Abs. 2 StVO, Auffangtatbestand.

6.8 § 11 Allgemeine Verhaltensregeln

(1) Wer ein eKF führt, muss einzeln hintereinander fahren, darf sich nicht an fahrende Fzg anhängen und nicht freihändig fahren.

Hinweise:

- Ordnungswidrig handelt, wer gegen § 11 Abs. 1 verstößt (§§ 11, 14 eKFV, 24 StVG).
- Kommt es zur Behinderung, Gefährdung oder Schädigung anderer VT, ist TE mit § 1 Abs. 2 StVO gegeben (§§ 11, 14 eKFV, 1, 49 StVO i.V.m. § 24 StVG).

(2) Mit eKF darf von dem Gebot, auf Fahrbahnen mit mehreren Fahrstreifen möglichst weit rechts zu fahren, nicht abgewichen werden.

Hinweis:

- Ordnungswidrig handelt, wer vom Rechtsfahrgebot abweicht. Da in der eKFV nicht aufgeführt, Verstoß nach § 2 StVO, da nach § 9 eKFV die allgemeinen Regeln der StVO gelten.

(3) Sind an einem eKF keine FRA vorhanden, so muss, wer ein eKF führt, die Richtungsänderung so rechtzeitig und deutlich durch Handzeichen ankündigen, dass andere VT ihr Verhalten daran ausrichten können.

Hinweise:

- Ordnungswidrig nach §§ 11, 14 eKFV, 24 StVG handelt, wer Fahrtrichtungsänderung nicht ankündigt.
- Kommt es zur Behinderung, Gefährdung oder Schädigung anderer VT, ist TE mit § 1 Abs. 2 StVO gegeben (§§ 11, 14 eKFV, 1, 49 StVO i.V.m. § 24 StVG).

(4) Wer ein eKF auf Radverkehrsflächen führt, muss auf den Radverkehr Rücksicht nehmen und erforderlichenfalls die Geschwindigkeit an den Radverkehr anpassen. Wer ein eKF führt, muss

schnellerem Radverkehr das Überholen ohne Behinderung ermöglichen. Auf gemeinsamen Geh- und Radwegen (Zeichen 240) haben Fußgänger Vorrang und dürfen weder behindert noch gefährdet werden. Erforderlichenfalls muss die Geschwindigkeit an den Fußgängerverkehr angepasst werden.

Hinweise:

- EKF-Fahrer müssen auf Radverkehr Rücksicht nehmen und Überholen ermöglichen.
- Fußgänger haben Vorrang. Behinderungs- und Gefährdungsverbot, wenn nötig, muss der eKF-Fahrer warten.
- Ordnungswidrig nach §§ 11, 14 eKFV, 24 StVG handelt, wer dem Radverkehr das Überholen nicht ermöglicht oder einen Fußgänger behindert oder gefährdet.
- Kommt es zur Gefährdung oder Schädigung anderer VT, ist TE mit § 1 Abs. 2 StVO gegeben (§§ 11, 14 eKFV, 1, 49 StVO i.V.m. § 24 StVG).

(5) Für das Abstellen von eKF gelten die für Fahrräder geltenden Parkvorschriften entsprechend.

Hinweis:

- Der Begriff „abstellen" wird verkehrsrechtlich für ein abgemeldetes Kfz verwendet.

6.9 § 12 Besonderheiten bei angeordneten Verkehrsverboten nach der StVO

(1) Ist ein Verbot für Fzg aller Art (Z. 250) angeordnet, so dürfen eKF dort geschoben werden.

(2) Ist ein Verbot für Kraftwagen (Z. 251), ein Verbot für Krafträder (Z. 255), ein Verbot für Kfz (Z. 260) oder ein Verbot der Einfahrt

(Z. 267) angeordnet, so dürfen eKF dort nur fahren oder einfahren, wenn dies durch das Zusatzzeichen „eKF frei" erlaubt ist.

(3) Ist ein Verbot für den Radverkehr (Z. 254) angeordnet, so gilt dies auch für eKF.

Hinweise:

- Die oben angeführten Verbote sind nach § 14 eKFV nicht ordnungswidrig. Deshalb Verstoß nach der entsprechenden Vorschrift der StVO, da nach § 9 eKFV die allgemeinen Regeln der StVO gelten.
- Z.B. Verstoß gegen das Verbot der Einfahrt (Z. 267)
  - OWi nach §§ 41 (Z. 267, Anlage 2), 49 StVO, 24 StVG.

6.10 § 13 Lichtzeichen

EKF unterfallen der Lichtzeichenregelung des §§ 37 Abs. 2 Nr. 5 und 6 der StVO. Dabei kommt das Sinnbild „Radverkehr" zur Anwendung.

Hinweise:

- EKF-Fahrer ist dem Radfahrer, was den Rotlichtverstoß nach § 37 StVO anbelangt, gleichgestellt.
- Anzeige: Sie missachteten als eKF-Fahrer das Rotlicht der LZA. Tatbestandsnummer 1 37 612, 60 Euro, 1 Punkt; §§ 37 Abs. 2, 49 StVO, 24 StVG.

6.11 § 14 Ordnungswidrigkeiten

Hinweis:

- OWis sind bei den einzelnen Absätzen aufgeführt.

6.12 EKF, die nicht von der Verordnung erfasst sind

- **E-Roller und Segways** mit einer bbH bis 6 km/h und über 20 km/h und wenn sie keine EBE oder ABE besitzen.
  - E-Roller sind einspurige Kfz und sind je nach bbH als KKR 25 (bbH 20 bis 25 km/h = Prüfbescheinigung), als KKR 45 (bbH bis 45 km/h = FE-Klasse AM) oder LKR (bbH über 45 km/h = FE-Klasse A1) einzustufen.
- **City Wheels (Einrad)** sind keine Krafträder (sind zweirädrig), da es nur ein Rad besitzt. Deshalb benötigt man die FE-Klasse B.
- **Segway** mit einer bbH über 20 km/h, **Longboards (Elektro-Skateboards)** und **Hoverboards.**
  - Dies sind mehrspurige Fzg (2 Räder auf einer Achse) und benötigen die FE-Klasse B, da Krafträder einspurig sind.
  - Artikel 3 Nr. 72 der VO (EU) 168/2013 „das Doppelrad“ kann nicht angewandt werden, da selbstbalancierende Fzg bzw. Fzg, die keinen Sitzplatz haben, nach Art. 2 Abs. 2 von dieser VO ausgenommen sind.
  - Oben aufgeführte Fzg haben keine Straßenzulassung sprich Einzelgenehmigung. OWi nach § 3 Abs. 1 FZV (Fahren ohne Zulassung).
  - Fzg benötigen eine Kfz-Haftpflichtversicherung nach den §§ 1 und 2 PflichtVG. Verstoß nach § 6 PflichtVG.
  - Nach § 3d KraftStG von der Steuer befreit.
- **Beachte:** Mini-Bike (kein eKF, sondern Kraftrad) benötigt je nach bbH eine Prüfbescheinigung bis 25 km/h, FE-Klasse AM bis 45 km/h und Klasse A1 über 45 km/h bbH oder sogar FE-Klasse A2, immer dann, wenn das leistungsbezogenes Leergewicht von mindestens 0,1 kW/kg nicht übersteigt.

Beispiele:

- Das Bike hat ein Leergewicht von 30 kg und eine Leistung von 5 kW. FE-Klasse A1 reicht nicht aus, da das leistungsbezogene Leergewicht

die 0,1 kg/kW übersteigt. Somit FE-Klasse A2. Das Fzg müsste mindestens 50 kg wiegen, damit FE-Klasse A1 ausreicht.
- Fzg haben keine Straßenzulassung sprich Einzelgenehmigung. OWi nach § 3 Abs. 1 FZV (Fahren ohne Zulassung).
- Fzg benötigen eine Kfz-Haftpflichtversicherung nach den §§ 1 und 2 PflichtVG. Verstoß nach § 6 PflichtVG.
- Nach § 1 Nr. 3 KraftStG werden die Fzg widerrechtlich benutzt und unterliegen der Steuerpflicht. Verstoß nach § 370 AO.

7. Strafprozessordnung

Allgemeine Hinweise zur Entziehung der FE:

- FS, die der Einziehung unterliegen, sind in Verwahrung zu nehmen/zu beschlagnahmen (§ 94 Abs. 3 StPO).
- FS unterliegt der Einziehung, wenn dieser gem. § 111a StPO durch den Richter vorläufig entzogen werden darf.
- Vorläufige Entziehung erfolgt, wenn dringende Gründe vorliegen, dass die FE gem. § 69 StGB entzogen werden wird.
- Entziehung der FE erfolgt, wenn die Voraussetzungen aus § 69 Abs. 1 und/oder 2 StGB gegeben sind.
- § 69 Abs. 3 StGB – der FS wird eingezogen und ist somit Einziehungsgegenstand i.S.d. § 94 Abs. 3 StPO (§ 69 Abs. 3 StGB).

7.1 § 94 Sicherstellung und Beschlagnahme von Gegenständen zu Beweiszwecken

(1) Gegenstände, die als Beweismittel für die Untersuchung von Bedeutung sein können, sind in Verwahrung zu nehmen oder in anderer Weise sicherzustellen.

(2) Befinden sich die Gegenstände in dem Gewahrsam einer Person und werden sie nicht freiwillig herausgegeben, so bedarf es der Beschlagnahme.

(3) Die Absätze 1 und 2 gelten auch für FS, die der Einziehung unterliegen.

Hinweise:

- Zu Absatz 3
  - Abs. 1 und 2 gilt für FS entsprechend, wenn

dieser der Einziehung unterliegt.

- Prüfungsbescheinigungen (begleitendes Fahren mit 17) sind hier wie FS zu behandeln.

- FS sind in Verwahrung zu nehmen, wenn sie der Einziehung unterliegen (§ 111a StPO, siehe dort).
  - Bei freiwilliger Herausgabe des FS erfolgt die Inverwahrnahme (keine Anordnung gem. § 98 StPO notwendig).
  - Wird FS nicht freiwillig herausgegeben, so ist dieser zu beschlagnahmen (Anordnung § 98 StPO, siehe dort).
- Polizeiliche Maßnahmen nach der FS-Beschlagnahme/Sicherstellung
  - Untersagung der Weiterfahrt (z.B. §§ 1, 3 PolG BW).
  - Beschlagnahme Kfz oder Kfz-Schlüssel (z.B. § 33 PolG BW).
- Verfahren
  - FS ist mit Vorausmeldung an die Staatsanwaltschaft zu senden.
- Wirkung der Beschlagnahme
  - Bei Führen eines Kfz liegt ein Vergehen nach § 21 Abs. 2 Nr. 2 StGB vor, wenn der FS sichergestellt oder beschlagnahmt wurde.
  - Dies gilt ebenso, wenn der FS noch im Besitz des Beschuldigten ist, aber die Beschlagnahme und damit vorläufige Entziehung gem. § 111a StPO richterlich angeordnet und die Entscheidung dem Beschuldigten zugestellt wurde.

7.2 § 98 Verfahren bei der Beschlagnahme

(1) Beschlagnahmen dürfen nur durch das Gericht, bei Gefahr im Verzug auch durch die Staatsanwaltschaft und ihre Ermittlungspersonen (§ 152 des Gerichtsverfassungsgesetzes) angeordnet werden. […]

Hinweis:

- GiV zu heutiger Zeit von Bereitschaftsdiensten i.d.R. nur noch begründbar, wenn Richter nicht erreicht und Person nicht mehr länger festgehalten werden kann.

(2) Der Beamte, der einen Gegenstand ohne gerichtliche Anordnung beschlagnahmt hat, soll binnen drei Tagen die gerichtliche Bestätigung beantragen, wenn bei der Beschlagnahme weder der davon Betroffene noch ein erwachsener Angehöriger anwesend war oder wenn der Betroffene und im Falle seiner Abwesenheit ein erwachsener Angehöriger des Betroffenen gegen die Beschlagnahme ausdrücklichen Widerspruch erhoben hat. Der Betroffene kann jederzeit die gerichtliche Entscheidung beantragen.

Hinweise:

- Bei der Beschlagnahme durch den PVD ist die richterliche Bestätigung binnen dreier Tage herbeizuführen.
- Die vorläufige Entziehung gem. 111a StPO ist dabei gleichzeitig Anordnung bzw. Bestätigung der Beschlagnahme (§ 111a Abs. 3 StPO).

7.3 § 111a Vorläufige Entziehung der FE

(1) Sind dringende Gründe für die Annahme vorhanden, dass die FE entzogen werden wird (§ 69 des StGB), so kann der Richter dem Beschuldigten durch Beschluss die FE vorläufig entziehen. Von der vorläufigen Entziehung können bestimmte Arten von Kfz ausgenommen werden, wenn besondere Umstände die Annahme rechtfertigen, dass der Zweck der Maßnahme dadurch nicht gefährdet wird.

Hinweise:

- FE des Beschuldigten wird vorläufig (bis zu einer Entscheidung nach § 69 StGB) durch richterlichen Beschluss entzogen, wenn

„dringende Gründe für die Annahme bestehen, dass die FE entzogen werden wird“.

- Dringende Gründe sind gegeben, wenn eine hohe, fast an Gewissheit grenzende Wahrscheinlichkeit für den Entzug der FE nach § 69 StGB besteht.
- Dringende Gründe ergeben sich aus
  - dem dringenden Tatverdacht einer rechtswidrigen Tat beim Führen eines Kfz oder
  - im Zusammenhang mit dem Führen eines Kfz oder
  - unter Verletzung der Pflichten eines Kfz-Führers (§ 69 Abs. 1) oder bei Vorliegen eines Regelbeispiels nach § 69 Abs. 2 StGB.
- Liegt der dringende Verdacht auf eine der Indiztaten aus § 69 Abs. 2 StGB vor, so rechtfertigt allein schon dieser dringende Verdacht stets die vorläufige Entziehung der FE.

(2) Die vorläufige Entziehung der FE ist aufzuheben, wenn ihr Grund weggefallen ist oder wenn das Gericht im Urteil die FE nicht entzieht.

(3) Die vorläufige Entziehung der FE wirkt zugleich als Anordnung oder Bestätigung der Beschlagnahme des von einer deutschen Behörde ausgestellten FS. Dies gilt auch, wenn der FS von einer Behörde eines Mitgliedstaates der EU- oder EWR-Staates ausgestellt worden ist, sofern der Inhaber seinen ordentlichen Wohnsitz im Inland hat.

Hinweise:

- Entscheidung nach § 111a StPO über die vorläufige Entziehung der FE ist gleichzeitig die Beschlagnahmebestätigung.
- Inhaber einer EU- oder EWR-FE, sie sind Inhabern inländischer FE gleichgestellt
  - Nicht EU-/EWR-FE, siehe § 111a Abs. 6 StPO.

(4) Ist ein FS beschlagnahmt, weil er nach § 69 Abs. 3 Satz 2 des Strafgesetzbuches eingezogen werden kann, und bedarf es einer rich-

terlichen Entscheidung über die Beschlagnahme, so tritt an deren Stelle die Entscheidung über die vorläufige Entziehung der FE.

Hinweis:

- Anstelle einer förmlichen Beschlagnahmebestätigung tritt die Entscheidung nach § 111a StPO (§ 111a Abs. 4 StPO).

(5) Ein FS, der in Verwahrung genommen, sichergestellt oder beschlagnahmt ist, weil er nach § 69 Abs. 3 Satz 2 des StGB eingezogen werden kann, ist dem Beschuldigten zurückzugeben, wenn der Richter die vorläufige Entziehung der FE wegen Fehlens der in Abs. 1 bezeichneten Voraussetzungen ablehnt, wenn er sie aufhebt oder wenn das Gericht im Urteil die FE nicht entzieht. Wird jedoch im Urteil ein Fahrverbot nach § 44 des StGB verhängt, so kann die Rückgabe des FS aufgeschoben werden, wenn der Beschuldigte nicht widerspricht.

(6) In anderen als in Abs. 3 Satz 2 genannten ausländischen FS ist die vorläufige Entziehung der FE zu vermerken. Bis zur Eintragung dieses Vermerkes kann der FS beschlagnahmt werden.

Hinweise:

- FS aus EU- oder EWR-Staaten unterliegen gem. § 69b StGB der Einziehung, wenn der Inhaber seinen ordentlichen Wohnsitz im Inland hat.
- FS aus Drittstaaten unterliegen nicht der Einziehung.
  - Vorläufiger Entzug ist im ausländischen FS einzutragen.
  - FS darf zum Zwecke des Eintrags beschlagnahmt werden (§ 463b Abs. 2 StPO).
  - Ist der Vermerk im Karten-FS nicht möglich, so ist ein Beiblatt mit dem FS zu verbinden.
  - Dies kann z.B. durch Lochung oder befestigen mit Klammern geschehen.
  - Verdachtsmerkmale des Fahrens ohne FE können bei einer Kontrolle gerade diese Beschädigungen im FS sein.
  - Entfernen von Vermerken stellt ein Vergehen gem. § 273 StGB (Verändern von amtlichen Ausweisen) dar.

8. Strafgesetzbuch

8.1 § 69 Entziehung der FE

(1) Wird jemand wegen einer rechtswidrigen Tat, die er bei oder im Zusammenhang mit dem Führen eines Kfz oder unter Verletzung der Pflichten eines Kfz-Führers begangen hat, verurteilt oder nur deshalb nicht verurteilt, weil seine Schuldunfähigkeit erwiesen oder nicht auszuschließen ist, so entzieht ihm das Gericht die FE, wenn sich aus der Tat ergibt, dass er zum Führen von Kfz ungeeignet ist. Einer weiteren Prüfung nach § 62 bedarf es nicht.

Hinweise:

- Rechtswidrige Tat beim Führen eines Kfz
- Auch das Führen FE-freier Kfz (Mofas und Leichtmofas) gehört dazu, ebenso das Führen eines Kfz ohne Motorkraft.

  Beispiele:
  - Fährt der Täter nur ein Fzg, z.B. ein Fahrrad, wird der FS nicht beschlagnahmt, da gem. Absatz 1 der Kfz-Führer verlangt wird.
  - Fährt der Täter ein Mofa oder „Segway“ (Kfz), so kann ihm die FE entzogen werden – nicht hingegen die Mofa-Prüfbescheinigung
  - Fährt der Täter einen Pkw und nutzt die Schwerkraft, fährt also willentlich bergab, so stellt dies auch ein Führen eines Kfz dar.
  - Echte Verkehrsdelikte, die der Täter durch das Führen verwirklicht (§§ 315c, 316, 142 StGB).
  - siehe auch Regelbeispiele Abs. 2.

- Im Zusammenhang mit dem Führen eines Kfz.
  - Begehung anderer Straftaten (Wohnungseinbruch, Vergewaltigung, Beförderung von BtM), die durch das Führen im Kfz gefördert bzw. erst ermöglicht werden.
- Unter Verletzung der Pflichten eines Kfz-Führers:
  - Eigenes Kfz wird an Fahrunsichere überlassen.

- Unterlassene Hilfeleistung.

- Liegt kein Regelbeispiel gem. Abs. 2 vor, so ist eine individuelle Gefahrenprognose notwendig.
  - Es müssen konkrete Anhaltspunkte gegeben sein, dass der Täter seine kriminellen Ziele über die Sicherheit des Straßenverkehrs stellt.

Beispiel:
Der Täter begeht einen Einbruchsdiebstahl, schafft das Diebesgut mit einem Kfz fort und …
- fährt dabei verkehrsgerecht = Abs. 1 nicht verwirklicht
- wird vom Eigentümer gestellt, der ihm mit seinem Kfz den Weg versperrt. Der Täter rammt den Eigentümer weg und verwirklicht § 315b StGB als verkehrsfeindlichen Inneneingriff = Abs. 1 verwirklicht

(2) Ist die rechtswidrige Tat in den Fällen des Absatzes 1 ein Vergehen

1. der Gefährdung des Straßenverkehrs (§ 315c),

1a. des verbotenen Kraftfahrzeugrennens (§ 315d StGB)

2. der Trunkenheit im Verkehr (§ 316),

3. des unerlaubten Entfernens vom Unfallort (§ 142), obwohl der Täter weiß oder wissen kann, dass bei dem Unfall ein Mensch getötet oder nicht unerheblich verletzt worden oder an fremden Sachen bedeutender Schaden entstanden ist, oder

4. des Vollrausches (§ 323a), der sich auf eine der Taten nach den Nummern 1 bis 3 bezieht,

so ist der Täter in der Regel als ungeeignet zum Führen von Kfz anzusehen.

Hinweis:

- Bedeutender Schaden bzgl. § 142 StGB ab 2500 Euro (Stand 08/2018) und damit höher als bei §§ 315b, 315c StGB (750 Euro), da beim § 142 StGB zusätzliche Kosten wie Bergungs-, Abschleppkosten, … mit einberechnet werden.

(3) Die FE erlischt mit der Rechtskraft des Urteils. Ein von einer deutschen Behörde ausgestellter FS wird im Urteil eingezogen.

Hinweise:

- Zweck der Maßnahme
  - Der FE-Entzug nach § 69 StGB wird erst mit Rechtskraft des Urteils gültig.
  - Zwischen der Tatbegehung und der Gerichtsverhandlung vergehen i.d.R. mehrere Monate,
  - daher kann aufgrund der Vorschrift des § 111a StPO dieser Zeitraum mit dem vorläufigen Entzug überbrückt werden.
  - Näheres hierzu siehe § 111a StPO

8.2 § 69b Wirkung der Entziehung bei einer ausländischen Fahrerlaubnis

(1) Darf der Täter auf Grund einer im Ausland erteilten FE im Inland Kfz führen, ohne dass ihm von einer deutschen Behörde eine FE erteilt worden ist, so hat die Entziehung der FE die Wirkung einer Aberkennung des Rechts, von der FE im Inland Gebrauch zu machen. Mit der Rechtskraft der Entscheidung erlischt das Recht zum Führen von Kfz im Inland. Während der Sperre darf weder das Recht, von der ausländischen FE wieder Gebrauch zu machen, noch eine inländische FE erteilt werden.

(2) Ist der ausländische FS von einer Behörde eines Mitgliedstaates der EU oder EWR-Staates ausgestellt worden und hat der Inhaber seinen ordentlichen Wohnsitz im Inland, so wird der FS im Urteil eingezogen und an die ausstellende Behörde zurückgesandt. In anderen Fällen werden die Entziehung der FE und die Sperre in den ausländischen FS vermerkt.

Hinweise:

- §§ 69, 69a StGB und 111a StPO sind auf den ausländischen Kfz-Führer genauso anzuwenden wie auf den deutschen.

- Ist der FS in einem EU- oder EWR Staat ausgestellt, so kann auch dieser FS beschlagnahmt werden.
  - Der beschlagnahmte EU- oder EWR-FS wird an die ausstellende Behörde zurückgesandt, wenn der Inhaber seinen ordentlichen Wohnsitz im Inland hat.
- In allen anderen Fällen (FS ausgestellt in einem Drittland) werden die Entziehung der FE und die Sperre in den ausländischen FS vermerkt und dem Inhaber zurückgegeben.
  - Bis zum Eintrag des Vermerks kann der FS beschlagnahmt werden (§ 111a Abs. 6 StPO).
  - Entfernen des Vermerks verwirklicht § 273 StGB (Verändern amtlicher Ausweise).
- Verfahrensweise
  - In jedem Fall ist auch der ausländische FS mit Sofortmeldung der Staatsanwaltschaft vorzulegen.
- Wirkung der Maßnahme
  - Beim Fahren trotz Vermerks im FS liegt ein Fahren ohne FE i.S.d. § 21 Abs. 1 Nr. 1 StVG (Vergehen); beim Fahren trotz von der Polizei sichergestelltem oder beschlagnahmtem FS ein Vergehen nach § 21 Abs. 2 Nr. 2 StVG vor.

8.3 § 142 Unerlaubtes Entfernen vom Unfallort

(1) Ein Unfallbeteiligter, der sich nach einem Unfall im Straßenverkehr vom Unfallort entfernt, bevor er …

Hinweise:

- Ein Verkehrsunfall ist ein plötzliches, zumindest für einen VT ungewolltes Ereignis im öffentlichen Straßenverkehr, das zur Tötung oder Verletzung eines anderen Menschen oder zu einem nicht völlig belanglosen fremden Sachschaden führt und mit den typischen Gefahren des Straßenverkehrs in einem ursächlichen Zusammenhang steht.

- Die Grenze der Belanglosigkeit wird unter den heutigen Verhältnissen bei ca. 50 Euro anzusiedeln sein.
- Ausschlaggebend ist der Zusammenhang mit verkehrstypischen Gefahren.
- Keine typische Gefahr liegt vor, wenn durch einen völlig verkehrsfremden Vorgang ein Schaden im ÖVR verursacht wird.

Beispiele für fehlende typische Gefahr:

- Verletzung eines Fußgängers durch raufende Hunde.
- Loser Dachziegel oder Eiszapfen fällt vom Haus und beschädigt ein abgestelltes Kfz bzw. verletzt einen Fußgänger.
- Fußgänger zerkratzt vorsätzlich parkenden Pkw mit Nagel.
- Eine am Haus aufgestellte Leiter fällt um und beschädigt ein Motorrad.
- Vorsätzliche Beschädigung des Gartentores eines Nachbarn mit Pkw.
- Von beiden betrügerisch gewollter Zusammenstoß (provozierter Verkehrsunfall).

Hinweise:

- ▸ Der Unfallort ist die Stelle, an welcher der Schadenfall eingetreten ist, sowie die unmittelbare Umgebung, also dort wo Feststellungsbereite und die Polizei den Unfallbeteiligten vermuten.
- ▸ Umkreis des Unfallortes ist immer von der Art der Straße, Sicht-/Wetterverhältnissen, i.g.O., a.g.O. abhängig.
- ▸ Bei einem VU auf der BAB kann es notwendig sein, eine längere Strecke (mehrere km) zurückzulegen, um gefahrlos anhalten zu können. Auf Bundesstraßen muss u.U. bis zum nächsten Parkplatz gefahren werden.
- ▸ Unfallbeteiligte können alle VT sein, die sich verkehrserheblich verhalten.
  - Die Möglichkeit der Beteiligung reicht aus.
  - Unmittelbarer Zusammenhang zwischen Verhalten und Verursachung.

Beispiele:
- Treiben von Rindern.
- Fahrmanöver, das zwar nicht direkt zu einem Zusammenstoß führt, aber andere Unfallsituationen auslöst.
- Beim Parken von Fzg.
- Durch Türe öffnen andere VT schädigen, auch ein anderes geparktes Fzg.
- Zusammenstoß von Fußgängern.
- Zusammenstoß Fußgänger und Inline-Skater.

▸ Das „Sich-Entfernen" bezeichnet das willentliche Aufheben des engen, räumlichen Zusammenhangs des Unfallbeteiligten vom Unfallort, sodass dieser nicht mehr uneingeschränkt für Feststellungen zur Verfügung steht und seine Unfallbeteiligung nicht mehr mitteilen kann.
  - Entfernen stellt die eigentliche Tathandlung dar.
  - Ist das Entfernen vollendet und der Unfallbeteiligte kommt später zurück, so bleibt § 142 StGB trotzdem verwirklicht.
  - Ausschlaggebend ist die räumliche Abgrenzung vom Unfallort,
  - jedoch genügt auch, sich z.B. in einer Menschenmenge zu verbergen.

▸ Nicht Unfallbeteiligte können als Teilnehmer i.S.d. § 142 StGB in Betracht kommen, wenn sie einen Tatbeitrag in Form der Anstiftung (§ 26 StGB) oder Beihilfe (§ 27 StGB) geleistet haben.

▸ Als Anstifter gilt jeder, der den Tatentschluss des Täters hervorruft.

Beispiele:
- Mitfahrer fordert den Fahrer auf nach dem Unfall auf „Fahr besser weiter".
- Unfallverursacher will den Unfall nachträglich melden. Da seine Freundin ihm davon abrät, unterlässt er dies.

▸ Wegen Beihilfe kann bestraft werden, wer zwar den Tatentschluss des Täters nicht weckt, aber dessen Tat bewusst erleichtert bzw. fördert.

Beispiel:
Nachdem ein betrunkener Fahrer ein parkendes Fzg beschädigt hat, fragt er seinen Beifahrer, ob es nicht besser wäre, wenn er weiterfahren würde. Der Beifahrer pflichtet ihm bei.

Variante 1 – Feststellungsbereite Person anwesend

(Tathandlung ist das „Sich-Entfernen" selbst)

Abs. 1 Nr.

1. *zugunsten der anderen Unfallbeteiligten und der Geschädigten die Feststellung seiner Person, seines Fzg und der Art seiner Beteiligung durch seine Anwesenheit und durch die Angabe, dass er an dem Unfall beteiligt ist, ermöglicht hat oder*

Hinweise:

- Ist eine feststellungsbereite Person anwesend, so hat der Unfallbeteiligte eine Vorstellungs- und Feststellungspflicht.
  - Der Unfallverursacher hat u.a. folgende Pflichten:
  - Name, Vorname, Wohnort angeben, sich ausweisen,
  - „Fahrzeugpapiere" vorzeigen,
  - Versicherung benennen,
  - Fzg in Unfallendstellung belassen, damit auch Unfallspuren festgestellt werden können.
- Trotz Passivitätsrecht also Beschuldigter/Betroffener muss sich der VT aktiv vorstellen.
- Ist der VT diesen Pflichten umfassend nachgekommen, kann er sich straffrei entfernen

Variante 2 – Feststellungsbereite Person nicht anwesend

(Tathandlung ist das „Nicht-Ermöglichen nachträglicher Feststellungen")

Abs. 1 Nr.

2. *eine nach den Umständen angemessene Zeit gewartet hat, ohne dass jemand bereit war, die Feststellungen zu treffen, […]*

Hinweise:

- Ist niemand anwesend ergibt sich eine Wartepflicht
  - Die „angemessene Zeit" hängt von der Schwere des Unfalls, der Verkehrsdichte, Lage des VU-Orts, Tageszeit und Zumutbarkeit ab.
  - Rechtsprechung hat dazu diverse, sehr unterschiedliche Zeiten als angemessen angesehen, aber Angemessenheit hat für PVD eine geringe Bedeutung.
  - Über die angemessene Länge der Wartezeit entscheidet das Gericht.
  - § 142 StGB wird bei Fragen der Wartezeit von PVD immer angezeigt. Wartezeit dokumentieren.

(2) Nach Absatz 1 wird auch ein Unfallbeteiligter bestraft, der sich

1. nach Ablauf der Wartefrist (Absatz 1 Nr. 2) oder

2. berechtigt oder entschuldigt

vom Unfallort entfernt hat und die Feststellungen nicht unverzüglich nachträglich ermöglicht.

Hinweise:

- Unverzüglich heißt, dass die Feststellungen ohne schuldhaftes Verzögern erfolgen.
- Erlaubtes „Sich-Entfernen" kann gerechtfertigt oder entschuldigt sein. Entfernt sich der Unfallbeteiligte erlaubt, erfolgt keine Anzeige.
- Rechtfertigungsgründe § 34 StGB
  - Aber auch sogenannte rechtfertigende Pflichtenkollision sowie die Erfüllung der Hilfspflicht im Sinne des § 323c StGB kommen in Betracht.
  - Mutmaßliche Einwilligung des Feststellungsberechtigten.
  - Mutmaßliche Einwilligung zum Verlassen der Unfallstelle kann in Betracht kommen, wenn die dort nicht anwesende Unfallgeschädigte lediglich einen geringfügigen oder mittle-

ren Sachschaden erlitten hat und er zu dem Unfallverursacher in näheren persönlichen Beziehungen (z.B. als Verwandter, Freund, Bekannter, Nachbar, Arbeitgeber, Arbeitskollege) steht.

Beispiele:

- Eigene schwere Verletzung des Unfallbeteiligten, der sich sofort ärztlicher Behandlung unterziehen muss.
- Eigene Gefährdung durch ungünstige Witterung (durchnässte Kleidung bei strenger Kälte mit Gefahr der Erkrankung und Unterkühlung).
- Erfüllung der Hilfspflicht nach § 323c StGB, wenn der Unfallbeteiligte andere Unfallverletzte zum Arzt, ins Krankenhaus oder nach Hause bringt.
- Verfolgung des flüchtigen anderen Unfallbeteiligten.
- Erfolgloses Hinterherfahren eines Unfallbeteiligten hinter einem anderen Unfallbeteiligten, um ihn einzuholen.
- Herbeiholen von Hilfe.

- ▸ Entschuldigungsgründe § 35 StGB
  - Wer z.B. sich am Unfallort ernstlich bedroht sieht, an der Unfallstelle erheblichen Gesundheitsgefährdungen ausgesetzt ist.

Beispiele:

- Verursacher wird am Unfallort vom Geschädigten bedroht.
- VT begleitet eine ihm nahestehende Person aus menschlichen Gründen, aufgrund der Schwere der Verletzung, im Rettungsdienstfahrzeug auf der Fahrt vom Unfallort zum Krankenhaus oder
- wegen Schockeinwirkung oder kurzer Bewusstseinsstörung angesichts der Unfallfolgen die Unfallstelle verlässt.

(3) Der Verpflichtung, die Feststellungen nachträglich zu ermöglichen, genügt der Unfallbeteiligte, wenn er den Berechtigten (Abs. 1 Nr. 1) oder einer nahe gelegenen Polizeidienststelle mitteilt, dass er an dem Unfall beteiligt gewesen ist, und wenn er seine Anschrift, seinen Aufenthalt sowie das Kennzeichen und den Standort seines Fzg angibt und dieses zu unverzüglichen Feststellungen für eine ihm zumutbare Zeit zur Verfügung hält. Dies gilt nicht, wenn er durch sein Verhalten die Feststellungen absichtlich vereitelt.

Hinweise:

- Feststellungen sind analog zu Abs. 1 zu sehen.
  - Angaben zu Person, Fzg, Art der Beteiligung.
  - Zusätzlich seinen jetzigen Aufenthaltsort, inkl. Fzg,
- An den Berechtigten selbst, weil ihm dieser persönlich bekannt ist oder die Polizei zu nennen.
- Voraussetzung ist das aktive Handeln des Verursachers.
  - Es genügt nicht einen Zettel, Visitenkarte am beschädigten Fzg zu hinterlassen.
- Die Aufhebung der Strafbarkeit gilt nicht, wenn der Verursacher versucht die Feststellungen zu vereiteln.

  Beispiele:
  - Spuren werden beseitigt.
  - Zeugen werden beeinflusst.
  - Diebstahl des Kfz wird vorgetäuscht.
  - Zusätzlichen Alkohol zu sich nehmen (Nachtrunk).

(4) Das Gericht mildert in den Fällen der Absätze 1 und 2 die Strafe (§ 49 Abs. 1) oder kann von Strafe nach diesen Vorschriften absehen, wenn der Unfallbeteiligte innerhalb von vierundzwanzig Stunden nach einem Unfall außerhalb des fließenden Verkehrs, der ausschließlich nicht bedeutenden Sachschaden zur Folge hat, freiwillig die Feststellungen nachträglich ermöglicht (Absatz 3).

(5) Unfallbeteiligter ist jeder, dessen Verhalten nach den Umständen zur Verursachung des Unfalls beigetragen haben kann.

Hinweise:

- Unfälle nach Abs. 4 sind kleinere „Parkrempler“, die einen Großteil der Fluchtunfälle darstellen.
- Die mit den Worten „ausschließlich nicht bedeutenden Sachschaden“ angesprochene Wertgrenze ist im Gleichklang mit § 69

Abs. 2 Nr. 3 StGB und liegt zurzeit bei Schäden ab 2500 Euro (Stand 08/2018).

- Polizei hat keine Entscheidungsbefugnis, sondern ermittelt die notwendigen Fakten zur Entscheidungshilfe für das Gericht. Dieser Grundsatz ist bei § 142 StGB immer zu beachten.
- Subjektiver Tatbestand:
  - Tatfrage: Hat der Beteiligte den VU bemerkt?
  - Keine Bestrafung nach § 142 StGB, mangels Vorsatzes, wenn der Beteiligte den Unfall nicht bemerkt und erst nachträglich über den Unfall informiert wurde (keine Rückkehr, aber nachträgliche Feststellungen ermöglichen).
  - Es ist davon auszugehen, dass ein Pkw-Fahrer einen Zusammenstoß immer bemerkt.
  - Streift ein Lkw-Fahrer ein anderes Fzg mit dem Auflieger, so muss dies nicht zwingend der Fall sein.
  - Wird ein VT, der den VU nicht bemerkt hat, nach vollendetem Entfernen darauf aufmerksam, so besteht keine Pflicht zurückzukehren – er hat sich straffrei entfernt.

8.4 § 240 Nötigung

(1) Wer einen Menschen rechtswidrig mit Gewalt oder durch Drohung mit einem empfindlichen Übel zu einer Handlung, Duldung oder Unterlassung nötigt, wird mit Freiheitsstrafe bis zu drei Jahren oder mit Geldstrafe bestraft.

Hinweise:

- Gewalt i.S.d. Abs. 1 ist nur gegeben, wenn Behinderungen bzw. Gefährdungen von einigem Gewicht gegeben sind. Reine psychische Gewalt genügt grundsätzlich nicht mehr.
- Nötigung z.B. durch Zuparken eines Parkplatzes ist ebenfalls möglich.
- Zu dichtes Auffahren auf den Vordermann, um diesen zum Verlassen der Überholspur zu zwingen, kann Nötigung sein.

- Zu beachten sind immer folgende Merkmale:
  - Dauer (Wegstrecke des Hinterherfahrens)
  - Gefahrene Geschwindigkeit Abstand zum Vordermann.
  - Werden zusätzlich Lichthupe bzw. Hupe benutzt.
- Urteile zur Nötigung:
  - Zusammengefasst heißt dies, wer mit 100 bis 130 km/h auf einer Strecke von mehreren 100 m bis 2 – 3 km, mehrmals dicht auffährt und einen Abstand zwischen 2 bis 5 m einhält, handelt tatbestandsmäßig (Einzelfallprüfung).
  - Wird dichtes Auffahren mittels Lichthupe oder/und Hupe zusätzlich unterstützt, sollte dies dokumentiert werden.
  - Keine Nötigung, sondern nur eine OWi nach der StVO, wenn bei einer Strecke unter 100 m dicht aufgefahren wird (2 bis 5 Meter).
  - Abbremsen, bzw. Ausbremsen bis zum Stillstand.
  - Nachfolgender wird ebenfalls zum Anhalten gezwungen und hat keine Möglichkeit an dem Vordermann vorbeizufahren oder zu überholen.
  - Schneiden anderer VT, um nach dem Überholen den anderen zu maßregeln, ihm also seinen eigenen Willen aufzuzwingen.
  - Ausscheren nach links, um ein Überholen zu verhindern.
  - Starke Reduzierung der Geschwindigkeit über längere Strecke, um den anderen zu maßregeln.
- Beachte jedoch Gefährdung des Straßenverkehrs nach § 315c StGB durch falsches Überholen.
- Beachte § 315b StGB, wenn die Tat einen verkehrsfeindlichen Inneneingriff darstellt.

(2) Rechtswidrig ist die Tat, wenn die Anwendung der Gewalt oder die Androhung des Übels zu dem angestrebten Zweck als verwerflich anzusehen ist.

Hinweise:

- Nötigung fordert die Verwerflichkeit der Handlung, um den bestimmten Erfolg zu erreichen (Zweck-Mittel-Relation).
- Liegt ein Rechtfertigungsgrund vor, so ist die Nötigung nicht rechtswidrig
  - Ist das Nötigungsmittel verwerflich? Keine Verwerflichkeit, wenn der Fzg-Führer langsam auf den Fußgänger zufährt, mehrmals anhält, um der Person die Chance zu geben, beiseitezutreten.
  - Würdigung der Kombination beider o.g. Merkmale.

(3) Der Versuch ist strafbar.

8.5 § 243 Besonders schwerer Fall des Diebstahls

(1) In besonders schweren Fällen wird der Diebstahl mit Freiheitsstrafe von drei Monaten bis zu zehn Jahren bestraft. Ein besonders schwerer Fall liegt in der Regel vor, wenn der Täter

1. *zur Ausführung der Tat in ein Gebäude, einen Dienst- oder Geschäftsraum oder in einen anderen umschlossenen Raum einbricht, einsteigt, mit einem falschen Schlüssel oder einem anderen nicht zur ordnungsmäßigen Öffnung bestimmten Werkzeug eindringt oder sich in dem Raum verborgen hält,*

Hinweise:

- Fahrgastraum des Pkw ist umschlossener Raum i.S.d. Nr. 1.
- Aufhebeln des Schiebedaches oder Einschlagen der Scheiben, ist Einbruch nach Nr. 1.

2. *eine Sache stiehlt, die durch ein verschlossenes Behältnis oder eine andere Schutzvorrichtung gegen Wegnahme besonders gesichert ist.*

Hinweise:

- Wer die verriegelte Motorhaube,
- den Tankdeckel,
- den Kofferraum,
- das abgeschlossene Handschuhfach aufbricht,
  stiehlt eine Sache, die durch ein verschlossenes Behältnis gesichert ist.
- Lenkradsperre,
- verriegelte Motorhaube,
- Radmuttern, die die Räder besonders sichern, gelten letztere als Schutzvorrichtung i.S.d. Nr. 2.
- Sind die Räder nur mit normalen Radmuttern gesichert, ist es ein Diebstahl nach § 242 StGB.

8.6 § 267 Urkundenfälschung

(1) Wer zur Täuschung im Rechtsverkehr eine unechte Urkunde herstellt, eine echte Urkunde verfälscht oder eine unechte oder verfälschte Urkunde gebraucht, wird mit Freiheitsstrafe bis zu fünf Jahren oder mit Geldstrafe bestraft.

Hinweise:

- Tathandlungen des § 267 sind
  - das Herstellen einer unechten Urkunde,
  - das Verfälschen einer echten Urkunde oder
  - der Gebrauch einer unechten oder verfälschten Urkunde.
- Der bloße Diagrammteil des Schaublatts eines Kontrollgeräts stellt noch keine Urkunde dar, da es an der Gedankenerklärung fehlt. Erst durch die Eintragung der Personalien wird das Schaublatt zur zusammengesetzten Urkunde und kann dann auf nachfolgende Weise strafbar sein:

- Eintragung eines falschen Namens auf dem Schaublatt, sofern über den Aussteller getäuscht wird (unechte Urkunde).
- Fahrer fährt mit zwei Schaublättern und täuscht einen zweiten Fahrer vor, indem er auf dem zweiten Schaublatt einen anderen Namen einträgt (unechte Urkunde).
- Ändern der Personalien des Schaublattes eines Anderen (verfälschen).
- Vorzeigen einer der o.g. Varianten bei einer Kontrolle.

▸ Nicht verwirklicht wird der Tatbestand hingegen, wenn nur falsche Kilometerstände auf dem Schaublatt eingetragen werden (schriftliche Lüge) oder das Kontrollgerät mit zwei Schaublättern betrieben wird, die beide auf den Namen des Fahrers ausgestellt oder überhaupt nicht beschriftet sind.

▸ Bei der Nutzung des digitalen Kontrollgeräts entsteht vorerst keine Urkunde. Erst durch den Ausdruck am Kontrollgerät entsteht eine Urkunde, die eine Urkundenfälschung darstellen kann, sofern über den Aussteller getäuscht wird:

  - Es wird mit einer gefälschten Fahrerkarte gefahren und somit auf dem Ausdruck durch den falschen Namen über den Aussteller getäuscht.

8.7 § 268 Fälschung technischer Aufzeichnungen

(1) Wer zur Täuschung im Rechtsverkehr

1. *eine unechte technische Aufzeichnung herstellt oder eine technische Aufzeichnung verfälscht oder*
2. *eine unechte oder verfälschte technische Aufzeichnung gebraucht,*

wird mit Freiheitsstrafe bis zu fünf Jahren oder mit Geldstrafe bestraft.

(2) Technische Aufzeichnung ist eine Darstellung von Daten, Mess- oder Rechenwerten, Zuständen oder Geschehensabläufen, die durch ein technisches Gerät ganz oder z.T. selbsttätig bewirkt wird, den

Gegenstand der Aufzeichnung allgemein oder für Eingeweihte erkennen lässt und zum Beweis einer rechtlich erheblichen Tatsache bestimmt ist, gleichviel ob ihr die Bestimmung schon bei der Herstellung oder erst später gegeben wird.

(3) Der Herstellung einer unechten technischen Aufzeichnung steht es gleich, wenn der Täter durch störende Einwirkung auf den Aufzeichnungsvorgang das Ergebnis der Aufzeichnung beeinflusst.

Hinweise:

- Tatbestand kann nur mit dem mechanischen Kontrollgerät bzw. mit dessen Schaublättern verwirklicht werden, da Urkunden vorliegen müssen.
  - Dies ist bei den elektronisch gespeicherten Daten des digitalen Kontrollgeräts nicht der Fall, da sie nicht körperlich vom Gerät abgetrennt werden können oder im Falle eines Ausdruckes keine Informationen erzeugen, sondern diese nur vom Speicher wiedergeben (siehe § 269 StGB).
- Verwirklicht werden kann der objektive Tatbestand i.d.R. durch Abs. 3, welcher die störende Einwirkung auf den Aufzeichnungsvorgang zur Beeinflussung des Ergebnisses erfasst und dies der Herstellung einer unechten technischen Aufzeichnung gleichstellt. Mit anderen Worten: die Manipulation.
- Hergestellt wird die unechte technische Aufzeichnung durch Ingangsetzen des Fahrzeugs.
- Nachfolgend sind einige Beispiele der Manipulation aufgelistet:
  - Schaumgummistück zur Begrenzung der Geschwindigkeitsaufzeichnung
  - Verbiegen des Schreibstiftes, sodass Aufzeichnung unter der Nulllinie beginnt
  - Verändern der Vorspannung der Tachonadel
  - Verstellen der Geräteuhr
  - Aufzeichnung verfälscht durch falsches Schaublatt (100 km/h statt 125 km/h)

- Eine Strafbarkeit ist nicht gegeben, wenn von vornherein keine Aufzeichnung stattfindet, weil der Fahrer z.B. kein Schaublatt eingelegt oder den Gerätedeckel geöffnet hat. Dennoch kommt eine Ahndung der Ordnungswidrigkeit in Betracht.

8.8 § 269 Fälschung beweiserheblicher Daten

(1) Wer zur Täuschung im Rechtsverkehr beweiserhebliche Daten so speichert oder verändert, dass bei ihrer Wahrnehmung eine unechte oder verfälschte Urkunde vorliegen würde, oder derart gespeicherte oder veränderte Daten gebraucht, wird mit Freiheitsstrafe bis zu fünf Jahren oder mit Geldstrafe bestraft.

Hinweise:

- Nachdem § 268 StGB nicht für digitale Kontrollgeräte angewendet werden kann, ist § 269 StGB anzuwenden.
- Tathandlung ist das Speichern oder Verändern beweiserheblicher Daten, sodass eine falsche „Urkunde" entsteht.
- Urkunde in diesem Fall sinngemäß zum § 267 StGB, allerdings ohne das Merkmal der Körperlichkeit.
- Dieser Tatbestand wird zumeist durch eine der folgenden Tathandlungen verwirklicht:
  - Fahrer fährt ohne Fahrerkarte im Gerät und trägt im Nachhinein manuell eine andere Zeitgruppe (z.B. Ruhezeit) ein.
  - Fahren mit fremder Fahrerkarte.
  - Manipulation durch den Einsatz eines Magneten.

8.9 § 281 Missbrauch von Ausweispapieren

(1) Wer ein Ausweispapier, das für einen anderen ausgestellt ist, zur Täuschung im Rechtsverkehr gebraucht, oder wer zur Täuschung im Rechtsverkehr einem anderen ein Ausweispapier überlässt, das nicht für diesen ausgestellt ist, wird mit Freiheitsstrafe

bis zu einem Jahr oder mit Geldstrafe bestraft. Der Versuch ist strafbar.

(2) Einem Ausweispapier stehen Zeugnisse und andere Urkunden gleich, die im Verkehr als Ausweis verwendet werden.

Hinweise:

- Es geht um eine Identitätstäuschung.
- Ausweispapiere sind z.B. auch Zeugnisse, amtliche Schreiben, Taufscheine, Versicherungskarten, Reisegewerbekarten, Waffenbesitzkarten und Lohnsteuerkarten.
- Ausweispapiere und andere Urkunden sind Papiere, die dem Nachweis persönlicher Verhältnisse oder der Identität dienen sollen und von einer hoheitlichen Stelle ausgestellt sind.
- Der Gebrauch eines Ausweispapiers liegt vor, wenn der Ausweis durch eine andere Person benutzt wird. Im Normalfall erfolgt dies durch Vorzeigen.

Beispiele:
- Bei einer Verkehrskontrolle übergibt Anton den FS seines älteren Bruders an den Polizeibeamten.
- Mit dem Personalausweis meines Freundes erlange ich Zutritt in eine Diskothek.

8.10 § 315b Gefährliche Eingriffe in den Straßenverkehr

(1) Wer die Sicherheit des Straßenverkehrs dadurch beeinträchtigt, dass er

1. Anlagen oder Fzg zerstört, beschädigt oder beseitigt,

2. Hindernisse bereitet oder

3. einen ähnlichen, ebenso gefährlichen Eingriff vornimmt,

und dadurch Leib oder Leben eines anderen Menschen oder fremde Sachen von bedeutendem Wert gefährdet, wird mit Freiheitsstrafe bis zu fünf Jahren oder mit Geldstrafe bestraft.

Hinweise:

- § 315b StGB schützt den Straßenverkehr und auch Fußgänger auf Gehwegen vor verkehrsfeindlichen Außen- und Inneneingriffen.
- Wie bei § 315c StGB genügt es, wenn der Ausgangspunkt des Geschehens im öffentlichen Verkehrsraum liegt. Das schädigende Ereignis kann außerhalb des öffentlichen Verkehrsraums liegen, wenn der Täter z.B. den anderen VT im öffentlichen Verkehrsraum mit seinem Fahrzeug verfolgt und dieses zweckentfremdet als Waffe einsetzt, ihn dann aber erst auf seinem Grundstück stellen kann und ihn verletzt.
- Anlagen sind alle dem Verkehr und seiner Sicherung dienenden Einrichtungen
  - Straße selbst
  - Brücken
  - Verkehrszeichen
  - Lichtzeichenanlagen
  - Straßenbeleuchtung
- Hindernis wird bereitet, wenn sich ein körperlicher Gegenstand auf der Straße befindet, der dazu geeignet ist, den reibungslosen Verkehrsablauf zu hemmen oder zu verzögern. Hindernisse sind alle körperlichen Gegenstände, die sich auf der Straße befinden. Darunter fallen auch Verschmutzungen und Benetzungen der Fahrbahn.
- Ein ebenso gefährlicher Eingriff liegt dann vor, wenn er in seiner Art und Gefährlichkeit der Nr. 1 oder 2 ähnlich ist, aber nicht gänzlich diesen entspricht.

Beispiele Außeneingriff mit konkreter Gefährdungslage (Anlagen beschädigt, entfernt oder zerstört):

- Entfernen von Vorfahrtszeichen
- Entfernen eines Gullydeckels
- Entfernen von Leitpfosten
- Entfernen von Richtungstafeln in Kurven

  - Entfernen oder Zerstören einer LZA
  - Verschmutzen eines Signals oder der Sicherungseinrichtung einer Baustelle
- Fzg beschädigt, entfernt oder zerstört:
  - Beschädigung wesentlicher Teile eines Pkw, wie Bremsschläuche
  - Lockern von Radmuttern
  - Sperren des Gaspedals
  - Blockieren der Lenkung

Beispiele Außeneingriff mit konkreter Gefährdungslage (Hindernisse bereiten):
- auf einem Radweg quer zur Fahrtrichtung Drähte spannt,
- von einer BAB-Brücke dicke Holzscheite auf die Fahrbahn wirft, um ein herannahendes Kfz zum Bremsen zu zwingen,
- Telegrafenstange quer über die Fahrbahn legen,
- Kurve mit Öl verschmiert,
- heruntergefallene Teile seiner Ladung bewusst nicht entfernt,
- als Verursacher einer Öl- oder Benzinspur sich nicht um deren Beseitigung kümmert,
- verlorenen Ersatzreifen nicht entfernt.

▸ Inneneingriff mit bedingtem Schädigungsvorsatz:
- Vorgänge, bei denen der Täter sein Fzg zweckentfremdet, also nicht als Fortbewegungsmittel, sondern als Waffe einsetzt oder Verkehrsvorgänge zweckentfremdet zur Gefährdung anderer VT einsetzt.
- Es ist jedoch erforderlich, dass der Täter mit Schädigungsvorsatz handelt. Verlangt wird zumindest bedingter Schädigungsvorsatz (Eventualvorsatz).
- Kfz fällt nur dann unter die Vorschrift, wenn es bewusst zweckwidrig verkehrsfeindlich eingesetzt und zu einem Eingriff gem. Abs. 1 Nr. 1, 2 oder 3 missbraucht wird.
- Wer im fließenden Verkehr mit seinem Kfz einem anderen VT den Weg abschneidet, ohne durch die Verkehrslage irgendwie dazu veranlasst zu sein und um dem anderen die Weiterfahrt unmöglich zu machen, bereitet ein Hindernis im Sinne von § 315b Abs. 1 Nr. 2 StGB.

Beispiele Inneneingriff mit bedingtem Schädigungsvorsatz:

- Wer seinen Pkw als Sperre querstellt, um die Weiterfahrt eines anderen zu verhindern und die Beifahrertüre öffnet,
- Den Gehweg blockiert, um den Fußgänger zur Rede zu stellen,
- Als Verantwortlicher eine Baugrube nicht ausreichend sichert,
- Im fließenden Verkehr mit seinem Pkw einem anderen absichtlich den Weg abschneidet, um diesem die Weiterfahrt zu verhindern,
- Mit dem Fahrzeug auf den Gehweg fährt, um einem Fußgänger das Weitergehen unmöglich zu machen,
- Einen anderen auf die Fahrbahn stößt, sodass ein nahendes Fzg zur Vollbremsung gezwungen wird,
- Absichtlich scharf abbremst, um einen Auffahrunfall zu verursachen/provozieren.
- Die Fahrertür öffnet, um Radfahrer auffahren zu lassen

handelt tatbestandsmäßig nach der Nr. 2, wenn der kausale Erfolg eintritt.

- Bei der Verfolgung Flüchtiger oder anderer VT während einer Verfolgungsfahrt wurden „Schneiden", absichtliches Verbleiben auf dem linken Fahrstreifen, Ausschermanöver als Hindernisbereiten bejaht, soweit dies geschah, um die Verfolgung durch die Polizei zu erschweren und eine Gefährdung kausale Folge war.

▶ Ist kein Schädigungsvorsatz gegeben oder nachweisbar, liegt „nur" eine Nötigung nach § 240 StGB vor.

▶ Ähnlicher Eingriff (Auffangtatbestand):

Beispiele Außeneingriff mit konkreter Gefährdungslage:

- Täter verdeckt die LZA mit einem Sack, die Signalgebung ist nicht mehr erkennbar. Die Wirkung entspricht damit dem Ergebnis einer Zerstörung, Beschädigung oder Beseitigung.
- Gefüllte Getränkedose auf vorbeifahrende Fzg werfen.
- Bedrohen mit einer Schusswaffe beim Fahren.
- Schießen mit einer Schrotflinte auf den mit hoher Geschwindigkeit den Täter verfolgenden Streifenwagen der Polizei, damit die Beamten die Verfolgung aufgeben.

- Abziehen des Zündschlüssels eines fahrenden Pkw durch den Mitfahrer, wenn dadurch die Lenkradsperre einrastet und der Fahrer auf ein parkendes Fzg auffährt.
- Werfen von Gegenständen von Autobahnbrücken auf fahrende Fzg.
- Ausstreuen von Nägeln, um einen Verfolger abzuschütteln.
- Täter blendet vom Gehweg oder von einer Brücke aus mit einem Laserpointer einen vorbeifahrenden Pkw-Fahrer.

Beispiele Inneneingriff mit bedingtem Schädigungsvorsatz:
- Absichtliches Rammen eines anderen Pkw (z.B. mit einem Lkw).
- Absichtlich scharfes Abbremsen, um einen Auffahrunfall zu verursachen/provozieren.
- Als Verantwortlicher eine Baugrube nicht ausreichend sichern.
- Gefährlicher Eingriff ist gezieltes Losfahren auf einen Polizeibeamten oder einen Fußgänger in Verletzungsabsicht oder mit dem Ziel, dass diese sofort den Weg freimachen oder zur Seite springen.

▸ Aber nicht in jedem Fall ist das Zufahren auf Polizeibeamte oder Fußgänger ein gefährlicher Eingriff im Sinne des § 315b StGB.

  - Ein gefährlicher Angriff wird z.B. verneint, wenn mit langsamer Geschwindigkeit auf Polizeibeamte oder Fußgänger zugefahren wird, die sich dem Kraftfahrer in den Weg stellen, um ihn aufzuhalten, und der Kraftfahrer nicht die Absicht hat, den Polizeibeamten oder den Fußgänger in ernste Gefahr zu bringen, sondern sie nur zwingen will, beiseite zugehen und eine Verletzungsabsicht nicht nachgewiesen werden kann.
  - Allerdings erfüllt das vorsätzliche Anfahren einer Person in Verletzungsabsicht auch bei geringer Geschwindigkeit (20 km/h) den Tatbestand der Nr. 3, selbst wenn diese noch hätte beiseitetreten können.

▸ Fährt ein Kraftfahrer an dem Polizeibeamten vorbei, ohne diesen durch das Zufahren zu zwingen, die Straße freizugeben, sondern um zu flüchten, liegt kein gefährlicher Eingriff vor.

▸ Unbedingte Voraussetzung für einen Inneneingriff ist der zumindest bedingte Schädigungsvorsatz.

- Vorsatz zur bloßen Gefährdung, wie beim normalen Eingriff von außen, reicht nicht aus. Dem Täter muss es auf die Schädigung/Verletzung ankommen.
- Beeinträchtigung der Sicherheit des Straßenverkehrs
  - Die Sicherheit des Straßenverkehrs ist nur beeinträchtigt, wenn durch die in den Absätzen 1 Nr. 1 bis 3 genannten Verhaltensweisen für andere VT eine gefahrlose Teilnahme am Straßenverkehr nicht mehr möglich ist. Wenn also die normale abstrakte Gefahr so gesteigert wurde, dass konkrete Gefahren deutlich wahrscheinlicher sind. Um den Tatbestand zu erfüllen, muss zur Tathandlung die konkrete Gefährdung eines anderen Menschen oder fremder Sachen von bedeutendem Wert als Folge („und dadurch") der Beeinträchtigung der Sicherheit des Straßenverkehrs hinzukommen.
- Konkrete Gefährdung
  - 315b StGB ist ein konkretes Gefährdungsdelikt. Es muss durch die beschriebene Tathandlung eine konkrete Gefährdung für Leib oder Leben anderer Menschen oder für Sachen von bedeutendem Wert eintreten.
  - Eine konkrete Gefahr ist demnach dann anzunehmen, wenn die Sicherheit einer bestimmten Person oder einer Sache von bedeutendem Wert durch das Verhalten des Täters so stark beeinträchtigt ist, dass es nur noch vom Zufall abhängt, ob die Rechtsgutverletzung eintritt oder nicht. Es muss eine Gefahr vorliegen, die auf einen unmittelbar bevorstehenden Unfall hindeutet „Beinaheunfall".
- Bedeutender Wert
  - Während die Gefährdung der körperlichen Unversehrtheit immer geeignet ist, den Tatbestand der Verkehrsgefährdung zu erfüllen, ist es bei einer fremden Sache erforderlich, dass sie einen bedeutenden Wert hat. Nach der heutigen Rechtsprechung (BGH) liegt der bedeutende Wert einer Sache bei ca. 750 Euro.

- Tipps für die Ermittlungen
  - Wurde das Fahrzeug zu einem Eingriff in den Straßenverkehr missbraucht?
  - Hat der Täter das Fahrzeug zweckwidrig und in verkehrsfeindlicher Absicht eingesetzt?
  - Ist die Tathandlung nach ihrem äußeren Erscheinungsbild mit den Handlungen aus den Nummern 1 und 2 vergleichbar? Eine solche Ähnlichkeit ist bei gezieltem Zufahren auf einen anderen Verkehrsteilnehmer zu bejahen.
  - Ist der „ähnliche Eingriff" auch ebenso gefährlich wie die Eingriffe aus Absatz 1 Nr. 1 und 2 (in der Regel bei grober Einwirkung von einigem Gewicht)?
  - Ist der Eingriff geeignet, die Sicherheit des Straßenverkehrs zu beeinträchtigen? Bestand eine konkrete Gefahr?
  - Ist als Folge der Tathandlung und genereller Beeinträchtigung der Verkehrssicherheit eine konkrete Individualgefahr für Leib oder Leben eines anderen Menschen oder fremde Sachen von bedeutendem Wert eingetreten?

(2) Der Versuch ist strafbar.

(3) Handelt der Täter unter den Voraussetzungen des § 315 Abs. 3, so ist die Strafe Freiheitsstrafe von einem Jahr bis zu zehn Jahren, in minder schweren Fällen Freiheitsstrafe von sechs Monaten bis zu fünf Jahren.

Hinweise:

- Abs. 3 ist eine Qualifizierung des Tatbestandes aus Abs. 1 (Verbrechen). Absichtliches Handeln, um einen bestimmten Erfolg zu erreichen; dem Täter kommt es gerade auf den Schaden an (provozierte VU).
- Unglücksfall ist noch über der bloßen Individualgefahr des Grundtatbestands anzusiedeln.
- Unglücksfall ist ein plötzliches Ereignis mit Schadensfolge für Menschen oder Sachen.

- Straftat wird verdeckt oder ermöglicht bei
  - provozierten VU mit Motiv der Schadenregulierung (Versicherungsbetrug).

(4) Wer in den Fällen des Abs. 1 die Gefahr fahrlässig verursacht, wird mit Freiheitsstrafe bis zu drei Jahren oder mit Geldstrafe bestraft.

(5) Wer in den Fällen des Abs. 1 fahrlässig handelt und die Gefahr fahrlässig verursacht, wird mit Freiheitsstrafe bis zu zwei Jahren oder mit Geldstrafe bestraft.

8.11 § 315c Gefährdung des Straßenverkehrs

(1) Wer im Straßenverkehr

1. ein Fzg führt, obwohl er

a) infolge des Genusses alkoholischer Getränke oder anderer berauschender Mittel oder

Hinweise:

- Kausalitätsprüfung im doppelten Sinne
  - Infolge des Genusses alkoholischer Getränke oder anderer berauschender Mittel oder körperlicher oder geistiger Mängel muss der Täter fahrunsicher sein **(1. Kausalität)** und durch die aus obigen Gründen bedingte Fahrunsicherheit muss die Gefährdung herbeigeführt worden sein **(2. Kausalität).**
- Erläuterung am Beispiel Alkohol/Rauschmittel
  - „Dadurch“, d.h. durch die alkohol- oder rauschmittelbedingte Fahrunsicherheit muss die Gefährdung erfolgt sein.
  - Ursächlichkeit der Trunkenheit für die Gefährdung liegt vor, wenn der Täter in nüchternem Zustand bei sonst gleichen Umständen den Unfall bzw. die Gefahr vermieden hätte.
  - Entscheidend für diese Beurteilung ist, dass der Fahrer einen alkohol- oder rauschmitteltypischen Fahrfehler begeht.

- Die Fragestellung bei den Ermittlungen muss lauten:
  - Hätte der Fahrer den Unfall in nüchternem Zustand vermeiden können?
  - Hat er infolge Fahrunsicherheit zu spät oder falsch reagiert?
  - Hat die infolge Alkohols enthemmte Fahrweise zu der gefährlichen Situation geführt?
- Relativ fahrunsicher:
  - Führer von Kfz und Fzg-Führer (Radfahrer) mit Tatzeit-BAK ab 0,3 ‰, jeweils mit weiteren alkoholbedingten Ausfallerscheinungen.
  - Insbesondere schwere und grobe Fahrfehler sind von Bedeutung.
  - Andere beim Fahrer festgestellte Anzeichen können auch ausreichen (schwankender Gang bis hin zum Umfallen, verwaschene Aussprache, Festhalten müssen, Pupillenreaktion bei Drogen).
  - Es muss immer festgestellt werden, ob dem Fahrer, wäre er nüchtern, drogen- oder medikamentenfrei gewesen, dieser Fehler nicht unterlaufen wäre.
- Bei Drogen- und Medikamenteneinfluss gibt es keine absolute FU. Es kann nur relative FU vorliegen.
- Werden Drogen im Körper nachgewiesen ohne Ausfallerscheinungen, liegt § 24a StVG vor.
- Kommen Ausfallerscheinungen hinzu, wird nach § 316 StGB angezeigt.
- Rauschmittelhaltige Medikamente fallen auch unter den Begriff der Drogen.
- Insbesondere alkoholhaltige und opiathaltige Mittel sind damit gemeint.
- Absolut fahruntüchtig:
  - Kfz-Führer ab 1,1 ‰, bei Radfahrern ab 1,6 ‰.

- Täter darf ab Beschlagnahme oder Inverwahrungnahme des FS kein Kfz mehr führen.

b) *infolge geistiger oder körperlicher Mängel nicht in der Lage ist, das Fzg sicher zu führen, oder*

Hinweise:

- Zum Tatbestand gehören geistige Mängel wie
  - Bewusstseinsstörungen
  - verminderte Konzentrationsfähigkeit
  - verminderte Reaktionsfähigkeit und
- körperliche Mängel wie
  - Unwohlsein
  - Kurzsichtigkeit
  - Fehlen von Gliedmaßen
  - Gipsbein/-arm
  - Übermüdung, die in der Praxis eine große Rolle spielt.
- Übermüdung ist vorwerfbar, wenn der Fahrer diese bei sorgfältiger Selbstbeobachtung hätte bemerken oder mit ihrem Eintritt hätte rechnen müssen.
  - Kraftfahrer muss vor Fahrtantritt seine Fahrtüchtigkeit gewissenhaft überprüfen und auf Ermüdungserscheinungen sorgfältig achten.
  - So muss er bei langer Fahrdauer (Urlaubsreise) rechtzeitig eine Pause einlegen, notfalls die Fahrt für mehrere Stunden unterbrechen.

2. *grob verkehrswidrig und rücksichtslos*

   a) *die Vorfahrt nicht beachtet,*
   b) *falsch überholt oder sonst bei Überholvorgängen falsch fährt,*
   c) *an Fußgängerüberwegen falsch fährt,*
   d) *an unübersichtlichen Stellen, an Straßenkreuzungen, Straßeneinmündungen oder Bahnübergängen zu schnell fährt,*
   e) *an unübersichtlichen Stellen nicht die rechte Seite der Fahrbahn einhält,*

f) auf Autobahnen oder Kraftfahrstraßen wendet, rückwärts oder entgegen der Fahrtrichtung fährt oder dies versucht oder
g) haltende oder liegengebliebene Fzg nicht auf ausreichende Entfernung kenntlich macht, obwohl das zur Sicherung des Verkehrs erforderlich ist,

- Fahrweise muss immer grob verkehrswidrig und rücksichtslos sein.
  - Grob verkehrswidrig ist ein besonders gefährliches Abweichen vom pflichtgemäßen Verhalten, durch welches die Verkehrssicherheit besonders schwer beeinträchtigt wird.
  - Rücksichtslos handelt, wer sich im Straßenverkehr aus eigensüchtigen Gründen über seine Pflichten hinwegsetzt oder aus Gleichgültigkeit von vornherein keine Bedenken gegen sein Fahrverhalten aufkommen lässt und unbekümmert drauflosfährt.
- Eigensüchtigkeit kann bejaht werden, wenn der Beschuldigte sich gegenüber einem anderen VT einen Vorteil verschaffen will. Ein Indiz dafür ist z.B., wenn der Fahrer es eilig hat oder aus Gleichgültigkeit, Leichtsinn oder mangelndem Verantwortungsgefühl jede Rücksichtnahme auf andere VT außer Acht lässt.
- Gleichgültigkeit: Zur Abgrenzung eines Augenblickversagens zur Gleichgültigkeit seiner Fahrweise muss festgestellt werden, wie viel Zeit dem Fahrer blieb, sich über sein Fahrverhalten Gedanken zu machen. Unter einem „Augenblicksversagen" kann nur ein sehr kurzfristiges Fehlverhalten bzw. Außerachtlassen der unter den gegebenen Umständen gebotenen Sorgfalt verstanden werden. Ausgangspunkt ist dabei die Verkehrslage zur Tatzeit und das Fahrverhalten des Täters in dieser Verkehrslage.
- Auch Fahrverstöße während der Fahrt, die vor der eigentlichen Gefährdung begangen wurden, können als Beweisanzeichen für die Gleichgültigkeit herangezogen werden.
- Vorsatz: Wer aus eigensüchtigen Gründen, insbesondere um seines ungehinderten Vorwärtskommens wegen, sich bewusst über seine Pflichten gegenüber anderen VT hinwegsetzt und einen verkehrswidrigen Erfolg billigend in Kauf nimmt.

- Bewusste Fahrlässigkeit liegt vor, wenn sich dieser zwar seiner Pflichten als VT bewusst ist, sich aber aus eigensüchtigen Gründen darüber hinwegsetzt, um beispielsweise schneller voranzukommen; mag er auch darauf vertrauen, dass es zu einer Beeinträchtigung anderer Personen nicht kommen werde.

Beispiele für grobe Verstöße:
- Lkw (7,5 t zG) überholt in einer unübersichtlichen S-Kurve einen langsam fahrenden Traktor.
- Überschreitung der zulässigen Höchstgeschwindigkeit um das Doppelte.
- Fahrstreifenwechsel auf der BAB von links nach rechts, um noch eine Ausfahrt zu erreichen, und dabei wird ein anderes Fzg geschnitten.
- Zu schnelles Heranfahren an einen Fußgängerüberweg; hier mit 40 km/h.
- Rechtsüberholen auf BAB mit gleichzeitigem plötzlichem Einscheren nach links und starkem Bremsen.
- Überholen in unübersehbarer Rechts-/Linkskurve.
- Einfahren von einem Autobahnparkplatz auf die durchgehende Fahrbahn unter Missachtung der Vorfahrt des durchgehenden Verkehrs.
- Überholen eines wartenden Fzg am Fußgängerüberweg.

Beispiele für rücksichtsloses Verhalten:
- Nach einem Überholvorgang wird der Überholte geschnitten, um ihm einen „Denkzettel" zu verpassen.
- Fahrstreifenwechsel auf der BAB von links nach rechts, um noch eine Ausfahrt zu erreichen und dabei wird ein anderes Fzg geschnitten.
- Zu schnelles Heranfahren an einen Fußgängerüberweg, obwohl die Sicht auf den Überweg teilweise durch andere Fzg beeinträchtigt ist.
- Mehrfachüberholen/(springendes) Überholen.
- Überholen unmittelbar vor einer unübersichtlichen Rechtskurve.
- Überholen einer Fzg-Kolonne mit zwischenzeitlichem Einscheren bei zu geringem Sicherheitsabstand.

- Keine Rücksichtslosigkeit liegt vor, wenn
  - der Fahrer Freude am schnellen Fahren hat,
  - die Verkehrslage falsch beurteilt wird, z.B. beim Überholen,

- eine momentane Unaufmerksamkeit (Augenblicksversagen), z.B. durch Ablenkung oder durch das Anzünden einer Zigarette gegeben ist,
- eine Person bestürzt, hochgradig erregt oder andere psychische Ausnahmesituationen gegeben sind (z.B. Todesfall in der Familie, verunfalltes Kind, Kündigung),
- irrtumsbedingte Rotlichtverstöße vorliegen,
- ein einfacher Fahrfehler vorliegt,
- eine betagte Person auf der BAB wendet.

▸ Ansatzpunkte für die Ermittlungen und Dokumentation

- Verkehrssituation vor, während und nach der konkreten Gefährdung (Verkehrslage, Fahrverhalten, Wetter),
- Örtlichkeit (Streckenführung, Fahrbahnbreite und Beschilderung),
- Verhalten der Beteiligten (Wettfahrten, aggressives Fahrverhalten, Drängeln),
- Spuren/Folgen der Gefährdung,
- Vernehmung
- Befragen nach subjektiver Einstellung und Beweggründen; gegen Rücksichtslosigkeit sprechen: Bestürzung, Schrecken und lediglich momentane – nachvollziehbare – Unaufmerksamkeit.

a) die Vorfahrt nicht beachtet

Hinweise:

▸ Hier sind nicht nur die speziellen Bestimmungen der §§ 8 und 18 Abs. 3 StVO gemeint, sondern auch alle verwandten, vorfahrtähnlichen Verkehrslagen.

▸ Dies ist immer dann gegeben, wenn sich die Fahrlinien verschiedener Fzg unter Beibehaltung der Fahrweise bedrohlich nahekommen und das Gesetz einem Fzg-Führer den Vorrang einräumt und dem anderen die Wartepflicht auferlegt. In diesen Fällen ist § 315c StGB anwendbar.

- Wer sich als Wartepflichtiger in den nachfolgend genannten Situationen falsch verhält, kann den Tatbestand erfüllen (nicht abschließend):
  - Vorbeifahren (§ 6 StVO)
  - Vorfahrt und Vorfahrt auf BAB (§§ 8, 18 Abs. 3 StVO)
  - Abbiegen (§ 9 Abs. 3 und 4 StVO)
  - Einfahren und Anfahren (§ 10 StVO)
  - Bahnübergänge (§ 19 StVO)
  - KOM im Linienverkehr ist das Abfahren von Haltestellen zu ermöglichen (§ 20 Abs. 5 StVO)
  - Zeichen und Weisungen von Polizeibeamten, Lichtzeichen (§§ 36, 37 StVO)
  - Sonder- und Wegerechte (§§ 35, 38 StVO)
  - Gegenverkehr durchfahren lassen (§ 41 Z 208 StVO)
  - Vorfahrt nicht beachtet (§ 41 Z 205, 206)
- Keine Vorfahrtverletzung i.S.d. § 315c StGB bei Fahrstreifenwechsel nach § 7 Abs. 5 StVO oder zwischen Fzg-Führern und Fußgängern, da die Vorfahrtsregel nur zwischen Fzg-Führern angewendet werden kann.
- Ein verkehrsgerecht fahrender Fahrer orientiert sich an Verkehrszeichen, dem Verhalten anderer VT, Sicht- und Fahrbahnverhältnissen und Fahrgeschwindigkeit.
  - Die Missachtung eines Verkehrszeichens kann aus momentaner Unachtsamkeit (Augenblicksversagen) heraus geschehen.
  - Missachtung mehrerer Denkanstöße hintereinander kann auf eine gleichgültige Einstellung und Nachlässigkeit hinweisen
  - Einzelbeispiel Vorfahrt: 4 VZ mit Hinweis auf Stoppstelle: VZ 100 km/h, VZ 70 km/h, VZ 206 mit Zusatzzeichen 100 m und VZ 206.
- Konkrete Gefährdung droht, wenn nicht mehr beeinflussbare Kräfte so unmittelbar einzuwirken drohen, dass der Schadenseintritt wahrscheinlicher ist als dessen Ausbleiben und mehr oder weniger nur noch vom Zufall abhängt („Beinaheunfall“).

b) falsch überholt oder sonst bei Überholvorgängen falsch fährt

Hinweise:

- Die Vorschrift wendet sich an alle am Überholvorgang Beteiligten: Vorausfahrender, Nachfolgender, Überholender, den Überholten und Entgegenkommenden.
- Überholen ist mit dem Ausscheren nach links vollendet, aber erst beendet, wenn der VT sich wieder nach rechts eingeordnet hat.
- Überholen ist ein Vorbeifahren von hinten nach vorn an einem anderen VT, der sich auf derselben Fahrbahn in dieselbe Richtung bewegt oder verkehrsbedingt wartet.
- Nicht nur Fzg, sondern auch Fußgänger, welche die Fahrbahn benutzen, werden überholt.
- Warten: VT, welche durch die Verkehrslage oder eine Anordnung aufgehalten werden, warten.
- Überholt werden daher auch wartende Fzg, deren Fzg-Führer die Fahrt vor Lichtzeichenanlagen, an Vorfahrtstraßen oder in einem Stau unterbrechen.
- Dies gilt auch bei Bussen und Straßenbahnen, die an einer Haltestelle halten, liegengebliebenen Fzg oder einem Fzg, dass vor einer Toreinfahrt auf die Öffnung des Tores wartet.
- Wer sein Fzg bewusst zum Stillstand bringt, also i.S.d. § 12 StVO hält oder parkt, wird nicht überholt. An diesen Fzg wird gem. § 6 StVO vorbeigefahren.
- Fzg, das mit nur noch ganz geringer Geschwindigkeit zum Anhalten an den Straßenrand heranfährt, wird ebenfalls nicht überholt.
- Überholen beginnt mit dem Ausscheren auf die linke Fahrbahnhälfte oder Überholspur.
- Ist der Überholende schon links gefahren, beginnt das Überholen mit der Verkürzung des Sicherheitsabstandes mit Überholgeschwindigkeit in Überholabsicht.

- Wer zum Zwecke der Prüfung, ob die Verkehrslage ein Überholen zulässt, leicht links versetzt fährt, überholt noch nicht. Dies gilt für alle Fzg, auch für Radfahrer untereinander. Beendet wird der Überholvorgang mit dem Einscheren nach rechts mit genügendem Sicherheitsabstand.
- Falsches Überholen liegt vor, bei (nicht abschließend)
  - Verbotenem Rechtsüberholen (§ 5 Abs. 1 StVO)
  - Überholen auf der Standspur der BAB (erweiterter Überholbegriff) (§ 5 Abs. 1, 2 Abs. 1 StVO)
  - Rechtsüberholen von Fzg-Schlangen (§ 7 Abs. 2, 2a StVO)
  - Überholen an unübersichtlicher Stelle – Kuppe, Kurve (§ 5 Abs. 2 StVO)
  - Überholen mit zu geringer Geschwindigkeitsdifferenz (§ 5 Abs. 2 StVO)
  - Überholen trotz unklarer Verkehrslage (§ 5 Abs. 3 StVO)
  - Überholen trotz Z 276, 277 (§ 5 Abs. 3 StVO)
  - Nichtbeachten des nachfolgenden Verkehrs (§ 5 Abs. 4 StVO)
  - Überholen mit unzureichenden Abständen, Kolonnenspringen mit Hineinzwängen, Schneiden beim Einordnen nach rechts (§§ 5 Abs. 4, 4 Abs. 1 StVO)
  - verbotene Geschwindigkeitserhöhung z.B., um Einscheren zu verhindern (§ 5 Abs. 4 StVO)
  - Die Missachtung eines Verkehrszeichens kann aus momentaner Unachtsamkeit (Augenblicksversagen) heraus geschehen. Missachtung mehrerer Denkanstöße hintereinander kann auf eine gleichgültige Einstellung und Nachlässigkeit hinweisen.
  - Einzelbeispiel Überholen: Mehrere VZ, die ein Überholverbot ankündigen: Z 105 Doppelkurve mit Zusatzzeichen 4 km Länge, Z 276 Überholverbot mit Zusatzzeichen nach 1 km, Z 295 durchgezogene Linie und dann Zeichen 276.

c) an Fußgängerüberwegen falsch fährt

Hinweise:

- Zu beachten sind die Verhaltensvorschriften aus § 26 StVO (siehe Kapitel 2.27)
- Vorrang besteht nur, wenn das Z 293 (Markierung auf der Fahrbahn „Zebrastreifen") aufgebracht ist. Somit sind Fußgängerfurten keine Fußgängerüberwege.
- Anwendung des § 315c StGB entfällt jedoch, wenn ein durch „Zebrastreifen" gekennzeichneter Fußgängerüberweg zusätzlich durch eine in Betrieb befindliche LZA gesichert ist, da Lichtzeichen (§ 37 StVO) den Fahrbahnmarkierungen vorgehen (unterschiedliche Auffassungen OLG Stuttgart, OLG Koblenz).
- Es besteht kein Vorrang, wenn der „Zebrastreifen" verwittert, zugeschneit oder durch einen neuen Fahrbahnbelag überdeckt ist. Im Zweifel ist der Fahrverkehr zu erhöhter Sorgfalt verpflichtet, weil das Gefahr- und Hinweiszeichen dazu mahnt, ohne Vorrang zu geben. Der Ortskundige muss jedoch eine entsprechende Sorgfalt an den Tag legen, auch wenn der „Zebrastreifen" z.B. zugeschneit ist.
- Fahrverkehr ist nur wartepflichtig, wenn der Fußgänger den Überweg benutzt oder benutzen will.
- Erkennbar benutzen wollen bedeutet, dass eine Person zielstrebig auf den Überweg zugeht oder mit Blickrichtung zur Fahrbahn am Überweg steht und den Fahrverkehr beobachtet.
- Deshalb kein Vorrang, wenn der Fußgänger mit dem Rücken zum Überweg auf dem Gehweg steht oder die Mutter sich, am Überweg stehend, zu ihrem Kinderwagen herabbeugt. Jedoch muss der Kraftfahrer damit rechnen, dass Fußgänger die Fahrbahn einige Meter neben der Markierung überschreiten.
- Mit mäßiger Geschwindigkeit ist nur zu fahren, wenn ein Fußgänger den Überweg benutzen will. Ist kein Fußgänger in Sicht, darf mit höherer Geschwindigkeit (z.B. 50 km/h i.g.O.) gefahren werden.

- Fzg-Führer muss so langsam fahren, dass er unter Berücksichtigung der Örtlichkeit und des Fußgängerverkehrs, ohne stark bremsen zu müssen, rechtzeitig vor dem Überweg anhalten kann.
- Geschwindigkeit von 25–30 km/h kann als mäßig angesehen werden. In der Rechtsprechung wurden bisher 40 km/h als nicht mehr mäßig angesehen.
- Schrittgeschwindigkeit. Mangelt es dem Fahrer an Übersicht, darf er nur mit Schrittgeschwindigkeit an den Überweg heranfahren.
  Die Geschwindigkeit ist abhängig von der Übersichtlichkeit, Einsehbarkeit des Überwegs, gefahrener, erlaubter Geschwindigkeit, Breite der Fahrbahn, Verkehrsaufkommen.
- Wenn nötig warten, wenn Fußgänger, insbesondere ältere oder gebrechliche Personen, durch die Weiterfahrt erschreckt oder verwirrt würden.
- Ist jedoch die Beeinträchtigung des Fußgängers ausgeschlossen, so darf der Fzg-Führer sowohl vor als auch hinter dem Fußgänger weiterfahren; dies ist insbesondere bei breiten oder durch Verkehrsinseln geteilten Straßen der Fall.
- Das Überholverbot an Überwegen gilt immer, auch wenn sich kein Fußgänger in der Nähe des Überweges aufhält.
  Das Überholverbot gilt ab dem Punkt, an dem das Z 350 aufgestellt ist.
- Es werden nur Verstöße im Bereich von Fußgängerüberwegen erfasst, die sich im fließenden Verkehr ereignen. („Wer ein Fzg führt…“)
- Verbotenes Halten vor dem Fußgängerüberweg kann somit nicht über § 315c StGB geahndet werden.
- Falsch fahren
  - Vorrang der Fußgänger nicht beachten (beginnt mit erkennbarer Überschreitungsabsicht), Nichteinhalten einer mäßigen Geschwindigkeit bei der Annäherung, Nichtbeachten des Überholverbotes aus § 26 Abs. 3 StVO.

- Missachtung eines Verkehrszeichens kann aus momentaner Unachtsamkeit (Augenblicksversagen) heraus geschehen.
- Missachtung mehrerer Denkanstöße hintereinander kann auf eine gleichgültige Einstellung und Nachlässigkeit hinweisen.
- Einzelbeispiel Fußgängerüberweg: Mehrere VZ, die den Fußgängerüberweg ankündigen: Z 274 „30 km/h", Z 350 Fußgängerüberweg in 100 m, Gelbes Blinklicht am Überweg mit Z 293 und 350.

d) an unübersichtlichen Stellen, an Straßenkreuzungen und Straßeneinmündungen zu schnell fährt

Hinweise:

- Von dieser Vorschrift wird vor allem der Vorfahrtsberechtigte erfasst, da Verstöße des Wartepflichtigen nach Abs. 1 Nr. 2a (Vorfahrtverletzung) verfolgt werden.
- Zur Beurteilung des zu schnellen Fahrens ist von der Grundregel des § 3 StVO auszugehen („Fzg ständig beherrscht").
- Ständig beherrschen heißt, dass der Fzg-Führer seinen Sorgfaltspflichten genügen kann und ständig in der Lage sein muss, alle Fahrbewegungen sicher auszuführen. Die Geschwindigkeit muss so gewählt werden, dass innerhalb der übersehbaren Strecke verkehrsgerecht, d.h. ohne eine Vollbremsung durchführen zu müssen, angehalten werden kann.
- Kann er diesen Forderungen nicht mehr nachkommen, ist er zu schnell unterwegs. Hieraus ergibt sich dann i.d.R. eine Gefährdung anderer oder sogar ein VU.
- Unübersichtliche Stelle ist in der StVO nicht mehr definiert. Deshalb Abgrenzung über die übersehbare Strecke i.S.d. § 3 StVO. Wenn der Fzg-Führer den Fahrbahnverlauf infolge genügenden Überblicks vollständig erkennen kann. Das heißt im Umkehrschluss, dass eine übersehbare Strecke z.B. durch eine Kurve, Kuppe, Nebel, starker Regen, Schneefall oder unzureichende Beleuchtung, unübersichtlich werden kann.

Beispiele:
- Zu schnelles Heranfahren an eine Kreuzung mit LZA, sodass der Fzg-Führer nicht mehr verkehrsgerecht reagieren kann und/oder
- Fußgänger im Kreuzungsbereich (§ 9 Abs. 3 StVO) beim Abbiegen gefährdet oder verletzt.
- Biegt der Fzg-Führer nach rechts ab und kommt wegen der zu hohen Geschwindigkeit auf die Fahrbahnseite des Gegenverkehrs und gefährdet dabei andere VT oder auch Fußgänger, die am Fahrbahnrand stehen, ist der Tatbestand verwirklicht.

d) an Bahnübergängen zu schnell fährt

Hinweis:

▸ Da diese Fälle in der Praxis eine untergeordnete Rolle spielen, soll nur kurz darauf eingegangen werden. Der § 19 StVO Bahnübergänge sagt aus, dass man sich Bahnübergängen nur mit mäßiger Geschwindigkeit nähern darf.

e) an unübersichtlichen Stellen nicht die rechte Seite der Fahrbahn einhält

Hinweise:

▸ Unübersichtlich nicht nur durch örtliche Verhältnisse (Bebauung), sondern kann auch durch andere Hindernisse oder Wetterverhältnisse begründet werden, z.B.

- Dunkelheit, Nebel, Bepflanzung, Kurven, dichter Schneefall, schlechte Beleuchtung, parkende Autos, Regen, Kuppe,

(…) und dadurch Leib oder Leben eines anderen Menschen oder fremde Sachen von bedeutendem Wert gefährdet, wird mit Freiheitsstrafe bis zu fünf Jahren oder mit Geldstrafe bestraft.

Hinweise:

▸ Bei Anwendung des § 315c StGB geht es nicht um die Bestrafung des Herbeiführens eines Schadens, sondern um die Bestrafung wegen des Herbeiführens einer konkreten Gefährdung.

- Liegt die Gefahr nicht konkret vor, können bei Alkohol oder anderen berauschenden Mitteln die Tatbestände der §§ 316 StGB oder 24a StVG vorliegen.
- Bei einer Verkehrsteilnahme trotz geistiger oder körperlicher Mängel ohne konkrete Gefährdung eines anderen ist § 2 FeV anwendbar.

- Andere Menschen im Sinne dieser Vorschrift sind alle, die nicht Täter sind.
- Hier ist auch der Insasse des vom Täter geführten Fzg, ohne Rücksicht darauf, ob er persönlicher Gast oder Ehegatte ist, gemeint.
- Der andere muss nicht VT sein, z.B. der Bauer auf dem Feld.
- Fremde Sachen können beweglich (Pkw eines anderen) und unbeweglich (Haus oder Gartenzaun) sein. Die Sache ist fremd, wenn sich nicht im Alleineigentum des Täters steht.
  - Das vom Täter geführte Fzg ist Tatmittel und kann daher nicht gefährdet werden, auch wenn es ihm nicht gehört, z.B. weil er es entwendet hat. Ihm nicht gehörende Ladung oder beförderte Personen können jedoch gefährdet werden.
- Bedeutender Wert
  - Während die Gefährdung der körperlichen Unversehrtheit immer geeignet ist den Tatbestand der Verkehrsgefährdung zu erfüllen, ist es bei einer fremden Sache erforderlich, dass sie einen bedeutenden Wert hat.
  - Nach der heutigen Rechtsprechung (BGH) liegt der bedeutende Wert einer Sache bei ca. 750 Euro.
  - Hier sei nochmals auf den Aufbau des Tatbestands hingewiesen. Ein fremder Sachschaden von 750 Euro muss nicht tatsächlich eingetreten sein. Es genügt die bloße Gefährdung der Sache. So wird die Gefährdung in dieser Höhe z.B. bei einem „Beinaheunfall“ mit dem Gegenverkehr beim Abbiegen (§ 9 Abs. 3 StVO) zu bejahen sein.
  - Ist kein oder nur ein leichter Schaden entstanden, so muss festgestellt werden, ob durch die Fahrweise des Täters über

diesen hinaus eine Person oder eine Sache von bedeutendem Wert gefährdet worden ist, ein größerer Schaden also nur durch glückliche Umstände oder Maßnahmen des Gefährdeten (Pkw-Fahrer weicht aus und leitet eine Vollbremsung ein) abgewendet wurde.
- Es ist zu prüfen, ob die Sache im Gesamten in Gefahr war und einen bedeutenden Wert i.S.d. Vorschrift darstellt.

- Konkrete Gefährdung
  - Die Gefahr des Unfalles muss in bedrohliche Nähe gerückt sein. Eine konkrete Gefahr droht, wenn nicht mehr beeinflussbare Kräfte so unmittelbar einzuwirken drohen, dass der Schadenseintritt wahrscheinlicher ist als dessen Ausbleiben und mehr oder weniger nur noch vom Zufall abhängt („Beinaheunfall“).
  - Faustregel: Wer durch seine eigene schnelle Reaktion den Schaden verhindern konnte, war gefährdet (OLG Stuttgart) „Beinahe wär's passiert.“
  - Kausalität „und dadurch“.
  - Die pflichtwidrigen Verhaltensweisen müssen ursächlich für den Eintritt der konkreten Gefahr gewesen sein und es muss ein räumlicher und zeitlicher Zusammenhang bestehen.
  - Der subjektive Tatbestand verlangt vorsätzliches Handeln hinsichtlich der Führung des Fzg, der tatbestandsmäßigen Handlung und der Gefährdung von Menschen und Sachen.

(2) In den Fällen des Abs. 1 Nr. 1 ist der Versuch strafbar.

(3) Wer in den Fällen des Abs. 1

1. die Gefahr fahrlässig verursacht oder

2. fahrlässig handelt und die Gefahr fahrlässig verursacht,

wird mit Freiheitsstrafe bis zu zwei Jahren oder mit Geldstrafe bestraft.

8.12 § 315d Verbotene Kraftfahrzeugrennen

(1) Wer im Straßenverkehr

1. ein nicht erlaubtes Kfz-Rennen ausrichtet oder durchführt,

Hinweise:

- „Ein Rennen ist demnach ein Wettbewerb oder Wettbewerbsteil zur Erzielung von Höchstgeschwindigkeiten mit Kfz, bei denen zwischen mindestens zwei Teilnehmern ein Sieger durch Erzielung einer möglichst hohen Geschwindigkeit ermittelt wird, wobei es einer vorherigen Absprache aller Beteiligten nicht bedarf".
- Verbotenes Rennen liegt vor, wenn man keine Genehmigung nach § 46 Abs. 2 StVO vorweisen kann.
- § 46 Abs. 2 StVO: Die zuständigen obersten Landesbehörden oder die nach Landesrecht bestimmten Stellen können von allen Vorschriften dieser Verordnung Ausnahmen für bestimmte Einzelfälle oder allgemein für bestimmte Antragsteller genehmigen.
- Ein genehmigtes Rennen wird dann zu einem ungenehmigten Rennen, wenn die Auflagen der Ausnahmegenehmigung nicht beachtet werden. Dies könnte z.B. sein, dass von der vorgegebenen Strecke abgewichen wird oder Sicherheitsauflagen nicht beachtet werden.
- Veranstalter eines Rennens ist derjenige, der als geistiger und praktischer Urheber, Planer und Veranlasser die Veranstaltung vorbereitet, organisiert oder eigenverantwortlich ins Werk setzt.
- Veranstalter plant das Rennen und legt die Strecke fest. Er ist auch für das Startgeld und das Preisgeld verantwortlich und ist letztendlich der Ansprechpartner.
- Durchführung:
  - Ein Rennen führt durch, wer vor Ort die Veranstaltung organisiert oder eigenverantwortlich gestaltet.

- Tätigkeiten, die ausschließlich im Stadium der Durchführung erbracht werden, genügen nicht, um eine Veranstaltereigenschaft zu begründen.
- Strafbarkeit einer Beteiligung von anderen als den teilnehmenden Kfz-Führern im Durchführungsstadium und von Hilfspersonen im Vorbereitungsstadium richtet sich nach den allgemeinen Regeln von Täterschaft und Teilnahme.

2. *als Kfz-Führer an einem nicht erlaubten Kfz-Rennen teilnimmt oder*

Hinweise:

- Kfz-Führer ist, wer zumindest einen Teil der wesentlichen technischen Einrichtungen eines Fzg, die für seine Fortbewegung bestimmt sind, bedient und es unter eigener Allein- oder Mitverantwortung in Betrieb setzt.
- Subjektiv muss Fortbewegungsabsicht vorliegen.
- Wer ohne seinen Willen bewirkt, dass sich sein Fzg in Bewegung setzt, „führt“ dieses nicht.
  - Dies war der Fall, als sich beim Anlassen des Motors und versehentlich eingelegtem ersten Gang das Fahrzeug nach vorne bewegte.
- Laut BGH führt nur derjenige, der auch fährt. Vorbereitungshandlungen, wie Anlassen des Motors und Lichteinschalten, genügen nicht.
- Gefährdungspotenzial liegt darin, dass durch das nicht verkehrssichere Führen eines Kfz erhebliche Risiken für Leib und Leben anderer VT geschaffen werden, die jederzeit eintreten können. Der Grad der Rechtsgutsgefährdung geht über denjenigen von „normalen“ Geschwindigkeitsübertretungen deutlich hinaus.
- Dies ergibt sich aus folgenden Punkten:
  - Wer an einem Rennen teilnimmt, will gewinnen und wird darin bestärkt, die Fahr- und Verkehrssicherheit außer Acht zu lassen.

- Durch die hohe Geschwindigkeit ist der Verlust der Kontrolle über das Fzg in unvorhergesehenen Verkehrssituationen sehr wahrscheinlich.
- Aufmerksamkeit wird nicht mehr allein auf den Straßenverkehr gerichtet, sondern notwendigerweise auch auf den Mitkonkurrenten.
- Wie bisher soll ausschließlich die Beteiligung an nicht genehmigten Rennen geahndet werden.
- Damit bleiben Wettbewerbe, für die die zuständigen Stellen auf Antrag nach § 46 Abs. 2 Satz 1 und 3 StVO eine Genehmigung erteilt haben, von der Strafdrohung ausgenommen.

3. *sich als Kfz-Führer mit nicht angepasster Geschwindigkeit und grob verkehrswidrig und rücksichtslos fortbewegt, um eine höchstmögliche Geschwindigkeit zu erreichen*

wird mit Freiheitsstrafe bis zu zwei Jahren oder mit Geldstrafe bestraft.

Hinweise:

- Nicht angepasste Geschwindigkeit: Hier gibt uns der § 3 StVO Hinweise.
  - Es sollen Unfälle verhindert werden, die durch zu schnelles Fahren verursacht werden können. Die Sicherheit im Straßenverkehr hat Vorrang gegenüber dem raschen Vorwärtskommen.
  - Des Weiteren darf der Fzg-Führer nach § 3 Abs. 1 Satz 1 StVO nur so schnell fahren, dass er sein Fzg ständig beherrscht, das heißt, er muss seinen Sorgfaltspflichten genügen können und ständig in der Lage sein, alle Fahrbewegungen sicher auszuführen.
  - Deshalb sind auch im § 3 Abs. 3 und 18 Abs. 5 StVO zulässige Höchstgeschwindigkeiten aufgeführt, die nicht überschritten werden dürfen.
  - Eine weitere Einschränkung ergibt sich aus § 3 Abs. 1 Satz 2 StVO, wonach die Geschwindigkeit zusätzlich den Straßen-, Verkehrs-, Sicht- und Wetterverhältnissen sowie den per-

sönlichen Fähigkeiten und den Eigenschaften von Fzg und Ladung anzupassen ist.
- Nach § 3 Abs. 3 StVO beträgt z.B. die zulässige Höchstgeschwindigkeit auch unter günstigsten Umständen i.g.O. für alle Kfz 50 km/h.
- Der VT, auch Fußgänger, dürfen jedoch nicht darauf vertrauen, dass immer exakt 50 km/h schnell gefahren wird. Mit Geschwindigkeitsüberschreitungen muss gerechnet werden (Einzelfallprüfung).

▸ Fahrweise muss immer grob verkehrswidrig und rücksichtslos sein. Erläuterungen hierzu, siehe § 315c StGB (Todsünden).

▸ Ansatzpunkte für die Ermittlungen und Dokumentation
- Verkehrssituation vor, während und nach der konkreten Gefährdung (Verkehrslage, Fahrverhalten, Wetter),
- Örtlichkeit (Streckenführung, Fahrbahnbreite und Beschilderung),
- Streckenlänge, die der Raser gefahren ist,
- Spuren/Folgen der Gefährdung,
- Vernehmung (Befragen nach subjektiver Einstellung und Beweggründen; gegen Rücksichtslosigkeit sprechen: Bestürzung, Schrecken und lediglich momentane – nachvollziehbare – Unaufmerksamkeit).

▸ Höchstmögliche Geschwindigkeit
- Darüber hinaus muss dem Raser die Absicht nachgewiesen werden, dass er die höchstmögliche Geschwindigkeit erreichen wollte. Dieses nachzuweisen, könnte im Einzelfall schwierig sein, da dies ein rein subjektives Merkmal darstellt.
- Es wird demnach so auszulegen sein, dass der „Einzelraser“ nur dann angezeigt werden kann, wenn der Fahrer tatsächlich die Absicht hat, die Fahrzeughöchstgeschwindigkeit zu erreichen

Beispiel:
Der Pkw des A hat eine Höchstgeschwindigkeit von 225 km/h, die er tatsächlich auf der BAB erreicht und die weiteren Tatbestandsmerkmale (grob verkehrswidrig, rücksichtslos, nicht angepasste Geschwindigkeit) erfüllt.

- die von der Örtlichkeit bedingte mögliche Höchstgeschwindigkeit

  Beispiel:
  Der Pkw des A hat eine Höchstgeschwindigkeit von 225 km/h, die er aufgrund der kurvenreichen Strecke zwar nicht erreichen kann, jedoch trotzdem auf der Bundesstraße mit 170 km/h unterwegs ist und die weiteren Tatbestandsmerkmale (grob verkehrswidrig, rücksichtslos, nicht angepasste Geschwindigkeit) erfüllt.

- die von der Verkehrssituation/Verkehrslage bedingte mögliche Höchstgeschwindigkeit zu erreichen.

  Beispiel:
  Der Pkw des A hat eine Höchstgeschwindigkeit von 225 km/h, die er i.g.O. und wegen des hohen Verkehrsaufkommens nicht erreicht, aber mit 90 km/h unterwegs ist und die weiteren Tatbestandsmerkmale (grob verkehrswidrig, rücksichtslos, nicht angepasste Geschwindigkeit) erfüllt.

- Beachte:
  Normale Geschwindigkeitsüberschreitungen werden von diesem Tatbestand nicht erfasst, und zwar auch dann nicht, „wenn sie erheblich sind".

(2) Wer in den Fällen des Abs. 1 Nr. 2 oder 3 Leib oder Leben eines anderen Menschen oder fremde Sachen von bedeutendem Wert gefährdet, wird mit Freiheitsstrafe bis zu fünf Jahren oder mit Geldstrafe bestraft.

Hinweis:

- Weitere Erläuterungen siehe § 315c StGB.

(3) Der Versuch ist in den Fällen des Abs. 1 Nr. 1 strafbar.

(4) Wer in den Fällen des Abs. 2 die Gefahr fahrlässig verursacht, wird mit Freiheitsstrafe bis zu drei Jahren oder mit Geldstrafe bestraft.

(5) Verursacht der Täter in den Fällen des Abs. 2 (grob verkehrswidrig und rücksichtslos) durch die Tat den Tod oder eine schwere Ge-

sundheitsschädigung eines anderen Menschen oder eine Gesundheitsschädigung einer großen Zahl von Menschen, so ist die Strafe Freiheitsstrafe von einem Jahr bis zu zehn Jahren, in minder schweren Fällen Freiheitsstrafe von sechs Monaten bis zu fünf Jahren.

Hinweise:

- Absatz 5 ist ein Verbrechenstatbestand.
- Gesundheitsschädigung:
  Gesundheitsschädigung ist das Hervorrufen oder Steigern eines vom Normalzustand der körperlichen Funktionen des Opfers nachteilig abweichenden krankhaften Zustandes körperlicher oder seelischer Art. Es genügt, wenn dieser Zustand vorübergehender Natur ist.
- Schwere Gesundheitsschädigung:
  Umfasst neben der schweren Körperverletzung insbesondere auch langwierige ernsthafte Erkrankungen sowie den Verlust oder eine erhebliche Einschränkung im Gebrauch der Sinne, des Körpers und der Arbeitsfähigkeit.
  - Inhalt des § 226 StGB

Hat die Körperverletzung zur Folge, dass die verletzte Person

1. *das Sehvermögen auf einem Auge oder beider Augen, das Gehör, das Sprechvermögen oder die Fortpflanzungsfähigkeit verliert,*
2. *ein wichtiges Glied des Körpers verliert oder dauernd nicht mehr gebrauchen kann oder*
3. *in erheblicher Weise dauernd entstellt wird oder in Siechtum, Lähmung oder geistige Krankheit oder Behinderung verfällt,*

so ist die Strafe Freiheitsstrafe von einem Jahr bis zu zehn Jahren.

- Gesundheitsschädigung einer großen Zahl von Menschen
  - Große Zahl
    Was unter einer „großen Zahl“ von Menschen im Sinne dieser Vorschrift zu verstehen ist, wird unterschiedlich bewertet. Im Falle des § 306b StGB (besonders schwere Brandstif-

tung) hat der BGH entschieden, dass 14 Menschen ausreichend sind, um den Tatbestand zu erfüllen.

- Anders im Falle des § 263 StGB (Betrug), hier spricht man von einer „großen Zahl", wenn zwischen 14 und 20 Personen betrogen wurden.
- Meiner Meinung nach müsste man schon bei 10 Personen von einer „großen Zahl" von Menschen sprechen können, da dies auch u.U. als Menschenmenge angesehen werden kann.

Beispiel:
Pkw-Fahrer kommt von der Fahrbahn ab, fährt auf den Gehweg und verletzt 10 Personen, die in einem Straßencafé sitzen oder in einer Schlange vor dem Kino stehen.

- Zum Vergleich; beim Landfriedensbruch wird eine Ansammlung von 15 bis 20 Personen als ausreichend angesehen.
- Gruppe von zehn Personen kann jedenfalls ausreichen, wenn besondere Umstände – etwa die auf die räumliche Enge zurückzuführende Unübersichtlichkeit – es für den Außenstehenden unmöglich machen, die Größe der Menge und die von ihr ausgehende Gefahr zu erfassen.
- Entzug der FE:
  - Außerdem soll i.d.R. die FE entzogen und eine Sperrfrist verhängt werden. Dazu wird das verbotene Kraftfahrzeugrennen zum Katalog der Regelbeispiele in § 69 Abs. 2 StGB hinzugefügt.

§ 69 Abs. 2 StGB:
Ist die rechtswidrige Tat in den Fällen des Absatzes 1 ein Vergehen
1. der Gefährdung des Straßenverkehrs (§ 315c),
1a. des verbotenen Kfz-Rennens (§ 315d),
2. der Trunkenheit im Verkehr (§ 316),

3. *des unerlaubten Entfernens vom Unfallort (§ 142), obwohl der Täter weiß oder wissen kann, dass bei dem Unfall ein Mensch getötet oder nicht unerheblich verletzt worden oder an fremden Sachen bedeutender Schaden entstanden ist, oder*
4. *des Vollrausches (§ 323a), der sich auf eine der Taten nach den Nummern 1 bis 3 bezieht,*

so ist der Täter in der Regel als ungeeignet zum Führen von Kfz anzusehen.

Hinweise zu Ermittlungen:

- Kfz-Führern muss nachgewiesen werden, dass ein Rennen stattgefunden hat.
- Fahrer gestehen z.B. ein, schnell gefahren zu sein, aber kein Rennen veranstaltet zu haben.
- Anhaltspunkte, die der Beweisführung dienen können:
  - Hat ein Zeuge gesehen, dass sich die Täter z.B. an einer roten Ampel verabredet haben?
  - Dies muss nicht unbedingt durch Absprache erfolgt sein; es genügt auch Zeichengebung, Blickkontakt auch in Verbindung mit Aufheulen-Lassen des Motors.
  - Ist jemandem aufgefallen, dass ein bestimmtes Fahrzeug immer die gleiche Strecke befuhr, um sich zu verabreden?
  - Können wir nachweisen, dass die Täter von einer festgelegten Örtlichkeit aus gestartet sind?
  - Sind bekannte Treffpunkte in der Nähe, wo i.d.R. Rennen hätten gestartet werden können oder gestartet werden?
  - Haben wir den Nachweis, dass bis zu einer bestimmten Örtlichkeit (Ziel) gefahren wurde?
  - Sind Personen aufgefallen, die mit einer Stoppuhr hantierten oder Startzeichen gegeben haben?
  - Fahrtstrecke (Beginn, Ziel und Länge der Strecke feststellen).
- StVO-Verstöße ausführlich herausarbeiten.
  - Fehlerhaftes Überholen, wurden mehrere überholt? Mehrfachüberholen.

- Rotlichtverstöße, Zeit festhalten.
- Vorfahrtsverletzungen mit Gefährdung, Schädigung.
- Befahren von Gehwegen, verkehrsberuhigten Bereichen, Fußgängerbereichen.
- Gefährdung von Fußgängern, anderen Pkw-Fahrern.

▸ Denke an,

- Nachweisbare Geschwindigkeitsverstöße durch stationäre Überwachung.
- Bildmaterial z.B. durch Überwachungskameras.
- Filmaufnahmen von anderen VT, die mit dem Handy gefilmt haben.
- Filmaufnahmen, die durch den Raser selbst oder den Beifahrer hergestellt wurden.
- Zeugenaufruf in der Tagespresse.

▸ Anhand des äußeren Geschehensablaufes kann u.U. eine Unterscheidung zwischen momentaner Unaufmerksamkeit, zu schnell gefahren zu sein, und Teilnahme an einem Rennen geschlossen werden.

8.13 § 315f Einziehung

Kfz, auf die sich eine Tat nach § 315d Abs. 1 Nr. 2 oder Nr. 3, Abs. 2, 4 oder 5 bezieht, können eingezogen werden. § 74a StGB ist anzuwenden.

8.14 § 74 Einziehung von Tatprodukten, Tatmitteln und Tatobjekten bei Tätern und Teilnehmern

(1) Gegenstände, die durch eine vorsätzliche Tat hervorgebracht (Tatprodukte) oder zu ihrer Begehung oder Vorbereitung gebraucht worden oder bestimmt gewesen sind (Tatmittel), können eingezogen werden.

(2) Gegenstände, auf die sich eine Straftat bezieht (Tatobjekte), unterliegen der Einziehung nach der Maßgabe besonderer Vorschriften.

(3) Die Einziehung ist nur zulässig, wenn die Gegenstände zur Zeit der Entscheidung dem Täter oder Teilnehmer gehören oder zustehen. Das gilt auch für die Einziehung, die durch eine besondere Vorschrift über Absatz 1 hinaus vorgeschrieben oder zugelassen ist.

8.15 § 74a Einziehung von Tatprodukten, Tatmitteln und Tatobjekten bei anderen

Verweist ein Gesetz auf diese Vorschrift, können Gegenstände abweichend von § 74 Abs. 3 auch dann eingezogen werden, wenn derjenige, dem sie zur Zeit der Entscheidung gehören oder zustehen,

1. *mindestens leichtfertig dazu beigetragen hat, dass sie als Tatmittel verwendet worden oder Tatobjekt gewesen sind, oder*
2. *sie in Kenntnis der Umstände, welche die Einziehung zugelassen hätten, in verwerflicher Weise erworben hat.*

8.16 § 316 Trunkenheit im Verkehr

(1) Wer im Verkehr (§§ 315 bis 315e) ein Fzg führt, obwohl er infolge des Genusses alkoholischer Getränke oder anderer berauschender Mittel nicht in der Lage ist, das Fzg sicher zu führen, wird mit Freiheitsstrafe bis zu einem Jahr oder mit Geldstrafe bestraft, wenn die Tat nicht in § 315a oder § 315c mit Strafe bedroht ist.

(2) Nach Absatz 1 wird auch bestraft, wer die Tat fahrlässig begeht.

Hinweise:

- Tat beginnt mit Fahrtantritt in verkehrsunsicherem Zustand und endet erst, wenn der Täter das Fzg endgültig stehen lässt (Dauerdelikt).
- Fzg-Führer ist, wer zumindest einen Teil der wesentlichen technischen Einrichtungen eines Fzg, die für seine Fortbewe-

gung bestimmt sind, bedient und es unter eigener Allein- oder Mitverantwortung in Betrieb setzt.

- Laut BGH führt nur derjenige, der auch fährt. Vorbereitungshandlungen, wie Anlassen des Motors und Lichteinschalten, genügen nicht.

- ▸ Subjektiv muss Fortbewegungsabsicht vorliegen.
  - Wer ohne seinen Willen bewirkt, dass sich sein Fzg in Bewegung setzt, „führt" dieses nicht.
  - Dies war der Fall, als sich beim Anlassen des Motors und versehentlich eingelegtem ersten Gang das Fzg nach vorne bewegte (OLG Frankfurt/M. vom 23.2.1990).
- ▸ § 2 FeV ist bei Verkehrsunsicherheit infolge Alkoholgenusses nur noch anwendbar für Fußgänger, Reiter, Viehtreiber, Soziusfahrer und Fahrer im Beiwagen (Krad), da diese VT als aktive VT den Verkehr beeinflussen können.
- ▸ Relativ fahrunsicher:
- ▸ Führer von Kfz und Fzg-Führer (Radfahrer) mit Tatzeit-BAK ab 0,3 ‰, jeweils mit weiteren alkoholbedingten Ausfallerscheinungen.
- ▸ Bei Drogen- und Medikamenteneinfluss gibt es keine absolute FU. Es kann nur relative FU vorliegen.
- ▸ Werden Drogen im Körper nachgewiesen ohne Ausfallerscheinungen, liegt § 24a StVG vor.
- ▸ Kommen Ausfallerscheinungen hinzu, wird nach § 316 StGB angezeigt.
- ▸ Rauschmittelhaltige Medikamente fallen auch unter den Begriff der Drogen.
- ▸ Insbesondere alkoholhaltige und opiathaltige Mittel sind damit gemeint.
- ▸ Insbesondere schwere und grobe Fahrfehler sind von Bedeutung.

- Andere beim Fahrer festgestellte Anzeichen können auch ausreichen (schwankender Gang bis hin zum Umfallen, verwaschene Aussprache, Festhalten müssen, Pupillenreaktion bei Drogen).
- Es muss immer festgestellt werden, dass dem Fahrer, wäre er nüchtern, drogen- oder medikamentenfrei gewesen, dieser Fehler nicht unterlaufen wäre.
- Absolut fahrunsicher:
- Kfz-Führer ab 1,1 ‰, Radfahrer, Pedelecfahrer, Bierbikefahrer ab 1,6 ‰.
- § 316 StGB ist ein eigenhändiges Delikt, sodass nur derjenige Täter sein kann, der die Tat erfüllt. Als Täter kann somit nur der Fzg-Führer in Betracht kommen.
- Andere Personen wie z.B. der Halter oder Mitfahrer können nur als Anstifter oder Gehilfen in Betracht kommen.
- Mittelbare und Nebentäterschaft scheiden aus.
- Die Anstiftung (§ 26 StGB) setzt die vorsätzliche Bestimmung des Täters zu dessen vorsätzlicher Tat voraus.

Beispiel:
Der Fzg-Führer, der nach dem Gaststättenbesuch seine FU erkannt hat, fährt erst, nachdem sein Freund (gleich Anstifter) ihn zur Fahrt drängt. Es reicht aus, wenn Fzg-Führer und Anstifter Zweifel an der Fahrtüchtigkeit haben, dies aber billigend in Kauf nehmen.

- Beihilfe (§ 27 StGB) erfordert die vorsätzliche Förderung der vorsätzlich begangenen Haupttat.
- Beihilfe im Sinne des § 316 StGB kann
  - durch Zureden (Rat oder Tat),
  - durch Beeinflussung (Überreden)

den Entschluss des Täters fördern.

Beispiel:
Wer die FU eines anderen kennt, ihm aber trotzdem ein Fzg zur Verfügung stellt, leistet Beihilfe zur Trunkenheitsfahrt, wenn der Täter die Trunkenheitsfahrt ebenfalls vorsätzlich begeht.

- Bierbike: Der Lenker des Fzg ist der verantwortliche Fzg-Führer. Die Mitfahrer (Gäste) sind ebenfalls Fzg-Führer, da sie in die Pedale treten und somit für die Fortbewegung zumindest mitverantwortlich sind. Alle Personen, die sich auf dem Fzg befinden und sich an der Fortbewegung beteiligen, sind deshalb Fzg-Führer und können den Tatbestand der §§ 315c und 316 verwirklichen.
  Die §§ 24a und 24c StVG kommen nicht in Betracht, da dort der Kfz-Führer als Täter verlangt wird.
- Beachte: Ich leite diese Meinung aus der vom BGH getroffenen Entscheidung ab, dass sich alle Personen, die sich an der Fortbewegung beteiligen, Fzg-Führer sind. Ein Sachverhalt, welcher sich ausdrücklich mit der Eigenschaft des Fzg-Führers beim Bierbike befasst, wurde bislang nicht verhandelt. Insbesondere nicht im Hinblick auf die Mitfahrer.
- Täter darf ab Beschlagnahme oder Inverwahrungnahme des FS kein Kfz mehr führen

Quellen-/Literaturnachweis

Hentschel/König/Dauer, Straßenverkehrsrecht
Mindorf, Verkehrsrecht
Mindorf, Verkehrskontrollen